Proceedings of China Financial Education Forum

中国金融教育论坛文集

（2016）

——金融教育国际化：理念、方式和经验

中国高等教育学会高等财经教育分会金融学专业协作组年刊编辑委员会 ◎ 编

中国金融出版社

责任编辑：张　铁　黄　羽
责任校对：孙　蕊
责任印制：陈晓川

图书在版编目（CIP）数据

中国金融教育论坛文集（2016）——金融教育国际化：理念、方式和经验（Zhongguo Jinrong Jiaoyu Luntan Wenji（2016）：Jinrong Jiaoyu Guojihua：Linian，Fangshi he Jingyan）/中国高等教育学会高等财经教育分会金融学专业协作组年刊编辑委员会编.—北京：中国金融出版社，2017.8
ISBN 978-7-5049-9116-4

Ⅰ.①中…　Ⅱ.①中…　Ⅲ.①金融学—高等教育—中国—文集
Ⅳ.①F830-53

中国版本图书馆CIP数据核字（2017）第182314号

出版发行　中国金融出版社
社址　北京市丰台区益泽路2号
市场开发部　(010)63266347，63805472，63439533（传真）
网上书店　http://www.chinafph.com
　(010)63286832，63365686（传真）
读者服务部　(010)66070833，62568380
邮编　100071
经销　新华书店
印刷　北京市松源印刷有限公司
尺寸　169毫米×239毫米
印张　13.75
字数　231千
版次　2017年8月第1版
印次　2017年8月第1次印刷
定价　36.00元
ISBN 978-7-5049-9116-4

目　　录

特　稿

第一篇　专　　论

第二篇　金融教育国际化

第三篇 教学质量与教学方法

特　稿

我国金融学教育的转型、发展与国际化

（代序）

中央财经大学　张礼卿[1]

一、我国金融学教育的转型历程

新中国的金融学教育最早可以追溯到20世纪50年代初。在50、60年代，中国人民大学、财政部和中国人民银行所属的财经类院校都曾开设过金融或银行专业，学生层次包括专科、本科和研究生班。受苏联经济学教育体系的影响，主要课程包括政治经济学、货币流通和信用、财政学，以及一些银行实务类课程。受高度集中的计划经济体制的制约，我国金融学教育总体上发展比较慢，与西方发达国家的金融教育理念、内容和方法存在比较明显的差距。

1978年改革开放后，高校开始恢复停办了十年之久的经济学和金融学教育。不过，在最初的几年里，由于思想解放不够充分，发展市场经济的观点尚未成为各方的共识，主要高校所讲的经济理论仍然是苏联版本的马克思主义政治经济学，金融学理论也基本如此。对于西方经济和金融学说基本采取“概述＋批判”的做法，实际上在总体上是持否定态度的。很少有教师敢于并能够进行系统的讲解，最多是提及西方理论的一些可以借鉴的地方。

真正的转型开始于20世纪80年代中期。随着经济改革和对外开放的深入发展，越来越多的人发现正统理论解释不了中国经济现实，也解决不了经济运行中出现的各种实际问题，如怎样实现经济增长、充分就业、通货稳定和结构调整等。因此，随着中国经济改革和对外开放的深入，国家意识形态和高等教育主管部门逐渐解放思想，开始积极引进西方发达国家的教学理念、课程体系和流行教材。

---

① 张礼卿，中国高等教育学会高等财经教育分会金融学专业协作组主任委员，《中国金融教育论坛年刊》主编，中央财经大学金融学院教授、博士生导师。

在转型过程中，有一些项目发挥了重要的作用，值得一提。其一，20 世纪 80 年代中后期受福特基金会的资助，在著名华裔经济学家邹至庄教授的鼎力推动下，中国人民大学和复旦大学先后承办了三期“福特班”，聘请来自欧美的著名经济学家和在西方获得经济学博士学位的优秀学者前来执教。“福特班”实际上成了中国现代经济学教育的摇篮。其二，20 世纪 90 年代初在世界银行帮助下，由教育部主导推出的经济类核心课程（包括宏观经济学、微观经济学、货币银行学、国际金融学、财政学、保险学等）在课程开发和教材建设等方面也发挥了重要的作用。其三，金融教育方面，在新旧世纪交替之际，厦门大学张亦春教授、中央财经大学王广谦教授等先后主持的两项国家级金融教育教学改革课题提出了一系列建设性意见，从课程体系设计到课程内容和教材建设，大大推进了我国金融教育的国际接轨。其四，在 20 世纪 90 年代中期，世界银行经济学家邹恒甫教授在武汉大学率先开设了数理经济和数理金融实验班，倡导国际化、规范化、系统性和开放性的人才培养理念，建立了包含四个板块的双学位课程体系和以最新原版教材为核心的教学内容体系，并且聘请国际一流师资参与教学。经过 20 多年的发展，该实验班已经成为我国经济和金融教育国际化的标志性项目之一。进入 21 世纪后，北京大学、复旦大学、中国人民大学、上海财经大学、中央财经大学、西南财经大学和华中科技大学等十多所高校也相继开办类似的实验班，并大多取得了成功。从这些实验班走出来的青年学子大多进入了欧美名牌大学继续深造，其中有相当一部分毕业后又回到国内从事经济金融学的教育和研究工作，在我国经济和金融教育国际化方面继续发挥积极作用。其五，在一系列经济学教育教学改革项目的推动下，近年来教育主管机构积极鼓励双语教学和全英文授课，在一定程度上促进了我国金融教育的国际化水平的提升。

总体上看，经过三十多年的演进和变革，中国的经济学与金融学教育已在较大程度上实现了国际接轨，基本实现了由传统模式向现代模式的转型，并且产生了明显的成效。通过大量培养和输送具有现代经济和金融理论水平和专业知识的各层次人才，有力地支撑了中国经济金融改革和对外开放的深入发展。

二、新时期我国金融学教育发展的主要任务

进入新时期，如何在过去 30 多年的转型与发展的基础上，进一步推进我国金融教育的变革，是摆在金融教育工作者面前的重要使命。下面，笔者就其中

一些主要方面谈点个人认识，以期引起同行们的兴趣和讨论。

（一）在教育理念、教学内容和教学方法等方面进一步与国际接轨，缩短和国际先进水平之间的差距

金融学是经济科学的一个分支，其科学性没有国界。经济学领域的很多经典原理，如供求原理、比较利益学说、信息不对称理论、三元悖论、MM 定理、资产选择多样化理论等，其正确与否不会因为不同的国家而有所差异。当然，这并不是说有关理论没有前提假定，也不是说其自身不存在缺陷或可争议之处，但这些是理论自身的固有特点和发展规律。任何理论都需要设立假定来进行抽象，其内在的缺陷往往是创新和发展的源泉。对于各种经典的经济和金融学理论，正确的态度是传承与发展。

与国际同行一样，我国金融学教育和研究的使命之一就是做好这样的传承与发展。所谓传承，就是要完整地将已有的比较成熟的知识、理论和学说向学生进行讲解；所谓发展，就是结合最新的国内外现实发展对已有理论和学说的缺陷和不足进行批评和修正，并提出新的观点、命题和假说。值得指出的是，无论是传承还是发展，都需要在学术理念和方法上充分实现国际接轨，以便在共同的学术语系中进行交流、合作和创新。可喜的是，近年来有越来越多的经济和金融学者开始在国际一流的期刊上发表论文，在某些研究领域已经提出了原创性的学术观点甚至比较系统的理论见解。

（二）开发和充实“本土化”素材，提升学生对中国现实问题的认知和理解能力

在系统讲解科学理论以及各国经济和金融运行之典型案例的同时，从课堂教学到教材编写，都应对中国经济与金融的历史和现状进行适当的介绍和分析。多年来，笔者一直主张尽量使用国际流行的原版教材，但建议教员在使用时能够将一些有价值的、值得深入探讨的“中国案例”植入课堂和教材。通过这样的安排，学生可以更好地将所学理论用于实际问题的分析，同时也有机会更多地了解中国的经济和金融现状。10 多年前，为了更好地适应国内的环境，教育部下属的高等教育出版社特意启动了国外经典教材的改编计划（改编的比例大约为全书的 5%），要求被改编的教材适当补充中国案例，使学生在使用国际流行原版教材的同时，也能有机会了解到中国经济和金融的最新实践。另据了解，一些学校在开办全英文实验班的时候，在课程设计中除了引进国外课程和使用

原版教材外，还将“中国经济与金融发展”等课程列作必修课。这些尝试都是有益的，多数也取得了很好的效果。

值得注意的是，近年来，一些从国外学成归来的青年教师虽然很好地掌握了先进的经济和金融理论，也具备出色的实证研究能力，但对中国的经济与金融现实却了解甚少。他们中的一部分甚至没有兴趣去了解中国问题，因为他们觉得利用中国数据所做研究的成果难以在高端国际期刊上获得发表。如何提升这些青年教员对于中国经济和金融发展现状的认识，并且在教学和研究中能够予以体现，是学校和学院管理者需要认真思考和解决的问题。

（三）总结和推广实验班经验，从整体上提升金融教育的质量和办学水平

中国经济改革的一个重要经验就是试点。通过小范围的试验，提取成功经验，然后再进行复制和推广。从安徽小岗村到深圳经济特区，以及很多领域的改革措施出台，都证明这个模式很有价值。应该说，一些高校所办的经济和金融试验班（或平台项目），也应该是基于同样的改革思路。然而遗憾的是，在有的高校，实验班尽管办了多年，但仍然属于“飞地”。实验班的培养目标、课程设计、教材选择甚至教员配备基本上独立于常规班级，实验班与常规班级在教学理念、教学资源和教学方法等方面鲜有交流、分享和相互学习。在一些情况下，实验班也会产生积极的外溢效应，但由于限制较多，常规班常常很难充分吸取实验班的一些好的做法。如果在学校甚至教育部层面，能够积极总结实验班的成功经验并予以积极推广，那么我国经济和金融教育的整体办学质量和教学水平将可以获得更好的提升。

（四）完善教师管理体制，为现代金融教育的创新与发展提供保障

金融教育的创新和发展关键在于师资团队的素质及其工作效率。改革开放以来，得益于强大的现实需求推动，我国从事经济和金融学教育的教师队伍不断壮大，素质水平也有明显提升。由政府主导的各层次特色专业、优秀团队、精品课程、教学“名师奖”、双语教学示范和实验教学示范等教育质量工程项目的实施，对于提升教师们的教学水平起到了重要的推动作用。10 多年前，一些重点的综合性大学的经管学院（或商学院）和财经类大学开始在全球招募海外留学回国人员，这些学成归国的青年学者在国内经济和金融学教育的国际接轨方面则发挥了积极作用。

不过，如何完善管理体制，使专业教员能够更好地投身于教学和科研工作，

对大学的管理者来说，仍然是一个挑战。譬如，如何在政策允许的情况下扩大各种渠道的经费来源，以提高教师（尤其是青年教师）的工资待遇和科研条件？如何完善考核和职称评定制度，在积极鼓励教员从事科研的同时，避免少数教员因注重科研而轻视教学的倾向？如何充分发挥留学归国人员在教学和人才培养中的积极作用？如何建立并完善发挥学术休假制度，使其在专业教员的科研提升、教案更新和学术交流等方面发挥积极作用？如何突破编制和财力制约，建立一支能够为专业教员提供高效服务的职员（教辅和行政人员）队伍？如何改革学期设置，建立与国际接轨的小学期制，以便充分发挥国内外学术交流在促进教学和科研方面的积极作用？所有这些事项的推进，均具有很大的挑战性，但对于未来一个时期我国经济和金融教育水平的提升具有非常重要的意义。

三、稳步推进我国金融教育的国际化

所谓金融教育的国际化，简言之，即在国际范围内配置金融教育的资源和市场。通俗些讲，就是师资来源和学生来源的国际化，包括各层次教育项目的对外开放、国际交流和合作（包括合作办学）。

金融教育的国际化是客观的发展趋势。自20世纪80年代初起，经济和金融全球化迅速发展，为世界经济的繁荣和发展作出了重要贡献。英国退欧、特朗普当选虽然有可能使全球化暂时遭遇一定的挫折，但其长期趋势不会改变。更何况，在“一带一路”战略的推动下，中国正在积极推进甚至引领全球化。面对难以阻挡的全球化进程，为企业和其他机构培养金融专业人才的教育部门势必也要国际化。事实上，根据世界贸易组织对服务业的界定，教育本身也是一种服务。因此，在全球服务贸易自由化的过程中，教育的开放与国际化是各国应该努力推进的。

近年来，作为新时期金融教育发展的主要任务之一，我国的金融教育国际化已经启动，并且取得了不少成绩。大致说来，主要包括两个方面，对外开放和对外输出。

（一）金融教育的对外开放

这是指在教育项目的实施过程中，从教学理念、教学内容到教学方法与先进国家的做法全面接轨，国内师资团队与国外同行之间的交流与合作达到较高的水平，外籍教员（包括长期和短期）在总体师资中的占比达到较高的比例，学生一般有机会在国内完成部分学习环节等。

在这方面，又包括学历教育和非学历教育。就学历教育而言，一些中外合资大学（如上海—纽约大学、西交—利物浦大学和宁波—诺丁汉大学）的金融学项目或类似项目、中外合作项目（如中央财经大学—荷兰蒂尔堡大学合作的金融学博士项目）以及武汉大学、中国人民大学、上海财经大学、中央财经大学等所设立的创新平台实验班（如数理金融项目）处于领先地位。而在常规的金融学项目中，各高校之间差异比较大，绝大多数学校并没有达到足够的国际化程度。作为国际化发展的一项重要内容，这方面应该成为未来我国金融教育发展的工作重点之一。

非学历教育项目从数量到种类要广泛得多。其中，主要包括各种高管在职培训项目（如金融方向的EMBA、DBA等），以及未经教育部批准、由各学校自主开办的“本科+硕士”层次的中外合作办学项目（如中英合作“3+2项目”等）。这些项目一般收费较高，管理参差不齐，有的甚至存在欺诈行为。不过，也有不少项目因设计合理和管理有序，学员认可度比较高，总体上产生了非常积极的社会效果。在正规学历教育供给不足的情况下，作为自发形成的金融教育国际合作形式之一，这类非学历教育项目有着比较强烈的市场需求，因而具有存在的合理性。只要加以严格的规范和监管，它们完全可以成为正规学历教育的必要补充，对于金融教育的国际化也将产生积极意义。

（二）金融教育的对外输出

这是指招收国外留学生。经过近30年的积累和转型，我国一些综合性大学和财经类大学的金融教育水平已经比较接近国际水平，因而具备了对外输出教育资源的条件。配合中国经济的崛起，特别是“一带一路”倡议的具体实施，近年来一些学校招收了大批来自发达和发展中国家的留学生（包括学历项目和非学历项目），其中不少学生已经毕业回国，并在政府机构、商业性机构甚至国际组织发挥积极作用。在新形势下，作为我国金融学教育国际化的一个重要方面，招收和培养留学生有着很大的发展空间。当然，要想做好这项工作，各学校必须加快实现自身教育水平的提升，不断提升国际接轨能力，提高国际教育竞争能力。同时，必须严格把握质量，从招生、教学到毕业务必层层把关。不可为了扩大数量规模而降低标准，因为教育质量的高低直接关系到国际竞争力，也是能否实现教育国际化持续发展的关键所在。

第一篇

专　　论

中外金融教育基础知识训练比较

北京师范大学 贺力平①

结合过去十多年的教学经验，我想跟大家分享一下关于中外金融教育的体会。在过去的二十年中，国内的金融学教学与教育已经取得了长足的发展。这些发展具体体现为：（1）教师队伍的年轻化、教师队伍知识结构大大拓宽，国际知识丰富；（2）教材更新，包括国内原创、翻译和影印教材非常丰富；（3）课程结构已经得到改善；（4）教学投入大大增加；（5）学生质量大幅提高；（6）金融教学的国际化程度有了很好的发展。

美国芝加哥大学的学者、美国金融学会的会长 Luigi Zingales 在 *The Journal of Finance* 上发表的 *Presidential Address*：*Does Finance Benefit Society*？一文，探讨了一系列金融业的重大问题。在有关金融教育方面他提出了三个看法：第一，过去的金融教育夸大了金融的重要性。但金融危机动摇了社会对金融的看法，金融业的政治地位一落千丈。美国总统奥巴马提出金融业要限薪，受到了民众的欢迎，这也反映了这样的事实。在中国也多少有所反映。第二，过去的金融教育中对收益率问题的重视导致对道义重视得不够。客观上可能导致学校培养的金融专业学生的道德水平下降。这里有一个例子，贝克尔在 20 世纪 60 年代发表的《犯罪与惩罚：经济分析方法》一文，被后人解读为从成本收益的角度来解释罪犯的行为，忽视了道德问题在犯罪中的作用。这种情形可能也存在于金融教学过程中。第三，金融教学对收益的制约和风险因素的设计并不充分。针对这些情况，在美国等一些国家已经有《金融伦理学》这样的课程出现，我国金融教育也应该加强这一点。

金融教育所讲授的知识应该分为初级知识和高级知识。中外在金融基础知识的教育有许多方面是一致的，但是在高级知识的教育中，中外都有一些地方需要改进。以利率为例，利率有两个方面：投资者得到的收益和筹资者的使用成本。在金融教学里面，几乎将这两者等同起来。但是事实上，区别这两个概

① 贺力平，北京师范大学经济与工商管理学院教授、博士生导师，国际金融研究所所长。

念是十分重要的，因为两者的差别体现了金融的作用和价值。比如，20 世纪 90 年代初，我国政府发行国债的成本高达 8% ~12%，近期国债成本在 2% 左右，这里面就体现了金融市场的作用。再如我国目前存贷款的利差非常高，导致很多人想进入金融业。这个利差实际上是产生我国目前金融业万象丛生的重要原因。所以，理清利率的这两个方面是很重要的，它能够帮助我们理解金融的作用。再以货币为例，货币到底是不是财富？关于这个问题在 19 世纪有很多讨论，但现在都不讨论了。当前社会上流行很多观点（甚至是谬论），导致阴谋论的观点出现。我认为这是当前金融教育不足的表现。

我国基础教育中还有一些不足，具体有三个方面：（1）学生不善于区分事实与观点。例如，汇率的波动性和稳定性。汇率波动性是一个事实，它可以用一定的方法和指标进行度量。而汇率的稳定性其实是一种判断和观点，包含不稳定不好，稳定好这样的含义。但是，学生往往混淆这些概念。（2）不太注意区分什么是相关的，什么是不相关的。（3）仓促得出结论，中间缺少必要的论证。

我觉得这是中国应试教育中出现的问题。这可能跟我们中学的应试教育有关，导致学生对社会经济问题不太注重原因以及逻辑关系。基于这一点，我觉得我们的大学金融教育应当矫正学生在逻辑思维中已经形成的一些不足。教师应当加强这方面的意识，通过课堂和课后的交流，以及教材的编写，纠正学生在逻辑上的不足，使得学生所学金融知识更加严谨、更加科学、对社会发挥应用指导作用，避免社会对金融业的看法发生大起大落的波动。最后，我认为，我们应当适当地增加经济和金融历史和学说的知识传授。

智能金融的发展及其对传统金融和金融教育的挑战

复旦大学 陈学彬[1]

今天，我主要来谈一谈人工智能对金融业发展和金融教育的影响。众所周知，2016 年 3 月的人机大战，AlphaGo 战胜韩国围棋名将李世石，引起了全世界关注人工智能的热潮。从科学的角度来说，人工智能分为弱人工智能、强人工智能和超人工智能。弱人工智能是擅长于单个方面的人工智能。比如有能战胜围棋世界冠军的人工智能，但它只会下棋，不会做别的。目前，人类已经基本掌握了弱人工智能的应用。强人工智能是指在各方面都能和人类比肩的人工智能，人类能干的脑力活它都能干。创造强人工智能比创造弱人工智能难得多，我们现在还做不到。超人工智能可以是各方面都比人类强，目前仍停留在科幻层面。但是有预测认为，到 2040 年会出现强人工智能，2060 年会出现超人工智能。

人工智能在金融领域的应用非常有利。互联网、大数据、人工智能是现代金融发展的三大关键技术。在这个互联网时代，我们获得的数据远远超过了人类可能的处理能力。要在这个巨大的信息海洋中分析和识别模式，唯一的办法就是使用机器学习工具和技术。目前，金融领域已经开始运用人工智能进行量化分析和交易；人工智能辅助金融新闻、分析报告、投资意向书等的半自动化生产；人工智能进行行业、企业的语义搜索。

量化交易从很早开始就运用机器进行辅助工作。分析员通过编写简单函数，设计一些指标，观察数据分布。这些仅仅把机器当做一个运算器来使用。直到近些年机器学习的崛起，数据可以快速海量地进行分析、拟合、预测，人们才逐渐把人工智能与量化交易联系得愈发紧密。

我们可以把量化交易按照人工智能的子领域分为三个阶段。

第一阶段：机器学习。通过将数据分析和专家知识结合起来进行投资决策。

---

① 陈学彬，复旦大学金融研究院常务副院长，金融学教授、博士生导师。

代表公司有纽约的 Rebellion Research、全球最大的对冲基金——桥水联合基金（Bridgewater Associates）等。

第二阶段：自然语言处理。通过引入新闻、政策、社交网络中的丰富文本，运用自然语言处理技术分析，将非结构化数据结构化处理，并从中探寻影响市场变动的线索。目前，这类方法主要用途是风险控制和征信。比如通过抓取个人及企业在其主页、社交媒体等地方的数据，来判断其金融特征。

第三阶段：知识图谱。知识图谱本质上是语义网络，是一种基于图的数据结构，根据专家设计的规则与不同种类的实体连接所组成的关系网络。知识图谱提供了从“关系”的角度去分析问题的能力，通过机器学习的发展，从找相关性逐渐自动实现因果关系的分析。

智能金融的发展对金融业产生了深远的影响。智能金融具有如下特点：方便、快速、安全、高效系统化、自动化、个性化、无人化。智能金融目前已经在很多领域得到了应用，包括金融分析、量化投资、程序化交易、资产组合管理、风险控制、信用评级、智能审贷、放贷、风险控制、防盗防伪技术（指纹＋虹膜＋人脸识别）个性化的个人、家庭投资理财服务等等。近年来，我国互联网金融的发展出现了很多金融欺骗。但是，智能金融的发展为防范这些金融欺骗提供了有效的工具。

智能金融的发展影响金融业的效率。金融业应该通过智能金融来提高金融投资和服务的速度，抓住有利的市场机会，提高金融投资和服务的精准性，提高收益，降低人工成本和网点成本。智能金融的发展影响金融业的安全，但也为金融安全提供了技术手段。各种防伪、风控技术的使用，大幅提高资金的安全性。智能金融也创造更多的市场需求，以及个性化、人性化、系统化的金融服务。

智能金融对金融就业的影响主要表现在以下两个方面。第一，智能金融会导致金融业出现大量的失业。有预测显示，在十年内，由于 Kensho（提供智能金融分析报告）和其他自动化软件的使用，金融行业有三分之一到二分之一的雇员将失业。这一影响起始于收入较低的那些职员。当类似 Kensho 的软件能够比人类更快更可靠地解析大量数据集时，从事研究与分析的人员也将面临失业。而如 Nadler 所说，接下来的一部分便是那些处理客户关系的职员将面临失业；很快，复杂的交互接口将让客户不再需要人类客服。2016 年上半年，中国五大银行裁员 2.5 万人，中国银行的离职率超过了 2.2%。这部分说明智能金融对我国银行业就业的影响。

新的科技毁掉一些工作的同时也创造了新的工作。那些掌握了金融的最新技术和方法的人，总是会站在时代的浪尖上。这也给我们金融教育提出了巨大的挑战。我们的知识结构、学生学习的方法等都需要进行变革。

在部分发达国家，智能金融发展对金融教育已经产生了深刻的影响。比如美国宾州大学沃顿商学院金融专业已经开设了《FinTech（金融科技）》课程，注重学生参与度和能力培养。另外，纽约大学斯特恩商学院也新设 MBA FinTech 方向。FinTech 是关于现代信息技术如何影响金融业的新兴学科。FinTech 课程解决一系列的主题，包括交易策略、交易安全、交易清算和结算、数据管理、风险管理、财务数据分析、监管和数字货币对金融业的影响、移动支付和企业融资等。

中国金融教育需要转变观念，开设前沿技术课程，培养领先的金融与科技结合的人才，满足推动中国金融业发展的人才需要。

形象化金融案例在教学中的应用

上海财经大学 丁剑平[1]

面对“90后”甚至“00后”的新一代学生，在金融教学中，过于数学化和理论化的讲述会使学生昏昏欲睡、提不起丝毫兴趣，甚至因为个别老师的讲述方式而喜欢或者厌恶某一门课程。面对这种现实，在课堂教学中，老师应该更加注重课堂视觉艺术冲击的效果，在进行课堂讲解时，注重理论与案例以及视觉艺术的结合，利用更为形象化的语言提高学生的兴趣和学习效率。

那么案例如何选择，而视觉艺术又如何展现呢？对于案例的选择，首先应该选择学生身边发生的、大家都熟悉的且有一定高度和意义的案例，既能引起学生的兴趣，又能帮助学生准确地理解课程内容；而对于视觉艺术的展现，可以通过网络现成的、软件编程的或者自己手绘制作的，通过更加形象和可视化的图像、表格、漫画等途径使学生在清晰明了、简单愉快的课堂中学到知识，提高素养。

当然面对不同阶段的学生，视觉艺术的展现方式又是不同的。对于初入大学的新生而言，通过发散思维的研讨课，打消学生的疑虑，引起学生的兴趣；对于本科生的课堂教学，则需要充分利用身边的案例来感人；而对于研究生课程，则更加注重软件编程以及数据的图表化展示。

对于新生研讨课，当以提起兴趣、发散思维为目的。提到金融，人们首先想到的就是货币，因此针对新生开展一次货币的过去、现在和未来的讨论课是有必要的。在讨论课中，老师首先可以通过图片和漫画的形式来告诉学生要讨论的内容，比如添加从古至今充当货币的商品的图片，如贝壳、黄金、纸币，到现在流行的虚拟货币，激发同学们无限的遐想。对于黄金的讲述，可以从最原始的“淘金”开始，讲述一些美国牛仔西部淘金的故事、中国“闯关东”的故事等，一路引到黄金的货币价值和各国的黄金储量，最后说明货币中黄金的

---

① 丁剑平，上海财经大学上海国际金融中心研究院副院长、教授、博士生导师，现代金融研究中心主任。

退出和纸币的昌盛。而对于纸币，我们可以提出一些疑问——货币有生命周期吗，货币估价会有更大的“傻瓜”的周期吗，纸币与黄金的平均寿命有多长等问题，引起学生的思考；同时，也可以讲述各国货币改革的有趣故事，比如量化宽松与直升机撒钱、某个国家的通胀达到了百万级的超级通胀等。而对于虚拟货币，我们可以从近几年流行的比特币讲起，向学生们说明比特币对美元汇率的火箭般升值并与其他投资作比较等。当然，对于当前的人民币国际化问题，我们也可以对学生提一些问题：未来的世界货币中人民币会是什么地位呢？这时我们就可以插入一张如图1所示的漫画，既生动又形象，让学生在了解形势的同时又可以激发起无限想象。

图1 中美汇率战

当问及“人民币加入SDR后，还会有什么变化呢?”，学生也会很快想到这张图并找到答案。在一些讲述中，我会使用自己所作的漫画，形象化地解释某一名词的含义或某些事件的内涵，会使学生眼前一亮，更加认真地参与和学习。

对于本科生理论的教学，需要用自己身边的案例来感人。在进行理论讲述的时候，通常都会遇到大量的理论推导，若时间一长，就会引起学生的厌课心理。而用一些有趣的故事和案例来辅助，效果就会好很多。比如，在讲述购买力平价理论时，我们可以通过一些形象的辅助和案例来提高学生兴趣。如17岁少年卖肾买iPhone手机，在这些孩子的眼中，一颗肾的价格和一部iPhone的价格是等同的；又如我们用“汉堡包本位制”来衡量汇率，表示具有本土特色的非贸易品价格和各国贸易产品的价格之间的比较。在讲述巴萨效应时，不可回避地会讲述一些理论推导，对于一些数学基础较为薄弱的学生而言负担较重，兴趣泛泛。因此我们可以在讲清其本质的同时，引入一些案例。巴萨效应指出生产力的增长在实际汇率的决定中起着重要作用，贸易品部门工资的提高通过国内劳动力的自由流动传导到非贸易品部门，从而使得汇率升值。这时我们就可以以日本为例，有关研究表明20世纪80年代的日本并无汇率升值的生产力基础，这在一定程度上造成了后来“日本失去的三十年”的形成。附上一张手绘漫画的巴萨定律图解，如图2所示。

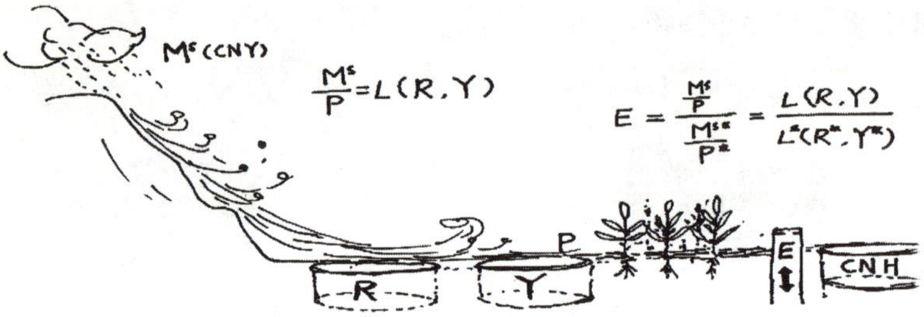

图2　巴萨定律图解

对于研究生课程的讲述，应该更加注重软件编程和数据结构的图表化呈现。金融学课程，尤其是国际金融学经常会遇到高频数据，这时候运用STATA来作图展示就十分重要。STATA是一款简单易学、功能强大的计量分析软件，熟练运用STATA对于研究生的学习交流和论文写作至关重要。在数据分析过程中，尽量运用STATA作图来呈现数据的走势和不同变量之间的关系，同时将一些简单的STATA作图和回归的技巧教给学生，使学生有一种可视化的冲击感，会大大地提高学生们的学习兴趣。比如，在进行不同国家SDR汇率和名义有效汇率的比较时，将两参数放进同一张图中共同呈现，二者区别和联系一目了然。如图3所示，在进行人民币汇率离/在岸价与其成交量的比较时，同样可以采用如上绘在一张图中的办法，便于学生更好地了解两者间的相关关系。而对于一些结构图和关系图，或者SVAR模型的可视化展现，运用Visio软件绘图会更加规范和清晰。因此，在教学过程中，熟练掌握一些软件使用技巧对于课堂的形象化讲述也是非常必要的。

总体来看，形象化在金融的教学中是十分重要的，而形象化的表现即少文字和可视化，可以通过案例构思、图像下载和软件的运用来增加课程PPT的乐趣，提高学生学习的兴趣和效率。

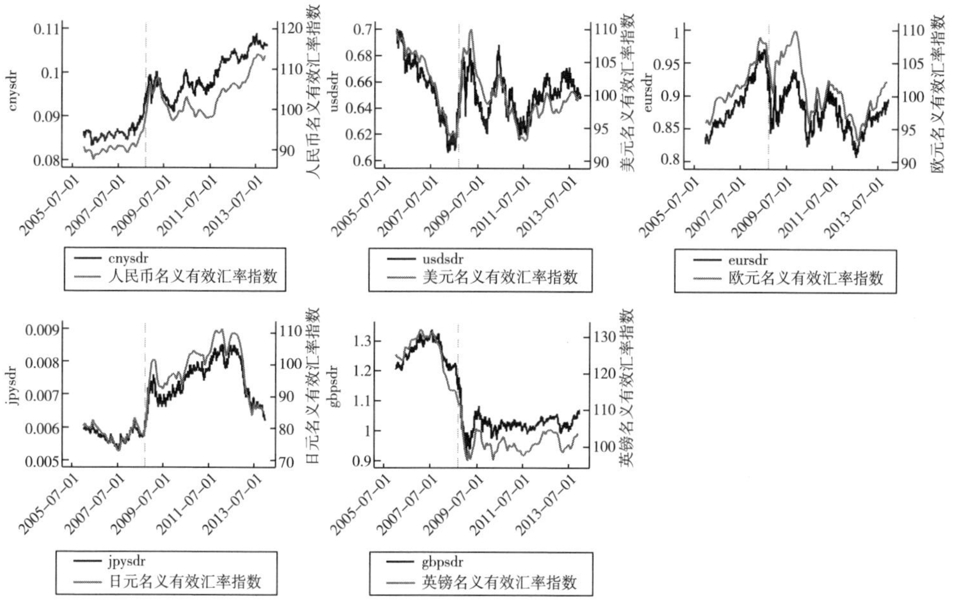

图 3 各国 SDR 和名义有效汇率对比关系图

国际化人才培养模式探索

——以上海财经大学金融学院为例

上海财经大学　袁海萍　刘莉亚[①]

摘要：中国已经步入对外开放的新阶段，面对国家开放新兴战略，高校的人才培养也要适应国家发展战略，必须主动融入开放环境，通过在国际化的体验交流和国际化校园氛围的熏陶，培养具有全球视野和多元文化背景的创新型人才。本文以上海财经大学金融学院为例，对当前我国高等教育面临的新形势，以及对高等教育人才培养的新要求进行阐述，并以上海财经大学金融学院为例，系统梳理金融学院在国际化金融人才培养模式上的探索与尝试，对进一步优化国际化人才的培养进行了展望。

关键词：国际化人才　培养　形势　要求　探索

在全球化背景下，各国之间的激烈竞争，从根本上而言，取决于人才和教育的国际竞争力。当前，中国已经步入对外开放的新阶段，面对国家开放新兴战略，高校的人才培养也要适应国家发展战略，必须主动融入开放环境，通过国际化的体验交流和国际化校园氛围的熏陶，培养具有全球视野和多元文化背景的创新型人才。[②]

我国一系列国家和地方的文件为国际化人才培养提供了方向性指导和根本遵循。《国家中长期教育改革和发展规划纲要（2010—2020 年）》明确提出："适应国家经济社会对外开放的要求，培养大批具有国际视野、通晓国际规则、能够参与国际事务和国际竞争的国际化人才"。《上海市中长期教育改革和发展规划纲要（2010—2020 年）》明确上海教育国际化使命是"让学生具备国际交流、理解、合作、竞争能力"。2015 年《国务院关于印发统筹推进世界一流大学

---

① 袁海萍，上海财经大学金融学院辅导员、副教授。刘莉亚，上海财经大学金融学院常务副院长、教授。

② 樊丽明．中国开放新阶段与大学的使命［J］．中国高等教育，2016（5）：11－14.

和一流学科建设总体方案的通知》更是重点强调要“加快建成一批世界一流大学和一流学科，提升我国高等教育综合实力和国际竞争力”。可见，国际化人才培养体现了当前国家的重大现实关切，是国家高等教育的一项重要战略性任务。学者们关于国际化人才特征及应有素质的论述很多，但是有几个方面基本可以达成共识，那就是国际化人才必须具有国际视野，熟悉国际规则，能够参与国际事务与国际竞争，具备思想政治素养、专业知识和交流能力等。

本文以上海财经大学金融学院为例，对当前我国高等教育面临的新形势，以及对高等教育人才培养的新要求进行阐述，并以上海财经大学金融学院为例，系统梳理金融学院在国际化金融人才培养模式上的探索与尝试，对进一步优化国际化人才的培养进行展望。

一、高校国际化人才培养面临新形势

（一）国家开放新阶段

当前，伴随着全球化进程加快，中国改革开放步入了新阶段，主要体现在三个方面。

1. 资本从“引进来”到“走出去”，是中国进入开放新阶段的重要特征

近年来，我国积极融入全球垂直专业化分工格局，力图在更高层次上实现国际资源整合，在对外投资中不断提升投资层级，延长加工贸易的产业链条，逐步形成了商品和资本双轮驱动的格局，助力企业对外投资。以 2014 年为例，我国境内投资者在全球 156 个国家和地区开展投资活动，投资的境外企业达到了 6128 家，企业海外并购也取得重大突破，包括联想集团收购美国摩托罗拉移动手机业务、东风汽车收购法国标致雪铁龙 14.1% 的股权、国家电网收购意大利存贷款能源网公司 35% 的股权、中粮集团并购新加坡来宝集团和荷兰尼德拉公司等。[①] 2014 年，中国全行业对外投资加上第三地融资再投资的总额已达 1400 亿美元，中国实际对外投资总额超过利用外资的规模。[②] 根据商务部新闻发布会发布的内容，按照常规统计，2016 年中国对外投资规模也将超过使用外资

① 资料来源：2014 年跨国公司十大并购新闻 . http：//www. cicpmc. org/detail. asp？ id = 3671& Channel = 2&ClassID = 14.

② 李予阳 . 2014 年我国实际对外投资已超过利用外资规模［N］. 经济日报，2015 - 01 - 26.

规模。①

2. 中国从“主要受益者”到“积极贡献者”

经过多年的发展，中国的贸易额占GDP比重已经超过了五成，是全球经济发展的主要受益者。中国已成为120多个国家最大的贸易伙伴，中国经济对全球的影响越来越明显，中国已经有能力向世界提供“发展导向”的全球公共产品，中国消费正成为全球总需求的重要部分。多项报告显示，中国游客在欧洲、东南亚等国的消费金额名列前茅，海外购物平均花费居世界第一。伴随着经济总量的扩大和综合国力的提升，中国积极参与全球经济治理，为各国谋求共同利益，通过技术创新、制度创新、理论创新等为世界经济发展和人类文明做贡献，提升自身的国际影响力。

3. 主动参与，引领国际经贸新秩序

在国际经贸领域，伴随着中国经济发展和对外开放的深化，中国逐步突破西方国家在经济领域的压制和围堵，构建全方位的开放格局，以开放的主动赢得发展的主动，积极参与全球贸易投资规则的重构，引领国际经济贸易新秩序的建立，“一带一路”、亚洲基础设施投资银行的倡议和建设，以及以上海自贸区为试点开展的面向全球的高标准自由贸易区网络的探索，都标志着中国正成为国际经济新秩序的重要倡导者和推动者。

（二）高等教育发展新阶段

1. 我国高等教育逐步进入以提高质量为核心任务的内涵式发展阶段

党和国家的一系列政策文件都对高等教育的内涵式发展提出了要求，《国家中长期教育改革和发展规划纲要（2010—2020年）》中指出：到2020年教育的战略目标是，基本实现教育现代化，基本形成学习型社会，进入人力资源强国行列；2012年3月，教育部发布了《关于全面提高高等教育质量的若干意见》，又明确提出今后公办普通高校本科招生规模将保持相对稳定，坚持“走以质量提升为核心的内涵式发展道路”；党的十八大报告再次明确提出要“推动高等教育内涵式发展”。

2. 随着适龄人口的减少和高校国际竞争的日益激烈，过去的外延扩张不可持续

教育部长袁贵仁在第十二次全国人大四次会议记者会上指出，根据第三方

① 今年我国对外投资规模将超过使用外资［N］. 光明日报，2016-06-18.

机构对中国的教育发展进行的评估，结果显示中国的高等教育毛入学率已经达到40%，高于世界中上收入国家的平均水平，2012年的目标是高等教育毛入学率提高到50%[①]，将实现高等教育普及化。同时，中国目前还面临着适龄人口的减少和高校的国际竞争日益加剧的挑战。根据有关测算，2000—2008年中国高等教育适龄人口（18~22岁）规模逐年增大，并于2008年达到峰值1.25亿人，2009年至2020年前后逐年下降，相应地，高考报名人数在2008年达到1060.7万人峰值后，呈现逐年下降的趋势。[②] 而随着留学市场的飞速发展，出国留学人数逐年递增，并呈现持续增长态势，根据教育部公布的数据，2015年我国出国留学人员总数已经超过52万人。[③] 出国留学生低龄化的趋势越来越明显，2012—2015年，出国读本科、高中及以下学历的学生占比增加了17%，由2012年的23%增长到2015年的40%，2015年，这一群体占该年所有中国留学生的40%。[④] 因此，中国高校到了从规模扩张转变为内涵发展，提升教育质量，提高国际竞争力的关键时期。

3. 我国高等教育人才培养还存在诸多客观问题，难以满足人才强国的现实需要

当前，我国高等教育学历层次结构亟需优化，高水平创新型人才储备不足，应用型人才也很缺乏。根据学者对经济发展程度和研究生规模对应关系的研究，当人均GDP接近5000美元时，美国对应的研究生数是5.91（1970年），英国是1.55（1977年），台湾地区是0.77（1987年），而中国仅为1.12（2010年）[⑤]，我国高等教育学历层次优化问题已经非常迫切。同时，高校的专业设置还存在趋同化、雷同化、同质化、重复设置等弊端，不少高校不愿意对就业不好的专业进行调整。在人才培养国际化方面，高校存在共性有余、个性不足的问题，培养的人才普遍欠缺全球视野和理念、独立创新能力、人文精神和科学素养、实践能力。

---

① 教育部长．到2020年高等教育毛入学率要提高到50%［EB/OL］（2016-03-10）. http://news.youth.cn/gn/201603/t20160310_7728898.htm.

② 谈松华，夏鲁惠．适龄人口下降对我国高等教育的影响［J］．中国发展观察，2011（9）.

③ 教育部.2015年我国出国留学人员总数逾52万人［EB/OL］（2016-03-22）. http://edu.sina.com.cn/a/2016-03-17/doc-ifxqnski7676550.shtml.

④ 八成留学生回国发展 本科及高中以下留学群体猛增［EB/OL］（2016-03-29）. http://www.chinanews.com/cj/2016/03-29/7815236.shtml.

⑤ 袁本涛，王顶明，刘帆．中国研究生教育规模究竟大不大——基于中、美、英、台的历史数据比较［J］．高等教育研究，2012（08）：53-58.

（三）上海财经大学正处于发展新阶段

作为一所百年老校，国际化始终是上海财经大学办学的基因，也是金融学院多年来发展的优势所在。2011 年初，国际商学院学会（AACSB）在其《管理教育全球化报告》中指出，有证据表明，在中国第一所按照西方现代商学院建立起来的大学就是 1921 年成立的上海商科大学，该报告还特别指出，上海商科大学就是现在上海财经大学的前身。在 1923—1924 学年期间，上海商科大学 16 名中国教员中，有 11 人毕业于哈佛大学、哥伦比亚大学、宾夕法尼亚大学、伊利诺伊大学、爱丁堡大学等。上海财经大学在“十五”发展规划中就提出了学校的“一流三化”的发展目标，其中“三化”就涵盖了现代化、国际化、信息化。“十二五”期间，学校提出并重点实施了 GLOBAL SUFE 战略。在学校的“十三五”规划中，学校将发展愿景定位为“基于卓越的研究和教学，成为国际知名具有鲜明财经特色的高水平研究型大学”①，在人才培养中坚持“复合型、外向型、创新型”的目标定位，致力于为国家和社会培养富有社会责任感、创新精神、国际视野和实践能力的卓越财经人才。可见，国际化的人才培养始终是上海财经大学各项工作的重中之重。上海财经大学每年都会有大量毕业生到国际公司工作，根据就业指导中心发布的上海财经大学国际化就业情况，2015 年，在外商独资企业工作的财大本科毕业生占 24.4%、研究生占 9.4%；在中外合作企业工作的财大本科生占 12.8%，研究生占 8%。

当前，学校和学院的发展面临着四大“新”形势：一是经济“新”常态。在此背景下，国家要充分利用速度“下台阶”的压力，实现“效益上台阶”的“减速治理”新常态，经济增长迫切需要高校提供智力支撑。二是开放“新”阶段。国家进入开放新阶段，“一带一路”战略的实施，亚投行、金砖国家开发银行的成立，以及“互联网+”、“工业 4.0”时代的到来，都对国际化人才提出了迫切需求。三是竞争“新”格局。近年来，国外很多大学开始在中国设立分校，抢占高等教育市场，中国高等教育同样需要“走出去”，清华大学在西雅图成立全球创新学院就是一个很好的尝试②。四是内生“新”动力。在新形势下，上海财经大学通过政策规范、加大投入、整合资源、吸收借鉴等一系列手段，不断加大人才培养国际化的改革力度，在国际化办学内生基因的基础上，实现

---

① 资料来源：上海财经大学“十三五”发展规划纲要，2016. 03. 22.

② 资料来源：清华大学在美国西雅图建全球创新学院. http://news.xinhuanet.com/edu/2015-06/19/c_127933425.htm.

新形势下以开放促改革的动力升级。

二、国际化人才培养是当前国家发展的新要求

（一）积极参与国际竞争需要培养国际化人才

随着中国经济的快速增长，国际地位的不断提升，与此相对应，中国在国际舞台上的话语权、在国际事务中的影响力也理应不断扩大，中国要积极参与国际事务，主动参与国际竞争，这就要求高校适应国家发展战略，培养具有全球视野和多元文化背景的国际化人才，不仅要有一流的专业水准、一流的人文精神，还要具有多元文化理解力和合作包容能力。当然，国际形势错综复杂，开放新阶段中国的崛起之路也受到多方压制和围堵，西方国家的意识形态的渗透，以及互联网等媒介上对中国实施“丑化”、“矮化”，这也要求高校培养的人才具备扎实的思想政治素质和健康的心理素质。

（二）高端引领需要培养国际组织人才

随着“一带一路”战略的实施，亚投行、金砖国家银行等的建立，中国逐步以新兴大国的形象出现，主动参与和引领国际经济新秩序的构建，中国从“被动参与”到“高端引领”，这就要求高校提供一批能够有效服务国家战略发展，具有国际视野、通晓国际规则、积极参与国际事务与国际竞争的国际化复合型人才。

我国前驻法大使、外交学院原院长吴建民曾说，要建立国际政治经济新秩序，国际组织是修改秩序的重要力量，而在国际组织工作的人员就显得尤为重要。当前的现实情况是，中国在各大国际组织中工作的人才还较为缺乏。以联合国为例，截至 2013 年 6 月 30 日，供职联合国秘书处的非语言类中国籍专业人员共 74 名，低于联合国开列的 116 人至 157 人的恰当幅度，被联合国报告列入“任职人数偏低”的国家行列。① 因此，中国要提高在国际组织中的行为能力和话语权，服务国家外交和经济发展战略，就需要高校提供充足的人才储备，尽快培养一批能够胜任国际组织与国际机构工作的“复语型”、“复合型”高端外语人才。

---

① 国际组织连迎中国新掌门［N］. 人民日报（海外版），2013 - 11 - 08.

（三）培养国际化人才需要加强国际交流合作

有学者指出，国际交流合作是大学继人才培养、科学研究、社会服务之后的第四项基本职能。[①] 在当前国家开放的新阶段，高校要更新理念，创新体制与机制，改革人才培养模式，多措并举，为培养国际化人才而努力。一方面，要大力打造国际化教育交流平台，鼓励和支持学生参加国际交换学习、出国留学、学术交流，丰富国际体验；同时，要积极采用与国际接轨的先进课程体系、与国际一致的课程内容、教学方式及过程，引进国外先进教材及课件。另一方面，还要发展留学生教育，营造多元化校园环境和国际化氛围，促进中外学生融合培养、共同进步，培养学生的全球视野、国际理解力和多元文化背景。

三、上海财经大学金融学院国际化人才培养的新探索

多年来，上海财经大学金融学院始终将人才培养国际化工作作为学院的重点工作，科学谋划、稳步推进，贯彻落实《国家中长期教育改革和发展规划纲要（2010—2020 年）》《统筹推进世界一流大学和一流学科建设总体方案》对高等教育国际化和人才培养的要求，努力推进学校 GLOBAL SUFE 战略，致力于培养一流的国际化人才。在学院的国际化人才培养中，学院始终坚持以开放促改革作为国际化人才培养的指导思想，积极主动地融入国际发展环境，勇于用国际标准、世界水平衡量学院人才培养工作，努力提升金融学院的国际竞争力和影响力，提升人才培养国际化水平。在人才培养国际化工作的具体工作原则上，金融学院在立足国情校情的基础上，对标国际标准；坚持系统推进和重点突破相结合、政治思想素质与专业知识教育相结合、外语教育与通识教育相结合、创新与创业教育相结合、引进来与走出去相结合、学校教育与用人单位教育相结合。

（一）打造“顶天立地”国际标准的师资队伍

实现师资为先、增量突破、存量优化、双轨互动的师资队伍，做到研究的“顶天”和“立地”相结合。其中“顶天”即是要做到瞄准国际学术前沿，能在国际高水平经济和金融学术期刊上持续发表学术论文；“立地”则是要立足中

① 陈昌贵．国际合作：高等学校的第四职能——兼论中国高等教育的国际化［J］．高等教育研究，1998.

国实际，能够深入研究中国在改革开放进程当中，急需解决的经济和金融问题。学院在队伍建设中建立了分层次分重点、共同目标、共同投入的人才引进和培养机制，做到海内外结合、融合创新，形成了海外院长、特聘教授、常任轨教师（Tenure Track）、传统轨教师、业界兼职导师为一体的师资队伍体系。多年来，金融学院在引进海外师资力量方面，勇于尝试，不断促进制度创新，取得了较好的效果。

1. 实聘海外院长

金融学院先后聘请全球知名华人经济学家黄明教授（康奈尔大学终身教授，2006—2009）、王能教授（哥伦比亚大学终身教授，2009 年至今）担任学院实聘海外院长，两任海外院长带领全院师生，为提升科学研究、人才培养、师资建设的国际化水平，作出了不懈努力。

2. 引进海外特聘教授

特聘教授是我院以非全职形式引进的、在国外取得终身教职、学术活动十分活跃的金融学术精英。学院先后聘请了 9 名特聘教授，他们每年至少为学院研究生上一门专业课，并与学院年轻教师或博士生开展合作研究。在评价方面，参照师资引进与常任轨考聘标准。通过学院的特聘教授制度，学院推进了学院教学、研究和师资的国际化。通过特聘教授的联系，学院进一步推进和深化了与海外知名高校的深度合作，尤其是在博士生国际联合培养、硕士生“1 + X”双硕士项目的推进方面，常任轨教授们为学院提供了大量帮助。在学院的特聘教授中，多人入选中央“千人计划”（短期）项目、长江学者讲座教授及上海市“千人计划”（短期）项目。

3. 引进常任轨（Tenure Track）教师

海外优秀青年人才是金融学院增量师资来源的主体。自 2009 年以来，学院密切关注国家和地方人才引进政策的新动向，以中央和地方各类人才引进平台为支撑，大力引进海外高层次学术人才，先后引进了 38 名全日制常任轨教师，占学院师资的 52%，他们都以优异的成绩毕业于海外名校，其中也有本身已经在海外任教并已获得常任教职的教师。学院按照年薪制，为他们提供了具有市场竞争力的薪酬水平，并且因人而异、根据市场情况动态调整。学院行政团队强化服务意识，为教师们提供宽松自由的软环境；同时学院通过常规的 SEMINAR 制度、国际论坛等形式，为他们营造国际化的学术研究环境。而在考核方面，学院按照国际通行的学术评价标准，对常任轨教师实行三年中期考核、六年终期考核，做到事先沟通、形成共识，到期考核严格执行标准，非升即走。

此外，学院还大胆尝试，在常任轨制度上实现制度创新。学院按照常任轨的标准，引进了毕业于湖南大学的杨金强博士，由于其卓越的研究能力，杨金强目前被评聘为常任轨教授，并入选国家优秀青年科学基金项目资助。

4. 开展专题培训和专题研讨，营造国际化学术氛围

金融学院通过专题培训计划，在学院举办各类 Seminar 和 Workshop 的基础上，结合存量教师在研究方法和把握金融学术前沿动态方面的需要，精选部分内容，聘请国际知名学者开设专题讲座或系列课程，优化现有教师的知识结构和研究能力。学院邀请海内外名校老师来我院报告最新的学术成果，促进了我院师生与讲座人的学术交流。通过学术交流计划，提高教师的研究视野，紧跟国际金融走向，促进研究成果的传播并提高学院的影响力和知名度。同时，学院还举办了“金融市场与行为金融”专题研讨会、“金融市场与中国宏观经济”专场学术报告、“公司金融与金融机构”金融学国际年会等大型学术交流活动，并邀请到了美国罗切斯特大学金融教授、国际著名金融学期刊《金融经济学》（Journal of Financial Economics）副主编 Toni Whited 博士，洛杉矶大学安德森管理学院著名学者、《金融市场》（Journal of Financial Markets）的联合主编 Avanidhar Subrahmanyam 教授，北卡罗来纳大学的 Paolo Fulghieri 教授，美国康奈尔大学终身教授、国际知名金融学期刊《金融学研究评论》（The Review of Financial Studies）执行主编 Andrew Karolyi 等国际知名学者做主题演讲。这些学术交流活动推动了金融学科的高层次学术交流。截至目前，学院已成功举办了五届金融学年会，推动了教师开阔国际视野，增强自身建设和能力。

（二）本硕博全覆盖的国际化人才培养改革

1. 本科层面：大力开展本科培养模式改革

为提升金融学院本科生培养国际化水平，学院参照国际知名高校，为学生定制了接轨国际的课程体系，积极引进国外经典教材、案例和教学手段，培训中青年教师，制定相应政策鼓励双语、全英文教学，力争使学生的数理、英文水平（尤其是英文写作能力）达到美国一流大学研究生申请标准。学院以金融实验班为抓手、全面实施新的教学改革计划。在学院本科的中外合作专业及非中外合作项目的培养过程中，同样加大师资投入，海外特聘教授、海归常任轨教师、部分存量教师等，都为学院本科生开课。学院自 2014 年暑假小学期开始，尝试开设暑期国际课程，邀请英、美知名高校一流师资来学院为本科生开设短期专业课程，让同学们在校内就可以体验到国际知名教授的教学，暑期国际课

程师资均来自英国玛丽女王大学、美国俄勒冈大学、美国北卡罗来纳大学等国际知名高校。

在本科国际化人才培养“引进来”的同时，学院鼓励本科生进行海外学习实习以及出国深造。我校目前已与28个国家的165所大学或机构签订了合作协议，包括美国斯坦福大学、加州大学伯克利分校等知名高校。为推动学生生涯发展教育国际化，2015年学校又开始着手搭建海外实习基地，打造国际化的生涯发展教育体系，其中，上海财经大学·上海糖酒集团澳大利亚海外实习基地项目就是一个重要的尝试。澳大利亚玛纳森食品集团作为上海财经大学的海外实习基地，定期向上海财经大学在校学生开放短期实习岗位，由上海糖酒集团和上海财经大学共同组织部分在校生前往澳大利亚参加6个月的海外带薪实习。多年来，金融学院本科生长期海外学习实习人数在全校一直保持较高水平。

2. 硕士层面：引进一流国际教学资源，打造国际化特色项目

金融学院通过不断推进课程和培养方案的改革和优化、打造国际化师资队伍等多种方式，提高硕士生培养的国际化水平。近年来，金融学院加大引进一流国际教育资源的力度，不断拓展国际教育合作，打造了一系列硕士层面的国际化特色项目。

（1）上海财经大学青岛研究院联合加州大学伯克利分校开设全球金融硕士（财富管理方向）学历学位教育项目。该项目旨在培养具有全球资产配置视野、掌握前沿金融分析及创新工具、精于专业化财富管理的高素质、应用型、国际化金融理财专门人才。该项目课程直接参照国际标准进行设置，融合了上海财经大学金融学院和加州大学伯克利分校哈斯商学院的优势特色，并邀集双方明星教授共同组成了强大的师资团队。学生不仅能够接受系统严谨的知识和技能训练，而且还能充分享受青岛、上海和伯克利三地的优质教育资源，并有机会到国内外的著名金融机构进行实习和实践。

（2）全球金融硕士（GMF）“1+1+1”双学位项目。为整合优质国际教育资源，为学院硕士生提供更多的国际教育机会，学院启动了全球金融硕士“1+1+1”硕士学位项目，项目的合作伙伴包括新加坡管理大学、加拿大多伦多大学、美国北卡罗来纳大学夏洛特分校、美国辛辛那提大学等，入选该项目的硕士通过三年的国内国外的学习，可获得我校和国外合作院校办的金融学双硕士学位。该项目实现了优秀学院强强联合的目标；双方将派出权威师资开展真正的国际化教学；合作双方还可以互认学分，并相应减免学费；职业发展方面，可以在国内外著名金融机构进行实习。

（3）积极参与国际组织和国际机构人才培养。在2015年，我校获批成为“高校国际化示范学院推进计划”试点①，由学校国际工商管理学院牵头建设国际组织与国际机构人才培养项目，金融学院作为参与院系，积极推动和鼓励学院学生参与该项目的申请，并派出学生赴海外合作院校攻读硕士学位。

3. 博士层面：进一步加大联合培养力度

在金融学院博士生的培养过程中，进一步加大改革力度。首先，进一步改革入学录取方式，由传统的博士生考试，变为硕博连读和申请考核制两种方式相结合，提高生源质量。博士生在低年级通过扎实的基础课程的训练打好基础，学院安排资深教授和海外特聘教授为博士生们授课，并通过博士生资格考试、导师团制度、Seminar参与制度、博士生论坛、学术论文发表等多个环节层层把关，严把质量关。为提升博士生培养国际化水平，学院鼓励博士生依托国家建设高水平大学公派研究生项目、校派联合培养博士研究生项目，赴国外进行联合培养或攻读博士学位，自2011年以来，学院先后有将近30名博士生或硕博连读的学生获得资助，赴国外攻读学位或联合培养。对于联合培养的学生，学院实施中外双导师制度。学院博士生近年来发表了大量高质量国际学术论文。

4. 国际留学生教育

金融学院国际化人才培养“引进来”的另一大重点就是学院来华留学生教育。多年来，金融学院始终将留学生工作与学校的国际化发展目标紧密结合起来，将各国留学生作为提升学校教学水平国际化、营造国际化校园文化、造就高水平留学教育的师资、增强学校国际影响力的参与者、推进者。通过着力提高留学生教育质量，打造留学上财品牌，培养了一大批知华、友华、爱校的高素质来华留学生毕业生。

金融学院作为学校首个学历留学生二级管理的试点单位，来华留学生规模常年保持在180人左右，涵盖本硕博三个阶段。除了全英文授课的金融学硕士留学生班以外，其余留学生都和中国学生同班学习。金融学院利用中外学生共同学习生活的契机，充分挖掘其中的文化交流、社会实践的资源，加强中外学生交流融合，“加强国际理解教育，推动跨文化交流，增进学生对不同国家、不同文化的认识和理解”②。多年来，金融学院坚持中外学生融合培养，实现优势互补，通过构建机制、思想引导、活动促进等多种方式，积极推动中外学生之间

① “高校国际化示范学院推进计划”项目由教育部和国家外专局于2014年开始推行建设，2014年全国有4所学校获批，2015年9所学校获批。

② 资料来源：《国家中长期教育改革和发展规划纲要（2010—2020年）》。

的交流融合；平时加强对来华留学生的学业辅导和思想引领；在文化浸润中开展实践育人；对已经毕业的学生做好跟踪服务，拓展国际校友资源。

多年来，金融学院留学生工作稳步发展，中外学生交流融合效果明显，培养了大量的优秀来华留学生。如越南留学生冯明香、黄明长二位同学本科、硕士均就读于金融学院金融学专业，硕士期间曾获得多项国家级和校级优秀学生奖学金，2015 年获得“上财同德金融”全国大学生“一带一路建设”征文大赛一等奖，如今他们硕士即将毕业，又被我校录取为金融学博士生。2016 年 6 月在北京举行的 2015 年“国家开发银行外国人来华学习专项奖学金”颁奖典礼上，全国共有 51 名留学生获得该项奖励，我院就有 7 名留学生上台领奖。金融学院很多留学生毕业后回国均在本国的重要部门任职，并且跟母校始终保持联系，如老挝籍硕士留学生普银山、陶佩雅等回国后在财政部、央行工作；巴西籍全英文硕士毕业生威尔森毕业后回到巴西的银行工作，并在巴西南大河天主教大学担任兼职教授，他还撰写和出版了介绍中国和中国文化的书籍；塞拉利昂留学生成龙毕业后在该国社会安全和社会保障部工作，在学校 95 周年时还撰写了“我在财大的日子”的回忆文章。在文中他写道：“上海财经大学就像一个大的家庭，我很自豪我是这个美好家庭的一员。2011 年 7 月 28 日晚上离开时对于我是一个难过的时刻。在我余生中我将永远记住在上海财经大学的美好岁月。”

（三）探索境外办学——香港博士点

2002 年，经教育部和香港学术评审局批准，我校与香港金融管理学院合作，在香港成立了研究生教学点，开设金融学博士课程，成为第一所在香港开展研究生学历、学位教育的内地高校，这是我校第一次尝试在境外设立教学点。多年来，香港教学点培养了大批博士毕业生，他们活跃在经济金融领域的重要部门。我院香港博士点毕业生、大新银行财务总监谭日恭博士这样评价他在香港博士点学习的经历：“开阔了我对最新金融及经济理论和中国金融市场发展的了解。”毕业于我院香港博士点的黄剑荣博士，现任中渝置地控股有限公司执行董事，他认为博士期间的学习“大大提高了管理层对项目财政分析和应用金融工具的能力”。

四、未来进一步提升国际化人才培养水平的展望

人才资源是第一资源，人才问题是关系党和国家事业发展的关键问题。随

着全球化和国际化趋势的迅速发展，国际化人才培养已经成为当前高等教育的当务之急。在未来的时间里，金融学院将更加重视国际化人才培养工作，既要不断创新，树立宏观思维，注重整体性和系统性，同时也要注重微观层面，注重过程管理、质量监督，确保人才培养效果的落细、落小、落实，培养适应国家对外开放新阶段需要、有能力参与激烈国际竞争的国际化金融人才，真正发挥大学的人才培养、科学研究、社会服务和国际交流合作功能。

（一）进一步实施“四大计划”，开拓学院人才培养国际化工作新局面

1. 专业建设的国际评估计划：以国际评估为抓手，进一步促进金融学专业人才培养规格的国际化

要在高等教育激烈的国际竞争中占有一席之地，高校参与国际认证评估及排名工作刻不容缓。学院将主动申请专业建设的国际认证和评估，对接国际评估的要求，优化和改进专业课程设置、人才培养模式等，提升学院的综合实力和国际影响力。在科研方面，金融学院将重点关注美国亚利桑那大学（ASU）国际前四顶尖金融期刊（JF、JFE、RFS、JFQA）论文发表排名、美国得克萨斯大学达拉斯分校（The University of Texas at Dallas）世界顶尖商学期刊发文排名等，鼓励学院老师们发表高质量的国际期刊论文；在专业建设方面，学院将对照 QS 世界大学学科排行榜会计与金融学科排名、上海交通大学世界大学学术排行榜 ARWU 经济学/商学学科排名以及英国金融时报（Financial Times）的金融硕士专业排名，不断提升专业建设国际化水平，提升国际知名度。

2. 国际课程与项目建设计划：拓展暑期国际课程项目的受益面，促进国际课程资源建设，同时拟开设国际联合课堂、大师讲坛等创新活动

学院将依靠学校国际处以及学院众多海归教师的资源，进一步吸引更多优秀的海外师资加盟学院，不仅为学生带来国际一流课程教学，同时还从教学内容、教学方法等多方面对学院中青年教师进行带教和培训，提升学院整体教学国际化水平。此外，学院还将通过国际联合课堂、大师讲坛等创新做法，提升学院国际课程和项目建设水平。

3. 高层次中外合作项目打造计划：提升开展中外合作伙伴层次，拓展双学位项目

当前，学校和学院的中外合作伙伴层次和数量都有很大发展，然而合作院校中，国际顶尖名校还不太多。金融学院一方面要苦练内功，提升自身实力，同时也要主动出击、积极开拓，打造高层次中外合作项目。以硕士层面的双学

位联合培养项目为例，学院将进一步落实与新加坡管理大学、美国北卡来罗纳大学、美国辛辛那提大学等学校的金融双硕士项目建设，同时也将进一步寻求高层次的合作院校，为学生提供更多的、优质的、可供选择的海外院校。

4. 国际组织与跨国企业实践基地拓展计划：依托校级海外实习实践中心，开展“海外学习+实践”项目

到国际组织、海外企业、跨国企业实习或工作，是国际化人才培养的重要环节。上海财经大学就业指导中心目前已经建设了海外实习实践指导中心，并且已经建成了少量海外实习实践基地，相信未来将会建成更多的海外实习实践基地，金融学院也将为学院学生量身定做，建立专门的金融专业海外实习基地，为学生提供到国际组织、国际公司或海外公司实习和就业的机会。

（二）树立质量意识，加强过程管理，强化评估环节，确保国际化课程和项目质量

在国际化课程和项目建设的初期，很多院校都忙于引进国外师资，增加国际课程数量，或者开启国际合作项目的建设，处于重数量的粗放型高等教育国际化发展阶段，在这个阶段，高校往往忽视了过程监控，以及对国际化工作的质量评估。金融学院今后的国际化工作，将更加注重质量评估，致力于打造国际教育精品。对于国际化课程、师资及项目，要加强过程管理，强化评估环节，对于评估结果不够理想的师资、课程及项目，要加强整改甚至要落实退出机制，打造全过程的国际化人才培养精品项目。

（三）重视学生的政治素养、参与意识和创新精神，培养思想可靠、专业过硬的国际化人才

当前随着世界多极化、经济全球化深入发展，国内经济社会转轨转型，深刻变革，以及现代传播技术迅猛发展，世界范围内各种思想文化的交流交融交锋更加频繁，在思想领域的意识形态之争仍然激烈，中国依然面临着西方国家各种形式、无孔无入的意识形态渗入，在这一背景下，国际化人才培养不仅仅要培养学生的外语水平、国际视野、国际竞争力等国际化素养，更要注重学生的思想政治素质的培养，政治素养问题是人才培养的方向性问题。金融学院将加强专业教师、思政教师、辅导员队伍的协同配合，形成全员、全过程育人的局面，加强大学生的思想政治教育。同时，学院将通过第一课堂和第二课堂的各种形式，加强对学生参与意识和创新精神的培养，学生要化被动参与、被动

接受为主动参与、勤于思考和创新，让学生真正地参与到国家、学校及学院的国际化发展进程中，毕业后能够积极投身到国家的对外开放新战略当中去。

参考文献

[1] 方星海. 在国际金融中心建设中培养和造就国际金融人才 [J]. 中国金融, 2010 (9): 18-19.

[2] 李成明, 张磊, 王晓阳. 对国际化人才培养过程中若干问题的思考 [J]. 中国高等教育, 2013 (6): 18-20.

[3] 裴文英. 高校发展视野中国际化人才培养研究 [J]. 江苏高教, 2007 (6): 79-80.

[4] 王晓军. 论现代金融人才培养与高校金融教学改革 [J]. 当代经济, 2008 (13): 116-117.

[5] 席酉民. 中国大学国际化发展特色与策略研究 [M]. 北京: 中国人民大学出版社, 2010.

[6] 杨学义. 创新人才培养模式 造就高端国际化人才 [J]. 中国高等教育, 2010 (19): 19-20.

[7] 尤宏兵. "六结合": 推进国际化人才培养 [J]. 江苏高教, 2014 (3): 101-102.

[8] 中国高等教育学会引进国外智力工作分会. 大学国际化: 理论与实践 [M]. 北京: 北京大学出版社, 2007.

[9] 朱晓霄. 上海"两个中心"建设与国际化金融人才培养战略——2010年上海市经济学会社会主义经济理论专业委员会研讨会综述 [J]. 上海经济研究, 2010 (7): 116-120.

第二篇

金融教育国际化

国际化课程教学对本科生科研能力提升的影响研究

——基于研究型大学金融本科生视角分析

南京农业大学 林乐芬 顾庆康①

摘要：建设一流大学和一流学科，是党中央、国务院在新的历史时期，为提升我国教育发展水平、增强国家核心竞争力，作出的重大战略决策，它对我国的高校教育教学国际化提出了新的要求。研究型大学高等教育国际化的主要义务是培养具有一定科研能力以及具备一定国际竞争力的本科生。为探析研究型大学国际化课程教学对本科生科研能力的提升影响，研究通过层次分析法对大学生的国际化课程教学以及科研能力量化，并运用多元线性回归探讨相互关系。结果表明：现行的国际化课程教学质量水平高于一般水平，在不同年级间的适应性存在差别。国际化课程教学体系中教学内容的设置以及教学方式的选择国际化改革越深化，学生对本专业的兴趣越高、花在本专业学习的课余时间越多、GPA 越高以及 SRT 训练对科研能力的提升越显著。

关键词：国际化课程教学 金融学

一、引言

长期以来，我国高等教育质量的短板之一是绩效评价不力，教师“重科研轻教学”的问题难以解决。然而，就大学而言，其首要职能便是人才的培养。为了缓解这种科研与教学的矛盾，提升中国高等教育综合实力和国际竞争力，建成高等教育强国。2015 年 10 月 24 日，国务院印发《统筹推进世界一流大学

---

① 林乐芬，南京农业大学金融学院财政金融研究中心主任、教授。顾庆康，南京农业大学金融学院博士研究生。

和一流学科建设总体方案》，要求按照“四个全面”战略布局和党中央、国务院决策部署，坚持以中国特色、世界一流为核心，以立德树人为根本，以支撑创新驱动发展战略、服务经济社会发展为导向，坚持“以一流为目标、以学科为基础、以绩效为杠杆、以改革为动力”的基本原则，加快建成一批世界一流大学和一流学科。创建“双一流”是当前中国高等教育的新使命，通过推动一批高水平大学和学科进入世界一流行列或前列，加快高等教育治理体系和治理能力现代化，提高高等院校人才培养、科学研究、社会服务和文化传承创新的水平。这些高校将成为知识发现和科技创新的重要力量、先进思想和优秀文化的重要源泉、培养各类高素质优秀人才的重要基地，在支撑国家创新驱动发展战略、服务经济社会发展、弘扬中华优秀传统文化、培育和践行社会主义核心价值观、促进高等教育内涵发展等方面发挥重大作用。

“双一流”大学首先必须要有一流的本科生教育。实现“双一流”目标，就要保障本科生教学质量。教学质量是高校的生命线，也是高等教育内涵式发展的核心。尽管教师有研究水平才能反哺教学，但不能用科研实力代替教学评价。建设高等教育强国，要不断优化结构，统筹协调本科、硕士与博士教育，提升国际竞争力。当前经济社会的发展对于人才的需求呈现出多样性，要求高校培养不同层次、不同类型的专门人才。这就要求不同性质的大学高校都应从自身实际出发，合理定位、特色发展，建立创新教育教学体系，以高质量的教育让每个学生都能发挥自己的个性、释放自己的潜能。就研究型大学而言，它是指提供全面的学士学位计划，把研究放在首位的大学，致力于高层次的人才培养与科技研发。而培养本科生科研能力是研究型大学提高人才培养质量的客观要求，这类大学也具有独特优势和便利条件。因此，一所研究型大学必须拥有一套能够合理提升本科生的科研能力的教育教学体系。

国际化是世界一流大学的基本特征。建设一流研究型大学，要以国际标准为参照，提升整体办学实力。教育国际化是目前中国高等教育的大潮流，国际化课程教学是教育国际化的载体，是教育国际化最重要的内容之一，根据经济合作与发展组织的解释，它包括教学内容、教学安排、教学手段、教学方法和教学环境等细节内容的安排，是教学实施的一个总体框架范畴（陈翔，2013）。经过十多年的专业建设，我国高等教育国际化课程教学不断优化，在国际化课程教学的现代化教学手段与方法等方面取得了一定的成绩。但是，由于我国国际化课程教学尚处于初级阶段，众多领域课程国际化的实践效果并不佳，国际化程度仍有待提高。那么，就一所研究型大学而言，其国际化课程教学是否能够提高本科生的科研能力？其影响因素有哪些？对这些问题的回答，对于提高我国研究型大学教育质量、缩小与发达国家高等教育差距、实现高等教育国际化，创建“双一流”大学具有十分重要的现实意义。

国际化课程教学属于有机复合概念，没有单一衡量标准。它既没有明确的外延，内涵也相当的复杂，少有关于国际化课程教学的直接量化评价，但国内外高校及学者设计了大量的评价我国教学体系改革的方法及指标体系，以在一定程度上为衡量国际化课程教学提供参考。目前国内学者就教学体系评价方面的研究主要体现在三个方面：一是课堂教学质量的评价，这一评价主要将教学评价集中在课堂时间，即对上课时间段内教师“授”的质量与学生“收”的质量以及教与学的互动过程及质量进行分析、研究并作出评价。课堂时间是整个授课过程中的核心环节，所以大多教学质量评价研究方面的文献，都是针对课堂教学质量评价的研究，尤其是以对教师教学活动的评价为主要研究对象（蔡红梅、许晓东，2014；杨金观、聂建峰，2010；徐薇薇、吴建成、蒋必彪、龚方红，2011）。二是课程教学质量评价（刘洁、唐德玲、冯婉玲、宋烈侠，2003；钟锦文、张晓盈，2007），从内涵上来看，课程教学质量评价，应该包括课程教学目标的实现程度评价、课堂教学质量评价、课程教学效果评价。即评价的维度包括对课前设置的教学目标的评价、对课中教学行为评价、对课后教学效果评价；评价对象包括对教师“教”的效果评价和学生“学”的效果评价。三是将教学质量评价置于整个学校的大环境之下，对教学质量、教学环境质量、教学组织质量和师资质量等进行综合评价（冯芬玲，2013；田劲松、过家春，2012）。具体评估体系方面，一般是从教师投入、教学控制、产出质量三个维度（杨瑞龙等，2001；王芳等，2010）出发全面考核研究生课程教学评估体系。中国人民大学经过讨论、调研、分析，筛选出 15 项评估指标，从教师履职、课前准备、教学内容、教学方法以及教学产出效果几方面，制定了研究生课程教学质量评估表，并依据调研、检验结果，对不同指标在教学评估中的作用大小定量化，形成指标权重值（杨瑞龙等，2001）；同济大学公共课共筛选出 12 项评估指标，专业课共筛选出 13 项评估指标，形成不同权重值对课程教学质量进行考核（王芳等，2010）。黎振强（2014）从教学目的、教学内容、教学方法与手段、教学效果四个方面构建国际化课程教学综合评价指标体系，运用层次分析法对特定的课程教学进行综合评价，并对评价结果进行分析。此外，就科研能力而言，学者们研究对象主要为硕博研究生，季俊杰（2013）认为优秀研究生的科研能力受到智力因素、非智力因素、认知水平、科研实践、社会实践、导师培养、科研条件、科研激励制度、课程质量、学术氛围10项因素的影响。陈木龙（2013）将研究生的科研能力评价分为动力与监控特征、认知特征、创新特征以及实践特征四个方面衡量。

综上，学者们的研究取得了显著的成果。但是仍存在不足，一是关于科研能力的量化学者们研究对象多集中于硕博研究生，鲜有科学合理量化本科生科研能力的文献；二是少有学者实证研究国际化课程教学对学生科研能力的影响，多为定性分析。因此，本文将基于南京农业大学金融学院大二与大三学生的问卷调查，通过层次分析法对本科生的科研能力以及国际化课程教学量化后，运用多元线性回归的方法分析本科生教学质量对其科研能力的影响，为深化我国的教育国际化改革以及创建“双一流”大学提供启示。

二、描述性统计分析

（一）数据来源及研究方法

1. 数据来源

本次问卷调查始于2016年年初，样本主要选取南京农业大学金融学专业本科二年级与三年级的学生进行问卷调查。其中，选择南京农业大学的原因在于它是教育部直属全国重点大学，作为研究型大学之一，对本科生国际化课程教学体系构建以及科研训练相结合的实践已进行了十余年的探索，形成传统讲授式、问题教学法、项目教学法和案例教学法等十余种教学方式。此外，样本对象选择本科二年级与三年级的原因在于，一方面本科二、三年级的学生相对于本科一年级的学生更能适应与了解大学的课程教育模式，并较本科一年级而言有一定的科研参与实践；另一方面，二、三年级的本科生在所受教育的课程设置存在差别，前者以专业基础课为主导，后者以专业核心课为主导，便于比较分析。

问卷内容主要包括本科生基本信息调查、本科生对本专业学习与科研情况调查、本科生国际化课程教学质量调查以及本科生科研能力调查。问卷中涉及主观评价基本方法采用李克特五级量表，回答选项设有“很差”、“较差”、“一般”、“较好”、“很好”。本次问卷调查实收问卷186份，其中有效问卷149份，有效问卷率为80.10%。其中，本科二年级学生有效问卷数量101份，占总样本的67.79%；本科三年级学生有效问卷数量48份，占总样本的32.21%。

2. 研究方法

本文研究目的在于通过选取科学合适的指标量化本科生的科研能力以及本

科生国际化课程教学的质量，并在此基础上通过实证方法分析其内在相互关系。由于本科生的科研能力以及国际化课程教学质量评价是多方面、多层次的，不存在单一变量能很好表达，因此需要选取一系列相关指标体系。

本文基于金融学专业本科生视角，主观评价较多，涉及多个层次，笔者选择比较成熟的层次分析法，通过设计本科生国际化课程教学质量和科研能力评价体系的构建，对现有的本科生国际化课程教学质量以及本科生的科研创新能力进行科学合理的评价。指标体系的构建遵循指标体系设计的原则，如导向性、公平性、客观性、可测性、可比性和实用性等。层次分析法是通过对评价目标逐层分解，细化指标，再对相关指标进行评判得分，并乘以相应权数后得出最终结论的分析方法。其权数确定相对客观，计算相对简单，拥有相对固定的模型，通用性和推广性较强，较适合本科生视角下对课程教学质量以及本科生科研能力的评定。

在评价指标体系构建上，充分考虑评估对象属性，根据本科生的研究特点与需求，结合前文学者们的研究经验，首先将国际化课程教学质量的评价分为教学方式、教学内容以及考试方式评价三个二级指标，并设计相应的三级指标，形成一套科学完备的教学质量量化指标体系。具体而言，教学内容指标主要包括学生对教学内容设置的满意程度、教学内容设置是否能为学生提供足够的知识支持、是否能促进学生对学科新发展的认识、是否能够提升学生对该领域的兴趣以及是否能对提升学生的能力有帮助五个指标。教学方法指标包含对现行本专业课程的教学方法采用满意程度、教学方式是否能够提供足够的科研能力支持以及教学方式是否能够为科研提供足够的训练机会等六个指标。考试方法主要包含目前的考试方式是否能考察出学生的综合素质水平以及学生对现行本专业课程的考试方法采用满意程度等四个指标。此外，将科研能力分为课程论文或学位论文创作能力以及参与课题能力两个方面，设计一套合理的量化本科生科研能力的指标体系。其中，课程论文或学位论文创作能力主要包括论文选题角度的新颖程度以及论文理论与实证分析方法的创新性等五个指标；而参与课题能力主要包含参与课题中所承担角色的重要程度以及是否能在规定时间内独立完成老师布置的课题研究任务等六个指标。

指标体系构建好后，将指标两两进行比较，构成判断矩阵。本文获得判断矩阵的方法是通过双样本的 t 检验判断是否存在差异，并根据样本均值的相对大小按照 0 ~9 标度法赋值。最后，确定指标权重并进行一致性检验。用 Yaahp 软件求解各判断矩阵的特征值及对应的特征向量，进行一致性检验。最后计算得到各指标权重见表1与表2。

表1　　本科生课程教学质量量化指标体系

目标层		指标层	权重	综合权重
教学质量量化	教学内容	您对现行的本专业课程教学内容设置满意程度；	0.4698	0.4286
		您认为目前的教学内容设置能够提供足够的知识支持；	0.2555	
		您认为目前的教学内容设置能够促进对学科新发展的认识；	0.1238	
		您认为目前的教学内容设置能够激发您对该领域的兴趣；	0.0470	
		您认为目前的教学内容设置对提升您的能力有帮助。	0.1039	
	教学方法	您对现行本专业课程的教学方法采用满意程度；	0.2598	0.4286
		您认为目前的教学方式能够提供足够的科研能力支持；	0.0690	
		您认为目前的教学方式能够为科研提供足够的训练机会；	0.0332	
		您认为目前的教学方式能够满足您的学习需求；	0.0332	
		您认为目前的教学方式使您的解决问题能力得到提高；	0.1358	
		您认为教学方法能培养您实践、沟通、自主学习等能力。	0.4692	
	考试方法	您认为目前的考试方式能考察出您的综合素质水平；	0.2634	0.1429
		您对现行本专业课程的考试方法采用满意程度；	0.5638	
		您认为目前的考核方式可以真实地反映研究生的综合能力；	0.1178	
		您认为目前的考试方式有助于激发学生自主的学习兴趣。	0.0550	

表2　　本科生科研能力量化指标体系

目标层		指标层	权重	综合权重
科研能力量化	课程论文或学位论文创作能力	论文选题角度的新颖程度；	0.1038	0.3333
		论文理论与实证分析方法的创新性；	0.0453	
		论文研究有清晰的思路和步骤；	0.2461	
		能在规定的时间内较高质量地完成论文；	0.1038	
		论文写作面对困难时会尝试不同方法不会轻易放弃。	0.5011	
	参与课题能力（SRT等）	参与课题数目；	0.0719	0.6667
		参与课题层次；（5：国家级重大；4：国家级非重大；3：省级重大；2：省级非重大；1：校级）	0.0433	
		参与课题中所承担角色的重要程度；	0.1268	
		能在规定时间内独立完成老师布置的课题研究任务；	0.4326	
		完成的课题研究任务能达到指导老师要求；	0.2089	
		研究中发现问题、分析问题与解决问题的能力。	0.1165	

注：问卷在设计时还包含论文发表一项，但考虑到本科生的实际情况在实际分析时将这一指标去除。

（二）本科生课程教学质量与科研能力量化描述性分析

结合调研问卷，本科生课程教学质量以及科研能力各指标的量化均值以及综合量化值统计见表3与表4。在计算本科生科研能力以及教学质量综合量化分值时，根据权重加权平均的最终得分均值的高低便可直接衡量本科生科研能力以及教学质量程度好坏。

表3　　本科生课程教学质量量化值统计表

指标层		本科二年级		本科三年级	
		均值	综合值	均值	综合值
教学内容	您对现行的本专业课程教学内容设置满意程度；	3.95	3.79	3.75	3.61
	您认为目前的教学内容设置能够提供足够的知识支持；	3.70		3.52	
	您认为目前的教学内容设置能够促进对学科新发展的认识；	3.60		3.55	
	您认为目前的教学内容设置能够激发您对该领域的兴趣；	3.52		3.32	
	您认为目前的教学内容设置对提升您的能力有帮助。	3.63		3.37	
教学方法	您对现行本专业课程的教学方法采用满意程度；	3.76	3.82	3.63	3.54
	您认为目前的教学方式能够提供足够的科研能力支持；	3.58		3.46	
	您认为目前的教学方式能够为科研提供足够的训练机会；	3.49		3.34	
	您认为目前的教学方式能够满足您的学习需求；	3.50		3.40	
	您认为目前的教学方式使您的解决问题能力得到提高；	3.72		3.49	
	您认为教学方法能培养您实践、沟通、自主学习等能力。	3.97		3.54	
考试方法	您认为目前的考试方式能考察出您的综合素质水平；	3.72	3.56	3.37	3.20
	您对现行本专业课程的考试方法采用满意程度；	3.44		3.03	
	您认为目前的考核方式可以真实地反映研究生的综合能力；	3.21		2.95	
	您认为目前的考试方式有助于激发学生自主的学习兴趣。	3.11		2.89	

表4　　本科生科研能力量化指标体系

指标层		本科二年级		本科三年级	
		均值	综合值	均值	综合值
课程论文或学位论文创作能力	论文选题角度的新颖程度；	3.39	3.60	3.36	3.55
	论文理论与实证分析方法的创新性；	3.16		3.13	
	论文研究有清晰的思路和步骤；	3.58		3.64	
	能在规定的时间内较高质量地完成论文	3.39		3.49	
	论文写作面对困难时会尝试不同方法，不会轻易放弃。	3.76		3.60	
参与课题能力（SRT等）	参与课题数目；	2.03	3.43	2.02	3.29
	参与课题层次；（5：国家级重大；4：国家级非重大；3：省级重大；2：省级非重大；1：校级）	1.97		1.68	
	参与课题中所承担角色的重要程度；	3.52		3.32	
	能在规定时间内独立完成老师布置的课题研究任务；	3.7		3.55	
	完成的课题研究任务能达到指导老师要求；	3.57		3.43	
	研究中发现问题、分析问题与解决问题的能力。	3.54		3.40	
综合	总和量化值	3.48		3.37	

从表3和表4中可以发现如下特征：（1）现行的国际化课程教学体系质量评价高于一般水平，取得了一定的成果。详细来看，除本科三年级对考核方式是否可以真实地反映研究生的综合能力以及考试方式是否有助于激发学生自主学习兴趣评价低于3.0分外，其他量化值均明显高于一般水平。（2）现行的国际化课程教学体系实践对本科二年级的适应性要好于本科三年级。根据表3中数据，本科二年级学生对于教学内容设置、教学方法的选取以及考试方法的选取的权重量化值分别为3.79、3.82以及3.56，明显高于本科三年级的3.61、3.54以及3.20。可见，本科三年级采用的教学方式相对于本科二年级而言并不能较好地满足学生们的心理需求。（3）学生对于自身科研能力的综合量化值基本高于一般水平。除了参与课题以及课题层次等客观因素外，不管是本科二年级还是本科三年级的学生对于自身科研能力的量化值明显高于3.0。（4）本科二年级学生自我科研能力综合量化高于本科三年级，但具体指标上两个年级的学生各

有优劣势。本科三年级学生在论文研究中相对本科二年级有更好的研究思路，更加熟练地掌握研究步骤，并且能在规定的时间内完成较高水平的论文。但是本科二年级的学生认为自己更有钻研精神，并且能更好地达到老师的要求，这可能由于指导老师的要求相对较低。此外，在论文中运用方法创新程度、选题的新颖程度以及参与的课题和课题层次两个年级并未表现出明显的差异。

三、课程教学质量对本科生科研能力影响实证分析

（一）模型选择

在量化本科生国际化课程教学质量以及科研能力的相关指标后，进一步运用多元线性回归模型检验国际化课程教学质量对金融学本科生科研能力的影响。在现实问题研究中，因变量的变化往往受几个重要因素的影响，此时就需要用两个或两个以上的影响因素作为自变量来解释因变量的变化，这就是多元回归亦称多重回归。当多个自变量与因变量之间是线性关系时，所进行的回归分析就是多元线性回归。多元线性回归模型的一般形式为

$$Y_i = \beta_0 + \beta_1 X_{1i} + \beta_2 X_{2i} + \cdots + \beta_k X_{ki} + \pi_{ii} = 1,2,\cdots,n$$

式中，k 为解释变量的数目，$\beta_j(j = 1,2,\cdots,k)$ 称为回归系数。上式也被称为总体回归函数的随机表达式。它的非随机表达式为

$$E(Y|X_{1i},X_{2i},\cdots,X_{ki}) = \beta_0 + \beta_1 X_{1i} + \beta_2 X_{2i} + \cdots + \beta_k X_{ki}$$

（二）变量设置及描述性统计

本研究的因变量科研能力（y）可以看作是连续型变量。而其具体取值，由前文的量化指标获得。在自变量的选择当中，其中关键变量为国际化课程教学中教学方式评价的量化指标、教学内容设置的量化指标以及考试方式评价的综合量化指标。此外，本文选取了一些具有代表性的控制变量，分别为：（1）学生基本特征变量，主要包括学生的性别、年龄、年级；理论上而言，学生对于自身教学质量的需求是随着性别、年龄以及年级而变化的，但具体变化值需要根据模型估计结果分析。（2）专业学习基本特征，主要包括学生对本专业研究的兴趣程度、课余学习时间、参与学术报告活动频繁程度以及 GPA。一般而言，学生对本专业研究兴趣越高、课余学习实践越多，GPA 越高学生在自我科研能力量化时越有自信，从而对科研能力有正向影响。（3）学生科研参与特征。主

要包括是否参加科研训练（SRT）以及是否有论文发表期望。一般来讲，学生参与 SRT 训练对科研能力的提升有显著帮助，而期望论文发表的影响需根据模型具体结果分析，具体变量设置及其统计特征见表 5。

表 5　　　　变量设置及统计特征

变量名	变量含义	均值	标准差
科研能力（y）	量化指标综合取值	3.452	0.805
关键变量			
教学内容设置	量化指标综合取值	3.734	0.685
教学方式选取	量化指标综合取值	3.731	0.720
考试方式设置	量化指标综合取值	3.383	0.847
学生基本特征			
年龄	具体年龄	20.231	0.813
性别	男 =1；女 =0	0.268	0.444
年级	大三 =1；大二 =0	0.319	0.468
专业学习特征			
本专业研究很感兴趣	完全不同意 =1；基本不同意 =2；一般 =3；基本同意 =4；完全同意 =5	3.408	0.874
课余学习时间	完全没有 =1；1~2 小时 =2；2~4 小时 =3；4~6 小时 =4；6 小时以上 =5	2.658	0.895
积极参与学术报告	完全不同意 =1；基本不同意 =2；一般 =3；基本同意 =4；完全同意 =5	3.217	0.824
GPA	2.5 以下 =1；2.5 - 3.0 =2；3.0 - 3.5 =3；3.5 及以上 =4	3.198	0.868
科研参与特征			
是否参与 SRT	是 =1，否 =0	0.705	0.457
是否有论文发表期望	无所谓 =1；有论文发表期望，但无所谓是否 C 类、北大核心期刊 =2，有论文发表期望，期望 C 类核心期刊、北大核心期刊 =3	2.156	0.709

从表 5 中可以发现：（1）国际化课程教学量化中，教学内容设置以及教学方式选取相对较高，达 3.7 左右，考试方式的选择量化值相对较低，但也高于一般水平，为 3.383。（2）就所调查学生的基本特征而言，受调查学生多为女生，集中于 21 岁左右。并且大二学生居多，约为大三学生对象的两倍。（3）就学生的专业学习特征而言，学生对于本专业的研究兴趣居于一般以上，课余大概花 3

小时用于专业学习。此外，受调查对象的学术会议参与程度一般，GPA 水平集中于3.0～3.5。（4）就科研参与特征而言，受调查对象中有70%参与到了SRT训练中，并且都有较高的论文发表期望，多数学生期望在C类或北大核心期刊上发表论文。

（三）实证分析

本次研究对问卷调查数据使用STATA12软件进行统计分析，以学生科研能力为因变量，以教学内容设置、教学方法选取、考试方法选取、学生基本特征、学生专业学习特征以及学生科研参与特征等自变量，建立多元线性回归模型，估计各自变量对因变量影响的显著程度。根据模型分析结果，prob > F = 0.0000，模型显著，具体模型实证分析结果见表6。

表6　　　　模型实证分析结果

变量名	实证结果
教学内容设置	0.602*** (0.066)
教学方式选取	0.885** (0.451)
考试方式设置	0.063 (0.100)
年龄	0.009 (0.089)
性别	0.084 (0.153)
年级	0.128 (0.179)
本专业研究很感兴趣	0.208** (0.086)
课余学习时间	0.177** (0.074)
积极参与学术报告	-0.059 (0.090)
GPA	0.194** (0.091)
是否参与SRT	0.414*** (0.153)
是否有论文发表期望	0.084 (0.108)

注：*表示90%显著水平，**表示95%显著水平，***表示99%显著水平。

根据表6，实证结果具有如下特征：（1）就国际化课程教学而言，教学内容设置以及教学方法选取的量化正向影响学生的科研能力。即一般教学体系中，教学内容设置以及教学方式的国际化改革程度越深化，学生的科研能力量化值越高。但是，考试方式设置对调查对象的科研能力量化并无显著影响。根据调查数据发现，在给予的9种国际化课程教学方式中，本科三年级的受访对象选取的前三位教学法分别为传统讲授式教学法、基于问题的教学法、基于案例的教学法，支持率分别占大三年级受访样本的24.61%、21.54%和24.62%。而本科二年级受访对象选取的前三位国际化课程教学法分别为基于问题的教学法、基于案例的教学法以及以兴趣为导向的教学法，分别占所调研本科二年级对象的19.0%、21.5%以及15.7%。此外，就研究内容设置而言，有49.23%受访本科三年级的学生认为应该侧重于本领域研究前沿热点问题的梳理，50.76%的学生认为应该多增加就业技能的培训；而对于本科二年级学生而言，有53.7%的学生认为教学内容的设置更应该侧重于本领域研究前沿热点问题的梳理，而33.88%的学生认为应该增加对科研方法与理论讲解的课程占比。（2）就学生基本信息而言，受调查学生的年龄、性别以及年级对学生的科研能力的影响均不显著。其原因可能在于本科三年级与本科二年级在年龄方面相仿，而大多数受访样本也都为女性，不能表现出一定的差异。（3）在学生专业学习方面，学生的专业研究兴趣、课余学习时间以及GPA越高，其科研能力的量化值越高。其原因在于，学生如果对本专业学习研究有很好的兴趣，自然会增加在课余学习实践，从而GPA也相对越高，使得学生在自我评价时更有自信，对科研能力量化值有正向积极作用。就统计结果显示，对于专业研究兴趣大于3的学生而言，其GPA均值高达3.40，而专业研究兴趣小于等于3的样本，其GPA均值仅仅为3.02。此外，学生是否积极参加学术报告对学生的科研能力并无显著影响。（4）就学生的科研参与而言，参加过SRT训练的学生自我科研能力量化值越高。其原因在于，SRT给予学生很好的科研训练，让学生系统地学习科研步骤、思路，强化学生的科研创新能力。统计结果显示，对于科研能力量化值大于3.5的受访对象，其SRT参与率高达82%，而对于小于3.5的受访对象，其SRT参与率仅为53%。此外，学生是否有发表论文的期望，并不影响其科研能力的量化值。其主要原因可能在于，学生在受访时对论文发表都表现出了较高的期望，并不影响其对自身科研能力的量化。

四、结论与启示

本文主要基于南京农业大学金融学院大二与大三学生的问卷调查，通过层次分析法对本科生的科研能力以及国际化课程教学质量量化后，运用多元线性回归的方法分析本科生国际化课程教学对其科研能力的影响。主要得出以下结论：（1）现行的国际化课程教学质量量化水平高于一般水平，不同年级间的适应性存在差别。（2）国际化课程教学体系中教学内容的设置以及教学方式的选择国际化改革越深化，学生对本专业的兴趣越高、学生花在本专业学习的课余时间越多、学生的 GPA 越高以及参与 SRT 训练对学生科研能力的提升越显著。

基于此，我们得到以下启示：（1）从教学内容设置、教学方法选取等多方面出发，深化国际化课程教学改革。每个学科均具有特殊性，各专业课程之间存在一定的差异，各个年级的学生需求也存在一定的差异。因此，国际化课程教学改革绝不是一个大而笼统的改革，需要根据每一门课程的性质、特点和教学目的，以及各年级学生的不同需求选择与本科生科研能力提升较为匹配的教学方式。在教学培养目标上，应将课程的教学目的重新定位，把培养具有国际化视野和就业竞争力作为国际化课程的目标。在课程教学内容设置上，要改变现行的教学内容大而全的现状，根据课程与年级特点，设置针对性的教学内容。在课程教学方法与手段上，要以传统的以“教师”为中心的教学模式为基础，大力推广国际先进的技术手段和教学方式。多采用案例、兴趣引导的教学方式，培养学生对本专业研究的兴趣，引导学生自发地参与到科研活动中去，以提高自身科研素养。（2）SRT 训练学分化，努力实现研究生对本科生的全面指导功能。对本科生科研能力的培养，应将本科生参加科研纳入教学计划当中，凡达到一定要求的学生便可以得到科研学分。建立科研学分制，从制度上确保本科生参加科学研究的积极性，这对学生较早体验研究活动，提高本科生创新能力和参与更高水平的科学研究都将起到积极的作用。此外，对于拥有众多研究生的研究型大学，可以利用研究生教育的优势，反哺本科教育，实现二者的有机衔接。与研究生进行合作研究与交流，介入本科生的学习和生活管理工作，定期讨论自己的学习计划和进展，传授如何进行探索和发现的基本技能，增强与本科生的沟通与合作，可以使本科生学到科学的学习方法、求实的科学态度和基本的科研素养，从而使他们产生对科研的浓厚兴趣，提高创新思维和科研能力，并为顺利完成从本科生向研究生阶段学习层次的过渡奠定良好基础。

参考文献

［1］陈翔．国际化课程与本土课程的比较和对策［J］．北京教育学院学报，2013，27（1）：48－52.

［2］蔡红梅，许晓东．高校课堂教学质量评价指标体系的构建［J］．高等工程教育研究，2014（3）：177－180.

［3］杨金观，聂建峰．课堂教学质量评价——一个在高校实际工作中被误解的概念［J］．高教发展与评估，2010（1）.

[4] 徐薇薇等．高校教师教学质量评价体系的研究与实践［J］．高等教育研究，2011（1）：100－103.

[5] 刘洁，唐德玲，冯婉玲，等．构建研究型大学课程教学质量评价指标体系的探讨与实践［J］．高等理科教育，2003（6）.

[6] 钟锦文，张晓盈．美国大学“生评教”的经验与启示［J］．江苏高教，2007（3）：78－80.

[7] 冯芬玲．基于系统动力学的高校教学质量评价研究［J］．湖南科技大学学报（社会科学版），2013（1）：180－184.

[8] 田劲松，过家春．基于可拓学的高校教师教学质量评价［J］．现代远程教育研究，2012（5）：85－89.

[9] 黎振强，王英．基于 AHP－FCEM 的国际化课程教学综合评价研究——以《国际商务函电》为例［J］．湖南理工学院学报（自然科学版），2014（3）：87－91.

[10] 季俊杰．优秀研究生科研能力的影响因素与启示［J］．研究生教育研究，2013（2）：13－18.

[11] 陈木龙，张敏强．研究生科研能力结构模型的构建及胜任特征分析［J］．高教探索，2013（1）：100－104.

阿尔伯塔大学全英教学方法的特色及其借鉴意义

——以《国际金融管理》课程为例

上海对外经贸大学　吴婷婷[①]

摘要：加拿大阿尔伯塔大学专业课程的全英语教学法颇具特色，具有很多值得中国高等院校双语乃至全英语授课借鉴的有益经验。通过对比阿尔伯塔大学与中国高等院校在全英语教学实践方面的异同，围绕“What to teach?”、“How to teach?”以及“How to improve?”三个问题，对金融学专业核心课程之一的《国际金融管理》的全英语教学法进行了探索；并基于此探讨了提升课程全英语教学效果的多元途径，指出了影响全英语教学效果的值得重点关注的因素；最后，提出了中国高等院校金融学专业进一步开展全英语教学应思考的问题与方向。

关键词：阿尔伯塔大学　全英语教学　国际金融管理

引言

上海市政府2014年10月提出“面向未来30年的上海城市发展愿景”——到2050年将上海建设成为世界性的全球城市。这一“全球城市”的建设目标，从客观上要求上海高等教育事业应具备“全球化”的特质——从课程体系设计、教材使用、授课语言等方面做到与国际接轨。以此进一步扩大教育开放，加强国际交流与合作，适应国家经济社会对外开放的要求，培养大批具有国际视野、通晓国际规则、能够参与国际事务和国际竞争的国际化人才（仲伟合，2013）。

---

①　吴婷婷，上海对外经贸大学金融管理学院副教授。本文得到“上海市教委高校示范性全英语课程《国际金融管理》建设项目（2015—2018）”的支持。

在这一大的时代背景下，学习借鉴西方发达国家英语授课的授课模式和教学经验，在此基础上结合上海（乃至全国）高等院校全英语教学开展的现实情况，对国外的教学经验与方法进行吸收与改进，这对于切实提升中国高校全英语教学的质量有着显著的现实意义。基于此，本文拟选择加拿大阿尔伯塔大学的全英语教学法为研究对象，通过总结在加拿大阿尔伯塔大学访学期间的心得体会，尝试探寻其教学特色并梳理其教学经验。为使研究更加具体化，落到实处，下文拟以《国际金融管理》课程为例，对比中加双方金融学专业课程教学的异同，尝试通过对三个核心问题的逐一回答来展开对该课程全英语教学法的初步探索：一是“What to teach?”；二是“How to teach?”；三是“How to improve?”。

一、What to teach：《国际金融管理》全英语课程教什么？

《国际金融管理》（International Financial Management）是金融学专业的核心课程之一，也是国际经济与贸易、国际商务英语等涉外专业重要的必修课程。其试图为初次接触国际金融领域的学生开启一扇了解全球金融体系、市场与机构之窗。在中国，这门课程通常是以《国际金融》（International Finance）课程的形式呈现。课程教学采用的大多是传统的中文教材，其内容上偏重于对汇率决定、国际收支调节、国际资本流动、开放经济条件下宏观经济政策的搭配等国际金融理论的讲授。在加拿大等西方发达国家的经济学课程体系中，这部分内容主要放在《国际经济学》（International Economics）课程中进行介绍。而其《国际金融管理》课程，讲授重点主要放在从事国际金融实务工作所必须具备的基础知识、技术方法及其运用上，同时重视通过国际金融案例研讨课的形式，强化对学生分析和研究能力的培养。总体而言，中国早期传统的《国际金融》课程偏重理论与政策，加拿大等西方国家的《国际金融管理》课程侧重实务与案例。

阿尔伯塔大学采用的是由美国麦格劳—希尔教育公司出版的在全球广泛使用的英文原版教材 *International Financial Management*，全书共有21章。加方的任课教师在授课时，并未简单地依据该教材的章节顺序来安排课程教学进度，而是将教材章节内容与自己相关的研究成果与教学资源按模块整合在一起之后，形成课程的特色讲义，进而按模块内容的难易度与衔接度对章节授课顺序进行了重新调整。其教学目标是，希望通过对包含各国留学生在内的本科生开展该课程的全英语教学，不仅培养学生熟练掌握国际金融领域的专业理论知识，塑造出学生优秀专业能力，而且能通过学生对金融专业术语与英语表达潜移默化的习得，锻炼其与国际同行的无隙交流能力，以此增强其在金融全球化时代中的国际竞争力。

二、How to teach：《国际金融管理》全英语课程如何教？

作为专业课教师，当我们确定了首先应传授给学生的内容之后，接踵而至的第二个核心问题就是“我们应该如何教”？怎样教才能令原本易让学生产生畏惧心理的全英语专业课程变得生动有趣？怎样教才能使我们全英语课程的课堂生态环境变得和谐快乐？怎样教才能有效地提升学生对全英语课程的吸收程度？这三个问题与全英语课程教学效果的优劣密切相关，其分别对应教学实践的四个关键性要素：一是学生类型（Learners Types）的科学甄别；二是教学方法（Teaching Approaches）的灵活运用；三是课堂生态环境（Classroom Environment）的积极创建；四是教学原则（Teaching Principles）的全面设定。

（一）学生类型：上好一门课，从了解学生的学习者类型开始

加拿大阿尔伯塔大学任课老师通常会在课程正式开始授课之前，对学生实施 KORR 形式偏好测验（KORR Modality Preference Test）。该测验卷共有 30 个问题，接受测验者需根据自身情况，在 0 ~ 3 四个数字中，选择一个对于每个问题中的描述与自我的相似程度进行赋值：赋值数值越大，代表问题描述与自我的相似度越高。根据问题赋值结果的累积分值，可判断出接受测验者所属的学习类型及其所偏好的学习方式。结果主要分为四类：视觉型（Visual）、听觉型（Auditory）、动觉型（Kinesthetic）和偏好于前述三种学习方式中两种或两种以上的混合型（Mixed）学习者（如图 1 所示）。

受此学习方式偏好测验的启发，我们可将此测验引入到金融学专业全英语课程的教学之中，并以测验结果来引导教师改进授课方式。由于不同的人偏好不同的学习形式，如果我们在全英语课开课之初，让班上的每位同学接受 KORR 形式偏好测验，并根据测验结果统计授课对象群中视觉型、听觉型、动觉型和混合型学习者的比例。如此依据统计比例，可以调整我们固有的授课方式，从而有效地提高教学效果。例如，若授课班中多数同学为动觉型学习者，那么我们就可以通过增加小组讨论、演示汇报、案例分析等课堂实践途径，让其实现

在干中学（learning by doing）的目标；若多数学生为视觉型学习者，则可通过改进 PPT（如，强化 PPT 的视觉设计与布局，增加 PPT 中插入视频播放的频率等）来达到增强学生的学习兴趣，或者适当增加课后学习材料阅读量，加大自学比例来提升其学习效果。

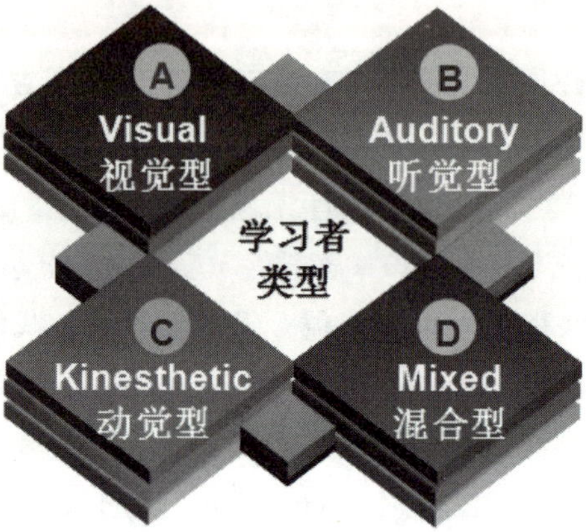

图 1 学习者类型的判定：基于 KORR 形式偏好测验的结果

（二）教学方法：灵活采用"因课制宜"的混合式教学法

教学实践中通用的教学方法主要包括（如图 2 所示）"以教师为单一中心"的传统授课、"以师生为共同中心"的问题引导式教学法、"以学生为主、教师为辅"的任务驱动式和案例分析式教学法和"以学生为单一中心"的实践指导型教学法等。不同的教学方法由于特性的差异，适合于具有不同教学性质、内容、目标的课程。阿尔伯塔大学专业课教师在授课时，会根据每一门金融学专业全英语课程不同的课程属性，灵活地选择以某一种教学方法为主，其他教学方法为辅的教学形式，或者采用联合两种（或以上）教学方法的教学形式，弹性地搭配各种教学法，使之能有机结合，助力教学效果的提升。此外，加方老师在根据课程属性灵活选择与弹性调整教学方法的同时，会根据某一门全英语课程每个章节具体的教学目标与教学内容的特点，在每次课中动态地及时转化教学方法。以《国际金融管理》为例，在该课程中涉及汇率理论的章节，加方老师往往会首先采用以教师为中心的传统授课法，以全面、系统、有条理地讲述各类汇率理论的前提假设、主要观点、表达式的推导及其经济涵义等文本性内容，然后以发问的方式，对学生提出一系列有关汇率理论前述讲授内容的问题，让学生以回答提问为任务导向，以小组合作为组织形式，总结影响汇率的因素、分析各汇率理论的局限以及预测某货币对汇率的近期走势等，以促进师生之间和生生之间的良性沟通与交流。从而在汇率理论章节的讲授中，自然地从教师个体的单向授课动态地转换到师生、生生之间双向互动式的教学方式。教学互动环节能注重学生的反馈，便于教师能够识别学生理解中的“盲点”，及时解决学生在领会中的困难，提高学生知识点的吸纳水平；同时又能给予学生主动探索的机会，减少其对新知识的压力和恐惧感，增强其对课堂的归属感和信心（王峰，2010），如此便可将“传统传授式教学”和“问题引导式教学”两种教学法各自的优势有机地融合在一起：前者为学生学习汇率理论奠定清晰的理论框架与逻辑脉络；后者则可通过教师“发问”的步步引导与生生之间学习信息的多维交流，促进学生的自主式消化，加深学生的群体式理解。

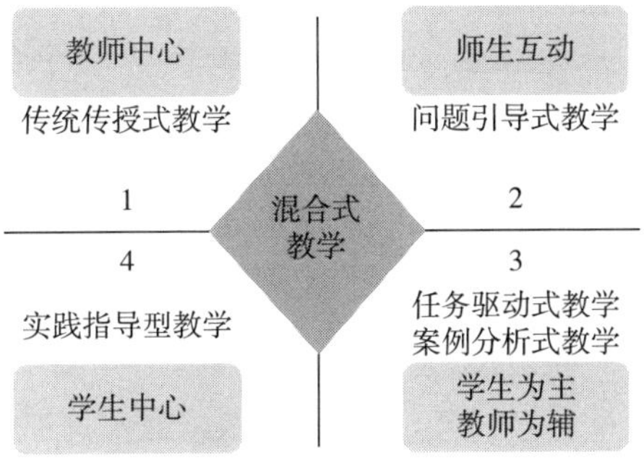

图2 混合式教学法

（三）课堂生态：以“HPH式”教学风格打造快乐和谐的课堂生态环境

在阿尔伯塔大学访学期间，通过旁观为同一层次学生授课的不同老师的教学进程，笔者发现为本科生所喜爱的老师在教学时至少具备三个共同的特征：其一，教师自身在授课过程中处于良好的情绪之中，其教学具有轻松、愉悦的特质，学生自然而然地能被教师的愉快情绪所感染，从而自动地产生“乐学效应”；其二，教师对其所讲授的内容有着浓烈的兴趣，因此上课富有激情，其高涨的情绪能有效地调动学生的学习热情和积极性；其三，教师在教学时，不仅仅关注专业理论与知识的传递，而且十分注重和谐课堂生态环境的构建，使师生之间与生生之间在教学过程中始终保持着良性的动态互动关系。这三个共有特征，可总结为“HPH”式教学风格（如图3所示），即“快乐（Happy）+激情（Passionate）+和谐（Harmonious）”。

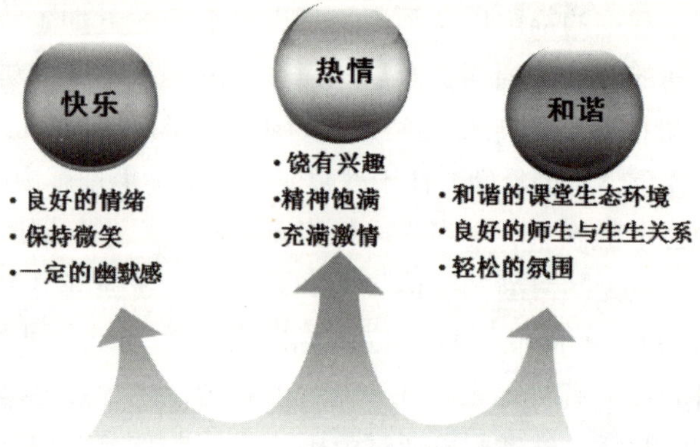

图3 “HPH”式教学风格

（四）教学原则：“双语教学”向“全英语教学”的转变需要坚持三个基本原则

在总结阿尔伯塔大学英语授课经验的基础上，若要将现有的《国际金融管理》双语课程进一步推进为全英语课程，应遵循以下三个原则：

1. 学生中心原则（Student - centered Principle）

这是全英语教学的首要原则，即要求全英语教学工作应以学生的学习需求为出发点，以学生的学习感受为准绳。这便对全英语教学提出了两点要求：其一，教学工作的开展不仅要从学生今后从事国际金融实务工作的实际出发，充分考虑学生对可操作性、应用性强的专业内容的学习需求，并以此为导向，调整教学重点及相应的课时分配比重。其二，要充分体谅学生的感受。在《国际金融管理》课程开展全英语教学试点工作的初期阶段，学生很可能会因为教学模式的改革而产生不适应感、焦虑感，甚至是抵触情绪。这会直接影响到全英语教学的成效。因此，教师在进行全英语教学试点的过程中，应充分考虑这种因素的存在，并积极关注学生在课堂上的情感变化，体察学生在全英语专业课程学习过程中的心理活动。

2. 专业性焦点原则（Professionalism - focused Principle）

全英语教学的一个普遍误区就是将专业课程上成英语课，从而难以实现对专业课程实施全英语教学的目标。为此，我们在进行《国际金融管理》课程全英语教学时，应重点强调课程的专业性，即任课教师应同时运用中文和英文深入阐释国际金融专业理论和知识，而非以讲授专业英文词汇和语法为课堂的教学焦点。

3. 案例导向原则（Case - oriented Principle）

开展金融学专业课程的全英语教学试点工作，需要重视案例分析在教学中对学生学习积极性的调动作用。以《国际金融管理》课程为例，在第 8 章讲授外汇交易风险管理时，可选择一个相关的实务案例（例如，“英航的收入来源主要是英镑，却因购买客机而需要向波音公司支付大量美元。收支货币的不匹配使得其面临大规模的外汇交易风险”），要求学生利用第 5 章、第 7 章讲授的外汇远期、期货和期权合约，为案例目标对象制定一套综合性的交易风险管理方案。为了进一步激发学生动手解决问题的欲望，在案例分析课上，可尝试将全班划分为三组，并让各组分别通过远期（或期货）合约、期权合约和货币市场套期保值三大类方法，为英航制定外汇风险管理方案。让其进入模拟的国际金融实务场景，从当事人的角度出发，切身体会外汇风险管理的基本操作，并感受在采用不同的套期保值方法下，应付账款的本币收益（或应付账款的本币成本）可能存在的差异，进而引导其通过不同观点的交锋，修正并加深每个学生对特定“案例任务”的理解，促进其整合各种风险管理技术，提出更优的综合管理方案。通过案例分析，一方面，可以满足学生运用所学专业知识，解决实际问题以实现自我价值的欲求，激发其学习全英语专业课程的主观能动性和自主性；另一方面，也能检验学生前期学习的效果，以帮助他们发现自己在哪些内容的掌握上还不够熟练，在全英语课程学习方法上尚存在哪些不足，助其及时调整。

三、How to improve：《国际金融管理》全英语教学效果如何提升？

在确认了“How to teach courses in full English?”这一问题之后，任课教师还应继续追问自己“What can we do to improve our teaching?”。如何才能在现有的全英语教学理念、方法与风格的基础上，进一步完善我们的全英语教学呢？这需要我们对照国外金融专业课程的英语教学实践，对已开设的全英语课程从期初到期末整个过程中涉及的诸多细节问题，进行跟踪式查漏与逐项完善。以下从课程教学涉及的“课前→课中→课后”三步流程出发，对比中加金融专业课程的教学实践，以探讨我国金融学专业全英语课程尚待着力完善之处。

（一）课前准备与规划

中、加方老师在进行教学之前，都需要完成教学大纲的设计与教案的准备两个规定动作。下面重点分析中加双方在这两个方面的差异。

1. 教学大纲的设计：我们欠缺了什么？

对比阿尔伯塔大学和多数中国高等院校对《国际金融管理》等金融学课程教学大纲（Syllabus）的设计，不难发现我们目前尚存在的一些欠缺。比如，对本门课程与后续课程的联系以及其对金融专业学位的获得起到的作用的描述、在大纲中对学术诚信的强调、目标任务的描述、目标任务评分的细化准则等（详见图4，图中划线部分即为现行中方金融学全英语课程的教学大纲欠缺之处）。

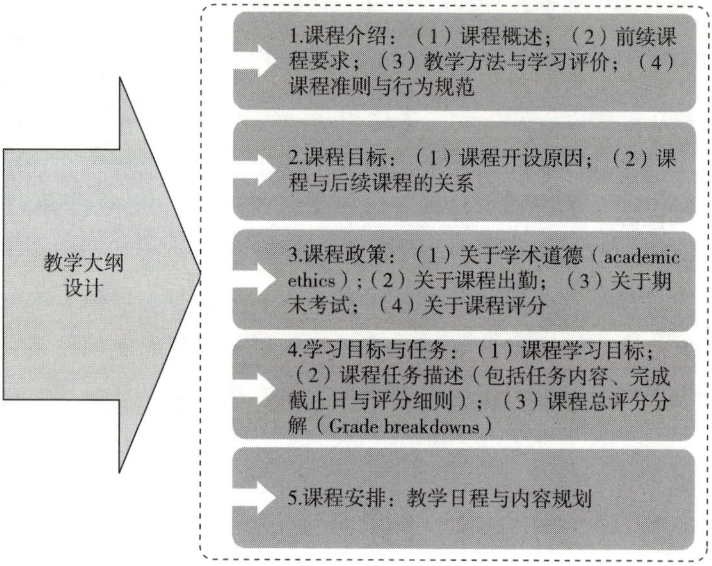
教学大纲
设计
1.课程介绍：（1）课程概述；（2）前续课程要求；（3）教学方法与学习评价；（4）课程准则与行为规范
2.课程目标：（1）课程开设原因；（2）课程与后续课程的关系
3.课程政策：（1）关于学术道德（academic ethics）；（2）关于课程出勤；（3）关于期末考试；（4）关于课程评分
4.学习目标与任务：（1）课程学习目标；（2）课程任务描述（包括任务内容、完成截止日与评分细则）；（3）课程总评分分解（Grade breakdowns）
5.课程安排：教学日程与内容规划

图4　课前准备工作之一：课程教学大纲的设计

除了这些欠缺之处外，在哪些方面还需要修正并改进我们全英语课程的教学大纲呢？我们在大纲设计中，还应进一步细化学习目标，并保证其可测度性，即应保证每一细化的学习目标可测度。阿尔伯塔大学加籍教师指出中方教师在教学大纲学习目标的设定中存在一个普遍的问题，就是我们通常运用“understand”“grasp”等词汇来表达对学生的学习要求，然而要求学生理解和掌握某个概念或理论的这一学习目标，却难以在实践中有效量化。因此，在学习目标的表述中，应尽量运用可对学习效果予以直接测度的表达。例如，学生能够定义（define）某个经济/金融概念；能列举（list）某个经济/金融变量的影响因素；能解决（solve）某个经济理论中特定类型的计算题；能分析（analyze）某个企业的现金流量表；能评价（evaluate）某个金融业务的经营绩效；能预测（forecast）某个变量未来的大致走势。

2. 教学方案的规划：我们忽视了什么？

中、加方老师在正式开展教学活动之前，都会对课程进行整体规划，设计详细的教学方案（lesson plan）。但不同之处是，阿尔伯塔大学的专业课教师不仅预先会对整个课程做好教案，还强调在每一次课上课之前，需要对当次课设计出一个“子教案”。在子教案的规划中，要做的事情主要包含四个方面（如图5所示）：其一，明确当次课的教学目标；其二，教学活动安排与教学方法的选择；其三，对每一项教学活动的时间规划；其四，针对当次课的学习目标，设计出检测学生学习效果的评价方法。就上述的第二个和第三个方面而言，加方老师在教学中值得我们学习和借鉴之处是：他们强调应根据每次课的教学内容与性质来安排特定的教学活动并选择与之相适应的教学模式和方法，与此同时，为更有效地控制课堂教学，应对每个教学活动所需要花费的时间进行预估（time estimate），并在教学实践中予以弹性控制。

反观中国的大学教育，近年来，我们开始强调互动式、案例分析式、实践式等多元化教学法，多在教学中采用小组讨论、案例分析、商务演示、辩论等多样化的教学组织形式，诸如此类的教学活动占用了大量的学时，这使得教学内容有时难以按预期进度如期完成。这就需要我们学习加方老师在每次课之前

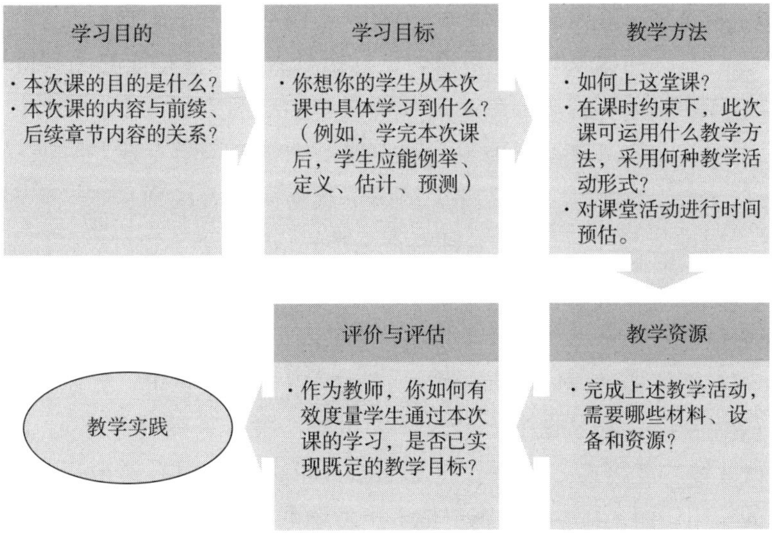

图5　课前准备工作之二：子教案（Lesson Plan）的规划

做好子教案，一要强调并非每次课都要运用多元化的互动式教学组织形式，才算是有效、成功的教学，而应“因课制宜”，依据每次课教学内容的不同特性来选择适宜的教学组织形式；二要强调对教学活动的时间规划与把控，避免漫无目的的课堂小组讨论耗费课堂教学时间。

（二）课中关注来自师生两个层面的因素

如果说课前教学大纲与教案的准备，是全英语教学成功的必要前提条件，那么对课中某些关键性因素的关注则是全英语教学效果的重要保障。阿尔伯塔大学英语授课的经验启迪我们：全英语教学应同时重视来自教师和学生两大层面的影响因素，不能偏颇于任何一方。通过对比中加两方的教学实践，不难发现加方教师比中方教师更倾向于关注学生心理层面的因素，这一点值得我们借鉴。以下试从教师、学生两个层面，分别探讨在未来的全英语教学实践中须给予高度关注的影响因素。

1. 来自教师层面的因素之一：课堂组织

课堂组织形式要解决的问题是教师通过什么形式与其学生发生联系，并以何种形式将全体学生组织起来。在其他教学相关因素相同的情况下，不同的课堂组织形式会带来极具差异的教学效果。因此，对于提升教学质量而言，课堂组织形式有着举足轻重的作用。

然而，某一特定的课堂组织形式并非放之四海而皆准。我们在进行全英语教学时，应针对不同层级的授课对象，创设出具有异质性特征的课堂组织形式，即应从师生之间的关联方式与生生之间的组织形式两方面入手，设计出差异性的课堂组织形式。通过对比式地旁听阿尔伯塔大学金融学专业本科课程与研究生课程的教学，不难发现二者在课堂组织形式上的显著区别在于：研究生教学特别重视“启发”与“引导”，教师通常充当的是设问者，通过教师课前设计的几个问题以及对学生临场对这些问题的回答，步步引导学生完成当次课内容的学习。简而言之，一堂课开始的入题，需要通过简单的、富于生活化的“设问”来激发学生对本次课学习内容的好奇心；在一堂课的过程中，更需要靠不断的“设问”来牢牢抓住学生的注意力，吸引其紧紧跟着老师的思路走（吴婷婷，2007）。在这种“设问式”的课堂学习当中，学生处于中心地位，教师只起到“导航”的作用。而本科生教学则更偏重于传统的以教师为中心的知识传授型教学模式，教师处于教学中的核心地位。然而，这一核心地位并非意味着教师在课堂上是“一言堂”，他们强调通过引入讨论式、对话式、游戏式等多样化的教学活动，采用合作式、挑战式、对抗式等多元化的学习形式，构建起民主、平等、自由的开放性课堂。而这一点与我国新课改所强调建设的“自主、合作、探究”的教学方式不谋而合。

2. 来自教师层面的因素之二：英文表达

以前在运用英语进行专业课授课时，更多关注的是专业课涉及的专业理论与知识的内容。阿尔伯塔大学的访学经历，让笔者对英语教学有了再认识：想用英文授好一门专业课，仅仅关注课程内容远远不够。还必须关注英语陈述时的一系列技巧，包括陈述语调的变换、适度语速的控制、陈述用词的准确性、陈述时的肢体语言表达以及通过听觉、视觉和感觉与学生多维度的双向交流等。此外，由于最好的演讲就是真情实意地将自己的亲身体会和感受向听众娓娓道来，令其仿如身临其境并感同身受，因此至关重要的一点是，任课教师应对自己要用英文讲授的内容有“三感”，即有感觉、有感情且有感想。

3. 来自学生层面的因素之一：学生激励

学生激励（students motivation）是影响课堂教学效果的一个至关重要的因素。在全英语教学的环境约束下，如何才能最大限度地激发学生的学习积极性和主观能动性？教学实践与有关理论研究表明，压力感与参与感（feeling of involvement）的提升，对学生课程学习的效果有着显著的正向作用。基于此，我们可利用全英语课程相较于中文课程具有更高难度系数的特点，分配学生小组略为超越其现有知识范围与能力水平的目标任务（target tasks）并采用团队竞赛的形式，通过促进学生挑战自我、挑战他人的适度施压方式，激发出其学习潜能；同时，通过强化团队小组、双人小组（team work，pair work）等合作式学习（cooperative learning）以及辩论、模拟法庭（debate，moot court）等对抗式学习（confrontational learning）来提高学生的参与度。

4. 来自学生层面的因素之二：学习心理

每一位老师上课各有其教学风格，然而要想改善、提高我们的教学效果，有一共同的法则，那就是应持续性地关注学生在课堂教学进程中学习心理活动（learning psychological activities）的变化。作为全英语课程任课教师，更应积极关注学生在课堂上情感的变化，体察其在专业英语学习过程中的心理活动（吴婷婷，2010）。若我们能在授课进程中体察出学生的一些“微表情”，从而获悉“微表情”释放出的学习心理变化的信号，这对于教学效果的提升有着良好的功效。例如，一旦学生有精神涣散的情形出现，我们就应及时调整教学方式，重新吸引学生的注意力，而非将事前教案中预定的单一教学方式贯穿整堂课；一旦学生出现皱眉或厌学表情时，我们就应该即可反省是否是此次课的讲授内容过深、不够浅显易懂，从而及时地换种讲授方式并给予学生积极的心理暗示，激励其克服学习困难，实现自我突破。

（三）课后评价与考核

前述两个方面是欲通过课前的充分准备和课中的良好实施来提升教学效果，然而要想动态地、持续性地推动课堂教学效果的提升，还得把好最后一关，即如何在课后有效地测度教学效果？这主要通过对学生学习效果的评价与考核两个方面来完成。在对学生完成的课内外任务做评价时，一定要注意表达的方式方法与艺术性，防止挫败学生的积极性；而在对学生学习效果进行考核时，应尝试逐步改变传统的以笔试为主的考核方式，进行考核模式的革新。

1. 评价反馈的艺术

为激励学生的学习积极性，在给学生作业反馈意见时，应注重反馈的艺术，多用正向的鼓励性语言。对于作业完成得尚不够理想的学生，也不应采用负面、消极的批评式语言，以免打击学生的积极性，而应将评价的焦点置于其未来的表现之上。例如，可采用“I believe you are able to do better next time”，“I am looking forward to your next better performance”，“It is hoped that you will do a more wonderful job in financial statement analysis（or other domain）”等关注未来的评价表达方式。

2. 考核模式的创新

想动态地、持续性地提升课堂教学效果，除了细化教学目标、采用多元教学法之外，还必须把好最后一关，即对学生学习效果的测评。为了更好地激励学生在整个课程教学过程中主动学习、积极思考，而非平时懒学、到考前死记硬背，课程建设组在秉持“结果管理”与“过程管理”相结合并强化“过程管理”的原则，尝试对闭卷考试这种传统的单一考核形式进行改革和创新，以期通过课程考核方式面试与笔试相结合的革新，以考促教、以考促学、以学促教，形成“教—学—考”三者之间的良性循环，助推《国际金融管理》全英语课程教学之宏观、微观目标的顺利实现。

基于这个总体思路，笔者依据本杰明·布鲁姆的“教育目标分类法”中六个等级的目标——识记、理解、应用、分析、综合和评价，将《国际金融管理》（英）课程的考核方法设计如表1所示。

表 1　　《国际金融管理》全英语课程考核方法①

考核类型	考核项目	比例（%）	考核项目描述
面试（25%）	即兴问答（Impromptu Q&A）	15	让学生以抽签的形式在课程内容的六大模块中，随机抽取 3 个模块的序号，再由老师针对该模块的内容对其进行“追问式提问”，学生用英语即兴作答（注：各模块有 3 个提问，包含 2 个与该模块内容直接相关的基础型问题和 1 个与其间接相关的衍生型问题）。
	案例分析陈述（Presentation）	10	在案例分析篇模块讲授过程中，任选一个案例进行独立分析或对所有类似案例进行横向比较的综合分析，并完成对案例分析方法、分析过程与分析结论的全英文口述。
笔试（75%）	案例分析报告（Case Analysis Report）	10	用金融专业英语的规范表达，完成对自选案例全英文分析报告的撰写。
	平时测验（Quizzes）	5	在第 1 ~5 个课程内容模块结束那次课，随堂完成 1 次小测验，共计 5 次。
	意外测试（Surprise Test）	10	在课程进行过程，举行一次事先不通知考试时间、内容和形式的“意外测试”（surprise test）。
	期末考试（Final Exam）	50	英文考卷，要求学生全英语作答。题型包含多选题、判断题、简答题、计算分析题、案例评述题等。

四、结束语

上文以《国际金融管理》课程为例，通过总结阿尔伯塔大学全英语教学在教学组织、教学模式、教学方法等多方面的特色，并将中国高等院校全英语教学实践与之对比，不难看出目前中加之间的差距。同时，也引发出我们对金融学专业开展课程全英语教学的绵延性思考：现行金融学课程体系中哪些课程可以尝试进一步采用全英语教学，选择课程的原则和依据是什么？如何针对不同金融专业课程的异质性，构建出“因课制宜”的全英语教学法？如何将全英语

① 在课程首次课，任课教师应向全体同学公布考核类型、各考核项目的比重和项目描述，以期利用师生间部分完全对称信息（如考核方法和评分标准）和部分非完全对称的信息（如意外测试的时间和内容）来激励学生在《国际金融管理》整个教学过程中积极主动地学习。此外，随此课程教学改革与创新的持续性推进，可适当提高面试的比重，并在笔试中逐步降低期末考试的占比，同时，加大期末考试、意外测试和平时测验中计算分析题、案例评述题等主观题型的分数比值，并积极开发新的测试题型，如情景测试等。

教学法研究与高等院校金融学专业人才培养目标有机结合起来，以市场对金融人才的动态需求为导向，探索金融专业核心课程在后金融危机时代这一新形势下的全英语教法改革之路？对这一系列问题的回答，还有待今后的进一步探索。

参考文献

［1］仲伟合．拔尖创新型国际化人才培养模式的探索与实践——以广东外语外贸大学为例［J］．广东外语外贸大学学报，2013（1）：98－101.

［2］王峰．《国际经济学》课程双语教学互动模式探析［J］．广东外语外贸大学学报，2010（4）：103－106.

［3］吴婷婷．对话沟通：唱响当代师生关系的主旋律——与学生共构互动、快乐、和谐的教学情景［J］．山西财经大学学报（高等教育版）（S1），2007：179.

［4］吴婷婷．经贸专业英语"快乐体验式"教学模式研究：理论与实践［J］．云南财经大学学报（社会科学版），2010（6）：129－132.

［5］李薇，王磊．原型化双语教学的探索［J］．中国大学教学，2010（6）：66－68.

［6］陈晶，靳生，曹艺．基于国际化视角对国际金融双语教学改革的思考［J］．金融理论与教学，2011（4）：95－96.

中国大学商学院教育国际化与全球化领导人才培养探析

东北财经大学　丁　宁　美国密苏里大学　Hunggay Fung[①]

摘要：中国大学商学院，作为向国家乃至世界输送商业人才的平台，在中国经济走向世界的进程中，扮演着极为重要的角色。在其国际化趋势下，如何减少错误，实事求是，稳步拓展，继续为中国教育事业作出贡献成为研究的主题之一。本文首先探讨了大学商学院国际化与全球化领导人才培养的内在联系，发现商学院的定位、课程体系设计以及社团网络等方面的不完善是导致大学商学院虽表面国际化，但却无法深入培养出全球化领导人才的主要瓶颈。其次，通过借鉴美国商学院的做法，阐明商学院的宗旨。最后，有针对性地提出行之有效的突破策略。

关键词：大学商学院　教育国际化　双语教育　全球化领导人才

一、引言

当经济全球化的氛围持续蔓延、人才市场化的呼声喧嚣尘上时，高等教育国际化似乎无法逃避地成为中国各大高校发展的战略目标之一。随之而来的，各大高校虽不能说铺天盖地，但至少也会如火如荼地为达到此目标而作出了一系列规划、设计和具体实施。时至今日，纵观高等教育国际化的阶段性成果，从引进外籍教师、开展双语教学和提升教师能力到远程信息化的大规模开放在线课程“MOOC”（Massive Open Online Course）以及中外合作办学，无一不在证明高等教育国际化的步伐正在举步向前。大学商学院因其同社会经济联系比较紧密，其国际化的发展趋势在国内高校也开展得如火如荼。在推行上述显性的、

① 丁宁，东北财经大学金融学院教授。Hunggay Fung（冯鸿玑），美国密苏里大学商学院金融系孙逸仙讲席教授。

战术性的教育国际化行动的同时，我们不得不思考“教育国际化究竟服务于什么目标”。搞不清楚这个问题，作为高等教育国际化的一部分的大学商业教育国际化也必定会迷失方向。逐本溯源，大学商学院国际化主要是培养国际化的领导者（global leader），更进一步讲，就是为社会培养有独立思考能力的人才（elites with independent critical thinking）。时至今日，中国大学商学院毕业后成为国际化领导者的人才却少之又少，并且具有独立思考能力的人才也是凤毛麟角。根据华尔街日报（Wall Street Journal）2014 年 4 月的报道，财富 500 强公司（Fortune 500 Companies）的首席执行官（Chief Executive Officer，CEO）中，基本上没有来自中国的，例如，来自英国的有 7 个，来自美国和法国的均为 6 个，来自澳大利亚的 5 个，来自德国的 4 个，来自印度的有 3 个等等，而来自中国的则为 0 个。这个结果从侧面反映了中国大学商学院对领导人才培养的缺失。毋庸置疑，近年来，若从引进外籍教授、开设双语课程、使用原版英文教材、参加国际学术会议、发表国际学术期刊论文等显性评价指标来看，中国大学商学院的国际化行动成绩斐然，但距离培养国际化领导者的实质性人才培养目标还有很远的距离。当然，这和中国教育在某段特殊时期出现的教育断层以及偏离国际化方向有关。改革开放以后，邓小平提出教育要面向现代化、面向世界、面向未来，从那时起，高等教育包括大学商业教育的国际化开始了稳步发展。时至今日，我们面临的问题不是要不要教育国际化，而是教育国际化遭遇了瓶颈期。以大学商业教育国际化为例，一方面目前大家的普遍感受是，表面上我们确实国际化了不少，但距离真正的接轨和深层的融合还差得远。另一方面，国际化与本土化的取舍问题、中西教育如何相互借鉴的问题也是中国大学商业教育需要深入思考的。本文以国际化现状与最终的人才培养目标为切入点，深入剖析了中国大学国际化难以突破瓶颈的关键所在，并借鉴美国大学商学院的实践做法，提出可行性改进建议。

二、高等教育国际化的背景

20 世纪末至 21 世纪初，随着信息与通信技术的创新，全球经济一体化趋势愈演愈烈。在此背景下，国际化（Internationalization）或者全球化（globalization）成为英语语言为主导国家的商业、政治和科学领域的流行语（Crystal，1997）。而对于大学领域而言，很多欧洲国家与生俱来就全球化（born global）。它们早在 15 世纪和 16 世纪时，就已经吸引西方各国高水平学者讲学和做研究，最初使用拉丁语，而后是德文，到现如今是英文。大学的作用是创造并传播知识，即研究与教学（research and teaching）。知识的创造基于人们在实践领域的集体智慧，因而大学的国际化导向是必需的，这也是现今研究的基础。大学国际化包括通过国际学术会议、书籍和杂志交流观点，分享各国同行们在研究与教学方面遇到的问题。不仅如此，国际化还包括学生的国际化。大学开始模仿公司的目标导向，例如，在20世纪90年代，欧美一些发达国家的大学为其他发展中国家学生提供奖学金，邀请其优秀学生到本国留学，借此传播本国的文化、政治与科学，导致欧美大学的外国留学生陡增，并且出现了离岸校园（off - shore campus）的情况。随着市场经济的发展，大学的公共补贴开始减少，取而代之的是商业化模式。大学国际化同大学教学功能的国际化紧密相连，最初为了满足本国学生对本国高等教育的需求，渐进地为满足国际学生接受跨国高等教育的需求。有时，高等教育国际化也被称为跨国教育（transnational education），包括远程教育在内的所有类型的高等教育及教育服务（Council of Europe，2000）。这种跨国教育包括“走出去”和“引进来”两种形式。“走出去”，就是让本国学生到国外大学读书，“引进来”就是通过引进国外大学合作项目，让本国学生在本土大学享受国外教育，并兼获两国大学颁发的学位证书。目前在澳大利亚、加拿大、新西兰、英国和美国等英语国家，诸如此类的国际化已经十分盛行。

而中国高校国际化尤以大学商学院为主导。目前，中国大学商学院的设置可谓百家争鸣，并没有统一的模式。有些高校有专门的商学院，特别是在文理兼有的综合性大学，而有些大学的商学院则是分散成无数个专门学院，主要体现在财经类高校，其没有专门的商学院。虽然有些学院的名称带有商学院字样，但并非西方国家通常认为的商学院体系，而是按照具体学科的分类，比如有些财经大学，专门细分成会计学院、经济学院、工商管理学院、金融学院、国际商学院等，实际上这些学院就是西方发达国家大学商学院下面的具体“系”（department）。不管怎样，这些都是形式，而内容更重于形式。因此，本文所谓的商学院是广义的商学院，将这些具体学院都包括在内。2006年以来，随着中国全面加入世界贸易组织（World Trade Organization，WTO），为满足培养国际人才需求，大学商学院国际合作项目渐入佳境，比如“2 + 2”国际合作项目、“1 + 1”合作项目比比皆是，目标只有一个，就是开启全方位的国际化教育。目标虽好，但过程艰辛，并且越来越流于形式化，偏离了培养国际化领导人才，最终培养具有独立思考能力人才的宏伟蓝图。这里的领导人才及领导能力

（leadership）并非狭义地成为某跨国公司首席执行官领导跨国公司的能力，而是广义的领导能力，包括成为各行各业，比如医院、大学等机构的领导者的能力，甚至于更为广义的作为父母，领导和教导自己孩子的能力。中国有句古话“修身、齐家、治国、平天下”，这句话充分体现了广义的领导能力。下面将主要对中国大学商学院国际化中存在的问题进行剖析。

三、大学商学院国际化的瓶颈

时至今日，中国大学商学院国际化发展成绩斐然，很大程度上推动了高等教育国际化。虽然开门大吉，但进一步深入却显得后劲不足。主要是在发展过程中遭遇的瓶颈实难突破，究其原因是发展战略不明确或者商学院定位模糊，导致具体的课程体系设置、学生培养目标等一系列的问题亟待解决。下面将通过与发达国家，诸如美国、英国等大学商学院的对比，对中国大学商学院的定位、培养目标和课程体系三个层面的问题进行阐释，以资共享。

（一）中国大学商学院的定位（使命）——雾里看花

“雾里看花”和“水中望月”在诗歌里具有朦胧美，可用在形容中国大学商学院的定位或者使命（mission），其定位却是模糊不清，甚至犹豫不决。这里所谓的模糊不清，主要是针对大学商学院根据自身所处的地位和状况提出的口号偏离实际目标或者其使命与最终目标距离感太大，产生不了实际效果。但是也不能一概而论，有些优秀的大学商学院，比如北京大学光华管理学院，就以“创造管理知识，培养商界领袖，推动社会进步”为使命，比较平实，符合自身的特点和商学院办学目的。而多数大学商学院的定位或者使命同其自身所处的情况以及最终的目标脱节，甚至有些商学院的使命就是空喊口号，并非能真正落到实处或者可实现。试想一个中等规模的地方性大学商学院，如果提出的口号是“培养世界领袖”，虽然理想比较伟大，但是缺少现实存在感，学生们也会因目标的难以实现而逐渐淡忘或者忽视这个使命的内在价值和意义，最终使命形同虚设。口号代表的不仅是使命、定位，而是一种价值实现或者一种战略，如果战略曲高和寡，具体的课程设置、师资配备等战术就更无规律可循。很多中国大学商学院的使命或者口号是人云亦云，没有特色，定位不明确。有的是为了口号而口号，而从没有想过口号的力量是指引方向的战略。相对而言，美国大学商学院的定位或者使命则有的放矢。从自身状况出发，令人信服。下面列出美国一些著名大学商学院的使命，如表1所示。

表1　　美国8所著名大学商学院的使命一览表

序号	大学商学院名称	主要使命
1	麻省理工大学斯隆商学院 （MIT Sloan School of Management）	培养完善世界的创新型领导者 开发推进管理实践的思想
2	哈佛大学商学院（Harvard Business School）	培养改变世界的领导者
3	宾夕法尼亚大学沃顿商学院 （Wharton Business School University of Pennsylvania）	充分利用广泛的资源与创新能力构建并分享世界范围内个人、商业及公共机构所需的知识
4	耶鲁大学商学院（Yale School of Management）	为商业和社会培养领导者
5	纽约大学斯特恩商学院 （Stern Business School New York University）	建立、教育和激励共同为社会服务的充满活力的、具有知性的全球领导者和思想者
6	芝加哥大学布斯商学院 （Booth Business School University of Chicago）	开发对管理理论和实践具有持续影响力的开创性思想、培养有助于塑造世界商业的领导者
7	杜克大学福库商学院 （Fuqua School of Business Duke University）	成为世界领先商学院之一
8	加州大学伯克利分校哈斯商学院 （Haas School of Business University of California – Berkeley）	培养重新界定商业功能的领导者

资料来源：8所大学的官方网站。

从表1中不难看出，美国顶级大学商学院的使命有一个共同的特点就是培养世界领导者。也正是如此明确的使命作为战略指引，配合以具体而有针对性的课程设置、培养目标等战术，才使得这些商学院可以长期维持声名不坠。比如芝加哥的布斯商学院，诺贝尔经济学奖获得者大有人在，真正达到了本校商学院的使命。当然，并非美国所有大学的使命都如此宏观，使命要同自身的能力匹配。在美国，一些州立大学商学院的使命虽非如此高远，但却十分脚踏实地。比如美国圣路易密苏里大学商学院（Business School at University of Missouri St Louis）的使命就是培养地方领导者，而非全球领导者。因为该校毕业生70%都留在本市区工作 。当然，不排除成为全球领导者的可能性。这样的使命更能以诚信吸引学生。

比较而言，中国大学商学院的使命缺少针对性，至少没有因地制宜，就地取材。并非所有大学商学院都如同北京大学光华管理学院那样具有“天时、地利、人和”的优势，如何更充分地利用现有资源，为商学院服务，为学生服务才是关键。使命不是大机器生产，一个模子刻出来的，或者一刀切出来的，要有特色，要具体。

（二）商学院国际化的内在培养目标——急功近利

商学院，顾名思义，和商业紧密相连，在商言商。古语有言“商人重利轻离别”，商业或商人的形象历来都“利字当头”，连带着人们对大学商学院培养人才的目标也带上了有色眼镜，甚至有些人误认为商学院就是培养商人或者培养具有商人气质的人才。近年美国商学院已增加企业社会责任、商业道德等课程，与时俱进。国际化，首先是商业的全球化，而商业的全球化就需要培养配合其发展的国际化人才。中国加入世界贸易组织以来，商学院一直朝着国际化目标迈进，在做培养目标或者计划的时候，也把国际化人才培养纳入到主体框架之内，但在实施环节却受阻颇多。实际培养过程往往偏离培养目标，要么为了国际化而做形式上功夫，要么干脆为社会培养经济或金融的“技术工人”，技巧多于思想。例如，2001—2008 年间，由于金融业的发展，越来越多的银行、证券公司和保险公司等开始广纳人才，连带着大学商学院对金融系学生的考分水涨船高，而后变成扩招。大量学生涌入金融系就读。更为甚者，很多原来学物理化学等理工科学生，为了奔向所谓的热门行业好工作，加入了考研大军，力图通过改变专业而改变命运。一方面，学校应人才市场需要在不断地源源扩招；另一方面，学生为了想象中的美好工作和前途蜂拥而至，却没有考虑到学生毕业的时差以及行业饱和度问题。殊不知，全球化不仅仅拓宽了人才国际化的培养目标，同时也会带来全球金融危机。2008 年的国际金融危机，中国虽未受大波及，但金融业的减招新人，对原本憧憬美好工作的商学院毕业生打击不小。人才市场的供过于求又使得商学院毕业生面临就业困境。

培养目标要适应社会环境而生存。依据环境的变化而变化。但万变不离其宗，不能因此时的小利，而失去彼时的长期方向。

（三）中国大学商学院的课程体系——理念模式

在使命和培养目标之下，就是具体的课程体系设置。中国改革开放以来，引进国外先进技术，洋为中用，在借鉴西方层面已经累积很多经验。但无论怎样，都是要加入“中国特色”。而商学院在课程设置方面却大部分照搬，甚至全部接收国外商学院课程设置。例如，现在很多的经济类和金融类教科书，不是采用外文原版，就是外文教科书的中文翻译版。即便是中国学者编写的教材，讲述的理论也都是国外理论。而且，为了接轨国际化，甚至国外大学商学院开设的具有针对性的课程，不管在中国适不适用，也拿来开设一门课程。比如，金融衍生工具这门课程，中国金融业虽有衍生工具，但使用范围、使用程度及使用品种都很少，就连讲授这门课程的中国教师都没有受过专门的培训，没有接触到实践层面的金融衍生工具，只是把自己从书本上学来并理解的内容再以书本的形式传授给学生，学生听着就更云里雾里了。而且毕业后到具体的金融部门工作，发现这门课的知识被束之高阁了，根本在实践中用不到。

（四）中国大学商学院的就业——空中楼阁

大学商学院的就业是检验教学情况的主要标准之一。根据官方数据，从2008年起，中国大学生就业率逐步提高。2008年中国大学生毕业半年后就业比例约为88%，到2012年这一比例超过90%。虽然官方数字很高，但不能排除许多大学以各种手法虚增本校毕业生就业率，甚至发奖金鼓励应届毕业生尽快找到工作。人社部和教育部甚至下发通知，要求用人单位不得在招工广告中加入学校级别、性别和户口等限制条件。表2是2008届毕业生各专业就业率的情况，从表中可以看出，同商学院相关的学科是管理学和经济学，这两个学科的就业率排在第二和第三，但工作与专业的对口率则分别在70%和64%，对口率低于全国平均水平71%。举个例子而言，就是管理学毕业的学生在麦当劳快餐厅找一个前台收银员的工作也算在就业率中了。

表2　　2013年中国大学本科各专业毕业生就业率情况一览表

本科专业大类别	就业率（%）	毕业半年后平均月收入（元）	工作与专业对口率（%）
工学	90	2208	77
管理学	89	2160	70
经济学	88	2266	64
历史学	87	2053	65
农学	87	1807	63
文学	86	2138	72
理学	84	2068	63
教育学	84	1968	62
医学	82	1710	90
法学	79	2010	47
哲学	76	2112	32
全国本科	88	2133	71

资料来源：麦可思—中国2013年大学毕业生求职与工作能力调查，http：//www. mycos. com. cn。

根据教育部统计数据，2013年中国大学毕业生人数达699万人，比2012年多19万人，越来越庞大的就业大军进入到工作市场，使得本已拥挤不堪的工作市场供不应求，就业率虽与前几年基本持平，但工作是否对口，薪水是否合理则又是另外一个问题了。每个月2000多元的起薪，和没有获得大学文凭在餐馆打工人员的薪水相差无几，也难怪时下流行毕业即失业，回家去啃老，低薪水很难激励苦读四年的莘莘学子正式就业，并且就业的工作也并非专业对口。

对比美国著名大学商学院的就业率情况（详见表3）不难发现，其平均起薪在合理范围内，就业率也与学校商学院排名一致，学生们基本上可以学以致用。这种规则和制度的建立不是一朝一夕能够学到的，但可以慢慢吸收其中营养部分，洋为中用。

表3　2013年美国TOP100商学院的毕业生就业率和平均起薪

排名	院校名称	全日制毕业生就业率（%）	平均起薪（美元）
1	哈佛大学 Harvard University	83.20	139 735
1	斯坦福大学 Stanford University	75.60	140 972
3	宾州大学 University of Pennsylvania (Wharton)	82.10	137 311
4	麻省理工学院 Massachusetts Institute of Technology (Sloan)	80.80	132 618
4	西北大学 Northwestern University (Kellogg)	83.80	130 092
4	芝加哥大学 University of Chicago (Booth)	82.10	133 424
7	加州大学伯克利分校（Haas）University of California—Berkeley	71.70	129 776
8	哥伦比亚大学 Columbia University	75.30	134 233
9	达特茅斯学院（Tuck）Dartmouth College	82.80	138 220
10	耶鲁大学 Yale University	69.80	125 735
11	纽约大学（Stern）New York University	80.70	128 888
12	杜克大学（Fuqua）Duke University	78.40	128 666
13	密歇根大学 University of Michigan—Ann Arbor (Ross)	83.40	127 817
13	弗吉尼亚大学 University of Virginia (Darden)	83.20	127 595
15	加州大学洛杉矶分校 University of California—Los Angeles (Anderson)	70.50	119 109
16	康奈尔大学（Johnson）Cornell University	74.70	122 329
17	得州大学奥斯汀分校 University of Texas—Austin (McCombs)	75.20	118 410
18	卡内基梅隆大学 Carnegie Mellon University (Tepper)	74.10	117 650
19	艾默瑞大学 Emory University (Goizueta)	78.90	121 050
19	北卡罗来纳大学 University of North Carolina—Chapel Hill (Kenan - Flagler)	74.10	101 904

资料来源：www.xinquanedu.com.

四、突破瓶颈的对策建议

针对上述四个比较突出的问题，笔者通过和美国大学商学院的对比分析，分别从定位、培养目标、课程体系和就业方面给出了以下可行性建议。

（一）具有发展空间的开放式定位（使命）——不拘一格

每所大学都希望自己的前景越来越美好，因此在规划学校的使命蓝图时，会尽其所能地宏观自己的理想，认为使命越远大，学校的未来才越光明，甚至有些大学认为使命是大学身份的象征，如果将使命定得太具体或者太低会被其他同行大学瞧不起，降低身份。而殊不知，偏离量体裁衣原则的使命反倒被束之高阁，被认为华而不实，被忽视，起不到真正的使命作用。为了不使国内大学商学院的定位流于口号，模棱两可，可以设定一个具体的使命，但这个使命是开放式的，留有一定发展空间。商学院是培养领导人才的，但培养的领导级别可以视商学院本身所处的地位和具体情况而定，可以是地方领导人才，也可以是区域领导人才，还可以是全球领导人才，以一为主，但不妨碍其他。使命具体才能吸引更多学生目光，才更可以脚踏实地发展进步。例如，一所地方性大学的商学院就可以把使命定在为社区提供领导人才，为社区服务。这个使命具体实用，并且可以达到，不要认为具体的使命级别低，这总比踩在云端不真实的使命更真实靠谱。古语云“一屋不扫何以扫天下”，世界级别的领导人才也是从最基层领导做起的。使命的种类也可以百花齐放，百家争鸣，不需要拘泥于众。是本土的，才是世界的。

（二）独立思考能力的人才培养目标——表里如一

很多大学商学院都把培养领导人才作为最终目标，但领导人才所具备的最核心能力就是独立思考的能力。因此，笔者认为大学商学院培养人才的本质是有独立思考能力的人才。

提到领导人才，直觉上很容易让人联想到高高在上，颐指气使的领导干部。之所以会有这样的观感，主要是对培养领导人才的实质认识不到位，只停留在表面，并非深入内部。大学商学院的培养目标要做到表里如一，就需要将领导人才的独立思考能力的培养凸显出来。目前，越来越多的大学商学院开始关注培养学生的独立思考能力，更是配合这一内在培养目标，具体开设了诸如批判性思考（critical thinking）之类的课程，目的很明确，就是培养学生独立思考能力。但目标是需要多方面综合影响才能达到的，仅仅课堂授课还远远不够，还需要加入多种形式有益的社会实践。

（三）嵌入双语教学的特色课程体系——独具匠心

培养目标最终会具体到课程体系的设置。为了培养国际化人才，很多大学商学院的课程设置都是照搬国外著名大学商学院的，用的教材或者是外文原版的国外教材，或者是原版教材的翻译本。看着厚如砖头的商学院原版教材和翻译教材，很难不让人感叹中国大学商学院的课程真的开始国际化了。但这只是形式上的国际化，而实际上那些外国课本又有多少是针对中国具体环境展开的呢？逐本溯源，中国商业的发展早于西方，古代的商学理论也累积颇多，而且后来西方发展的一些管理理论和中国古已有之的理论有颇多异曲同工之妙。但商学院教科书中或者课程体系中又有哪门课是专门谈中国自己的管理理论的？这是需要在课程体系设置时尤为注意的情况。

再者，双语教学有助于国际化人才的培养。虽然很多业界人士对双语教学的态度不置可否。有的持反对意见，认为双语教学会让学生吃“夹生饭”，即不仅专业学不好，而且外语也没学好。但我们要用开放的眼光看待双语教学。语言本是交流的工具，专业是学生的立足之本，商学院的学生毕业后，是用语言在本专业领域进行沟通，面对国际化，商业首先要同国际接轨，如果不能用世界通用语言正确地表达本专业领域内发生的问题，不能进行有效沟通，又何谈国际化。因此，将双语教学嵌入到国际化人才培养的课程体系中是必要的。但为了教学效果，最好能小班授课，30 人一个班，多辅之以案例教学和探讨式授课方式，不仅练语言，而且利专业。

此外，高科技教学手段，如天空教室、网络教学等的运用对于课程体系的完善十分有帮助。笔者在国外大学研修访问期间，特别参加了其网络课程的培训（online course training），见识了其如何将高科技网络工具用于辅助教学中，教学过程生动仿真，师生互动良好，教学效果事半功倍。

（四）构建有效可持续的就业网络体系——守望相助

中国式大学就业主要是依靠每年到学校招人的用人单位招聘启事以及毕业生自己的人脉关系，比如自己的父母或者亲戚朋友帮忙找工作，这在中国是比较常见的。一方面，靠每年过来招聘的用人单位，不仅少，而且不可持续，有些用人单位根本就不需要招人，但迫于来自某方面的压力不得不摆个展台装装样子，把条件定得特别高，招本科生的条件都可以招博士了；另一方面，靠毕业生自己的人脉，亲戚朋友的社会关系毕竟有限，而且有区域限制，例如家在上海的，基本上可以动用上海的社会关系帮忙找工作，但到举目无亲的深圳，估计就举步维艰了。学校好一点的，比如是211或者985等重点高校毕业的，可能会在就业市场上多“扑腾”几下，如果学校差一点，对一些好公司，可能连入围的机会都没有。

上述两种渠道都非可持续，而且有范围限制。作为大学商学院建立有效的就业网络体系十分必要，在这一点上，可以借鉴美国大学的做法。美国大学通常和社区内或者州内的公司建立诸多联系，而且还建立了长期的校友网络体系。学生毕业时，多是通过这些稳定的公司和校友网络联系工作，相较于中国大学零散的、个人式在充斥毕业大军的就业市场上单打独斗，这两个网络有系统性，并且具有规模性。虽然面试靠个人本事，但是能为面试敞开一扇大门至关重要。前人帮后人，守望相助，形成校友链条，无论经济环境好坏，就业率都会保持在一定水平线上。近年来，很多国内大学逐渐注意到与社区内各类公司建立良好的发展关系，并且更加注重校友的互动往来。有些大学在不同城市，比如北京、上海和深圳等地建立了校友网络，有助于本校毕业生就业机会的拓宽。

综上所述，中国大学商学院的国际化是一个综合命题。需要使命、培养目标、课程体系设置和就业体系等产生的协同效应。使命大小不重要，关键是实事求是；培养目标外表不重要，关键是表里如一；课程体系设置洋为中用不重要，关键是具有特色；就业体系高低不重要，关键是系统稳定。国际化领导人才的培养要内外兼修，内修独立思考能力，外修领导气质。

参考文献

[1] 麦可思公司. 2014年中国大学毕业生就业报告.

[2] 张凤娟. 美国大学本科课程设置的模式、特点与发展趋势 [J]. 教育发展研究, 2011 (3): 28－35.

[3] 任明川. 哈佛案例教学的“形”与“神” [J]. 中国大学教学, 2008 (4): 91－93.

[4] 丁立宏, 张连城, 周明生. 财经类大学研究生创新能力与培养模式探索 [M]. 北京: 中国经济出版社, 2012.

[5] 蔡庆丰，张亦春．金融全球化背景下我国金融学高等教育改革思路与培养目标设计［J］．金融教学与研究，2008（2）：25－30.

[6] 陈昌贵，翁丽霞．高等教育国际化与创新人才培养［J］．高等教育研究，2009（29）：35－41.

[7] 丁宁．大学金融专业开展双语教学的实践探析［J］．东北财经大学学报，2008（1）：91－93.

[8] NIGEL M，HEALEY. Is Higher Education in Really "Internationalizing"? [J]. Higher Education，2008（55）.

[9] NELLY P，STROMQUIST. Internationalization as a Response to Globalization：Radical Shifts in University Environment [J]. Higher Education，2007（53）.

[10] HANE DE WITT. Internationalization of Higher Education in the United States of America and Europe：A Historical，Comparative and Conceptual Analysis [M]. Westport，CT：Greenwood，2002.

[11] Faculty of the Committee on General Education，Harvard University. General Education [EB/OL].（2010－10－8）. http：//webdocs. registrar. fas. harvard. edu/courses/GeneralEducation. html.

[12] Duke University. Degree Programs [EB/OL].（2010－10－15）. http：//www. registrar. duke. edu/bulletins/Undergraduate/2003－04/degree. pdf.

[13] St. John's College. How does St. John's prepare me for my future? [EB/OL].（2010－10－08）.

我国金融高等教育国际化发展水平的初步评价

上海师范大学　张　震　王晓华①

摘要：伴随着互联网技术兴起的第三次科技革命大大促进了经济全球化，不同国家的教育普遍性日益增加，教育的国际化表现为一个基于平等互利的原则、进行跨国合作的动态过程。我国的教育国际化伴随着改革开放进程的不断深入而向前推进，金融教育的国际化，尤其是金融高等教育的国际化更与我国改革开放的实践息息相关。本文在梳理高等教育国际化评价标准的基础上，从课程教学、教师情况、学生情况、科研工作和交流合作五个方面入手对我国金融高等教育国际化发展水平做了初步评价，总结了金融高等教育国际化发展的成效和现实挑战，并对其未来发展趋势做了展望。指出教育国际化归根到底是要实现"人"的国际化，是在实现"物""财"和信息国际化的同时，着重实现"人"的国际化。

关键词：金融高等教育　国际化发展水平　"人"的国际化

在科技与信息迅速发展的今天，国际化已经成为教育发展的一种全球性趋势。尤其伴随着互联网技术兴起的第三次科技革命大大促进了经济全球化，不同国家的教育普遍性日益增加，教学思想、教学模式、教学内容的相互交流变得日益频繁，从而形成了一股教育国际化的热潮。相应的教育的国际化表现为一个基于平等互利的原则、进行跨国合作的动态过程。

对教育国际化的内涵，不同学者从不同的角度给予了不同的解释。有代表性的解释主要包括四种：第一种是从各种各样的具体活动出发来描述教育国际化。这些活动包括课程的改革、人员的国际交流、技术援助、合作研究

---

① 张震，上海师范大学金融工程研究中心主任、副教授。王晓华，上海师范大学商学院讲师。本论文是上海师范大学骨干教师教学激励计划教研团队特色项目"大金融专业教育创新工程"和上海市研究生教育学会 2014 年度规划课题《金融硕士专业学位研究生培养模式改革的实证研究》（项目编号 ShsgeG201405）的阶段性成果之一。

等。第二种是从培养发展学生、教师和其他雇员的新技能、态度和知识的角度来界定国际化，着重实现“人”的国际化。第三种是从高等院校形成国际性的精神气质的角度来界定教育国际化，侧重的是在那些注重和支持跨文化的、国际的观点和首创性的大学和学院中，形成发展国际的精神气质与文化氛围。第四种是从过程的角度来界定教育国际化，把国际化看作是将国际的维度或观念融入到高等学校的各主要功能之中的过程。从实践看，上述不同学者从不同的角度和方法对教育国际化的诠释并非相互排斥，而是互合交叉或补充的。

我国的教育国际化伴随着改革开放进程的不断深入而向前推进，金融教育的国际化，尤其是金融高等教育的国际化更与我国改革开放的实践息息相关。因为作为一门实用性学科，我国的金融高等教育是在金融市场恢复发展，不断向外部世界学习的大背景下慢慢起步的。某种意义上而言，这一过程正是我国金融高等教育不断深化国际化的过程。从以货币银行为主要教授内容的宏观金融起步，到逐渐引入以资产定价和公司金融为主要教授内容的微观金融，我国金融学科在适应改革开放现实需求的过程中，不断向外部学习而得到完善和发展；大量有海外背景的知识分子回到国内加入金融高等教育工作者队伍，本土培养的金融教育工作者的海外进修和国际交流迅速增多；海外学生开始将在中国接受金融高等教育纳入视角，本土学生的国际认可程度不断提升；越来越多中国学者的论文在国际期刊上发表，并逐渐进入国际顶尖期刊发表行列。

那么我国金融高等教育国际化的发展水平究竟如何？取得了哪些宝贵的经验？面临的现实挑战在哪里？未来发展趋势又会怎样？这里力图结合笔者的工作实践对此作出一点归纳总结。

一、高等教育国际化评价标准

要评价我国金融高等教育国际化发展的水平，一定会使用相应的评价标准。就评价标准而言，金融高等教育国际化的标准和高等教育国际化的标准并无本质区别。欧洲国际教育协会（2009）系统梳理了高等教育国际化评价的三种方法：社会科学研究法、成本收益评估法和系统建模方法。总结起来，无论使用何种方法，最终都要依托所构建的指标体系。现实中，国内外学者已经构建了为数众多的高等教育国际化评价指标体系，详见表1。

表 1　　　　国内外高等教育国际化指标相关研究

相关研究	高等教育国际化指标维度
IQPR	（1）机构概况；（2）国际化政策与策略；（3）组织体制与资源；（4）学术课程与学生；（5）研究与学术合作；（6）人员资源管理；（7）协议与服务
ACE	（1）明确承诺；（2）专业提供；（3）组织架构；（4）外部资金；（5）大学对师资的投入；（6）国际学生和学生项目
News Week	（1）论文得到最广泛引用的各领域研究者的数量；（2）刊登在科学杂志《自然》和《科学》上的论文数；（3）社会科学、艺术、人文科学论文引用指数（前三项占 50% 的评分）；（4）外国教授和外国留学生人数比例；（5）学生对教授的比例；（6）图书馆藏书量（仅占 10% 的评分）
D. Schoorman（2000）	（1）核心特征——包括国际化承诺，组织领导，资源可及性，对组织国际化过程的持续评价；（2）微观面向——包括学校服务的国际化，课程的国际化发展，社交活动的国际化；（3）钜观面向——包括增进校内人员的多样性，国际教育，交换计划和国际网络
M. Bartell（2002）	（1）校园内的外国学生与交换学生数量；（2）国际研究的辅助经费；（3）国际合作研究方案的数量；（4）国际伙伴关系；（5）国际化的课程内容
大阪大学（2005）	（1）大学之理念、目标、计划；（2）组织与成员；（3）预算与执行情况；（4）国际性研究之展开；（5）招聘制度与咨询提供；（6）国际合作之多项推动；（7）大学授课课程之国际化；（8）与校外机构之合作课程
蔡大立（2003）	（1）学生国际交流；（2）教师国际交流；（3）国际化课程设置；（4）国际伙伴关系；（5）国际化相关议题；（6）国际化组织结构
李盛兵（2005）	（1）国际化观念与规划；（2）大学国际化机构设置；（3）学生的国际化结构；（4）教师结构国际化；（5）课程国际化；（6）科研国际化；（7）中外合作办学
王璐，陈昌贵（2007）	（1）教育观念的国际化；（2）学生的国际流动；（3）教师的国际流动；（4）教学过程的国际化；（5）办学条件的国际化和信息化；（6）办学和科研的国际合作；（7）高校对外的成果交流
王鲜萍（2010）	（1）大学国际化观念、意识（国际化意识的加强，本土意识的增进）；（2）大学国际化能力、行为（人员构成，教学，科学研究，经费构成，大学国际化运作）；（3）大学国际化结果、绩效（国际化影响力，国际化收益）
广东省教育厅（2010）	（1）理念与战略；（2）组织与制度；（3）基础条件；（4）人员的国际性流动；（5）教学与课程；（6）资金来源与投入；（7）师资的海外背景；（8）国际（港澳台地区）科研合作；（9）特色项目
王石河，丁扬阳（2010）	（1）国际交流度评价；（2）教学目标评价；（3）满意度评价；（4）绩效评价

续表

相关研究	高等教育国际化指标维度
戴晓霞（2004）	（1）学生的国际化；（2）教师的国际化；（3）课程的国际化；（4）研究的国际化
台湾省评鉴协会（2004）	（1）学生素质；（2）教师素质；（3）国际化课程设置；（4）国际伙伴关系；（5）国际化相关议题；（6）国际化组织结构
谢幸蓉（2007）	（1）国际学生招收；（2）国际学生素质；（3）教师来源；（4）来源成果；（5）学术交流；（6）国际关系；（7）教学内容；（8）行政支援

资料来源：赵莹．全球视野中的高等教育国际化评价研究——基于文献的分析［J］．现代教育管理，2013（9）：116－120.

总结起来，上述评价指标体系关注的层面有所不同，大致可以分为11个类别。表2对其进行了比较分析。

表2　　国内外高等教育国际化评价指标关注层面分析

	愿景领导	组织策略	经费资源	课程教学	交流合作	环境设施	教师情况	学生情况	科研工作	保障支持	其他
IQPR		√	√	√	√		√	√	√	√	√
ACE	√	√	√				√	√			
News Week							√	√	√	√	
D. Schoorman（2000）	√	√	√	√	√		√	√	√	√	√
M. Bartell（2002）			√	√	√			√	√		
大阪大学（2005）	√	√	√	√	√				√		
蔡大立（2003）		√		√	√		√	√	√		
李盛兵（2005）	√	√		√	√		√	√	√		
王璐，陈昌贵（2007）	√			√	√		√	√	√		
王鲜萍（2010）	√			√			√		√		
广东省教育厅（2010）	√	√	√	√	√	√	√				√
王石河，丁扬阳（2010）				√	√						√
戴晓霞（2004）				√			√	√	√		
台湾评鉴协会（2004）		√		√	√		√	√			
谢幸蓉（2007）				√	√	√	√	√	√	√	

资料来源：赵莹．全球视野中的高等教育国际化评价研究——基于文献的分析［J］．现代教育管理，2013（9）：116－120.

通过表2的分析，可以看出，课程教学、教师情况、学生情况、科研工作和交流合作是高等教育国际化评价指标体系中最受重视的指标。当然一级指标下面的二级，甚至三级指标的考察内容和权重则开始发生分化。因此评价我国金融高等教育国际化发展水平也应该参照上述评价指标体系，主要从课程教学、教师情况、学生情况、科研工作和交流合作五个方面入手。

二、我国金融高等教育国际化发展水平的初步评价

尽管如前所述，国内已经构建了大量的高等教育国际化评价指标体系，但是真正运用建立的评级指标体系进行的实证研究为数不多，最具代表性的研究是程莹、张美云、俎媛媛（2014）。他们对 71 所中国重点高校的数十项国际化指标数据进行了调查，并进行了统计分析。而专门研究特定学科高等教育国际化发展水平的研究目前则还没有出现。鉴于数据收集的困难，本文最终没有构造出对我国金融高等教育国际化发展水平进行完备评价的指标体系来进行实证。目前只是通过部分样本的统计数据和国内外对比分析，从第一部分分析中所提出的五个方面对我国金融高等教育国际化发展水平作出初步评价，未来则计划通过专项的调查研究来完成相对完备的定量评价。

（一）课程教学

从课程教学的角度进行评价，最核心的分析在于是否建立了与国际接轨的课程体系。我国金融高等教育的课程体系发展是与我国经济社会的发展变化和学术界对于金融学科认知程度的发展变化直接相联系的。传统的中国金融学课程体系侧重于宏观经济学的内容和金融学理论的讲述，加入世贸组织以后增设微观金融学相关课程成为主流趋势。伴随着“大金融”的概念逐渐被广大金融高等教育工作者所广泛接受，我国金融学课程体系显示出宏观金融和微观金融相融合的最新趋势，而这一度被认为是过于强调中国特色，与国际主流金融学科的发展态势不符。

从国际经验看，国外的金融学课程体系既强调宽广范围的渊博知识——通识教育，又强调在某一特定专业领域取得专业成就——专业教育。以美国著名的宾夕法尼亚大学沃顿商学院为例，其金融专业的通识教育课程、学科基础课程和专业课程（含核心课程和选修课程）比例分别为 24%、43% 和 33%。一般而言，专业核心课程的门数控制在 6 门，目前的选择安排是公司金融和货币经济学必选，另外 4 门由系里再指定。沃顿商学院金融学专业课程内容丰富，详见表

3。当然沃顿商学院作为以金融见长的全球最顶尖商学院之一，其金融学专业的选修课种类几乎是最丰富的，既包括经典金融板块，又包括新兴金融领域的最新热点，比如社会效应投资、能源金融。相比而言，普通学校的专业课程丰富程度就要大打折扣，但是经典金融板块不可或缺，表4列出了波尔州立大学米勒商学院金融学专业课程的设置情况。

表3　宾夕法尼亚大学沃顿商学院金融学专业课程

课程英文名称	课程中文名称
Corporate Finance	公司金融
Monetary Economics and the Global Economy	货币经济学与全球经济
Advanced Corporate Finance	高级公司金融
Investment Management	投资管理
Financial Derivatives	金融衍生品
Corporate Valuation	公司估值
International Corporate Finance	跨国公司金融
Real Estate Investment: Analysis and Financing	房地产投资：分析和融资
International Financial Markets	国际金融市场
International Banking	国际银行业
Urban Fiscal Policy	城市财政政策
Fixed Income Securities	固定收益证券
Capital Markets	资本市场
Behavioral Finance	行为金融
Venture Capital and the Finance of Innovation	风险投资与创新金融
The Finance of Buyouts and Acquisitions	兼并与收购
Impact Investing	社会效应投资
Finance Energy	能源金融
Strategic Equity Finance	战略权益金融
ASP — FIN – TECH	金融技术
ASP — Hedge Funds	对冲基金
Corporate Restructuring	公司重组
Financial Engineering	金融工程
Global Monetary and Financial Stability Policy	全球货币与金融稳定政策
Managing Fixed – Income Portfolios	固定收益投资组合管理
Private Equity	私募股权投资
Finance in the Middle East & North Africa	中东和北非金融
Supervised Study in Finance	指导下的金融研究工作

资料来源：宾夕法尼亚大学沃顿商学院官网。

表 4 波尔州立大学米勒商学院金融学专业课程

课程英文名称	课程中文名称
Intermediate Finance	金融中介
Investment 1	投资学一阶
Financial Market 1	金融市场一阶
Investment 2	投资学二阶
Financial Market 2	金融市场二阶
Decision Making in Finance	金融决策
Global Finance	全球金融
Short Term Finance	短期金融
Practicum in Finance	金融实战
Finance Internship	金融实习
Financial Statement Analysis	财务报表分析
Independent Study - Finance	金融独立研究

资料来源：波尔州立大学米勒商学院官网。

与国外对比，我国的金融学课程体系构成其实也是类似的，同样包括通识教育课程、学科基础课程和专业课程三大板块。只不过相比而言，我国的通识教育课程范围局限了点，内容狭窄了点；学科基础课程中对于数理统计工具的运用和定量分析能力的培养还稍有欠缺；专业课程则规定了太多的核心课程，选修课程的自主选择余地有限。但是总体而言，课程体系上已经完全和国际接轨。从沃顿商学院的课程体系看，货币经济学和国际金融的确也是金融学课程体系的重要组成部分。只不过，相比而言，国际通用的课程体系更加突出微观金融的地位而言。所以从这个意义上讲，我国的“大金融”课程体系与国际通用范式并不矛盾。差距主要表现在课程的实用性程度、对于人才培养目标的界定、微观和宏观内容比例安排、课程安排的系统性和课程内容丰富性与新颖性上。

可以说，仅就课程体系而言，我国金融高等教育的国际化发展水平较高。但是如果比较教学方法和过程，差距还是比较明显的。在国外，教师的教学主要是参与学生集体讨论、启发思想和引导争议，而非灌输知识。在国内，这一点正向国际惯例靠近，但是因为各种条件的制约，还存在明显的差距。至于被某些研究认为是课程教学国际化最重要考量指标的全英语授课比例问题，笔者认为要一分为二地看待。尽管经济学的公认工作语言是英语，金融学作为经济学最重要的分支当然不能例外，但是即使是高度国际化的我国高等教育依然要以汉语作为主要工作语言，否则我国的高等教育就不称其为中国的高等教育。金融高等教育课程教学的国际化重要的是课程体系、知识水平、教学理念和手段的国际化，全英语教学是体现教学手段国际化的一个方面，但不是全部，而且最终不能依靠全英语教学代替汉语教学来实现国际化。仅从全英语教学比例来看，北京、上海某些重点高校已经不低，有些项目甚至实现了完全的全英语教学，比如复旦大学管理学院的金融专业硕士项目。

（二）教师情况

高等教育的生命力在于教师的素养。教师的国际化是高等教育国际化的一个核心部分，具有国际知识和经验的教师可以直接推动教学、科研向着国际化的方向发展。所谓教师的国际化，主要是指拥有国际知识背景、具备国际视野、通晓国际理念和规则的高校教师群体。其中以具有海外留学背景的国际化人才为主体，也包括熟悉西方文化和具备国际视野的本土化人才。从这样的角度理解，最主要的衡量指标包括具有海外学历教师的比例和在海外接受过进修的教师比例。当然专业教师中外籍专任教师的比例也是一个重要指标。

程莹、张美云、俎媛媛（2014）的研究发现我国985高校专业教师中外籍专任教师的比例为2.8%，211高校该比例为2.5%，其他高校则为2.1%，低于同样母语为非英语的日本的3.4%；我国985高校专任教师有海外博士学位占比为8.5%，211高校该比例为4.4%，其他高校则为2.5%；我国985高校专任教师有一年以上海外经历者占比为31.4%，211高校该比例为17.5%，其他高校则为17.3%。就笔者对于我国各高校金融学科师资情况的了解和初步调查，金融学科师资的海外博士学位占比和专任教师有一年以上海外经历者占比肯定大大高于上述调查结果。当然在不同学校差别很多，很多学校的金融师资海外博士学位占比甚至超过70%，例如北京大学光华管理学院、上海财经大学金融学院、西南财经大学的部分学院。专任教师有一年以上海外经历者占比只会更高，以笔者任职的上海师范大学商学院为例，金融师资有一年以上海外经历者占比近70%。这方面要感谢国际留学基金委和各地教委相关项目的大力资助。

总体而言，就金融学科教师的国际化程度来看，具有海外学历教师的比例和在海外接受过进修的教师比例相比其他学科肯定是较高的。但是在不同地区、不同层次、不同类别学校，这一指标的高低会差异化比较明显。相比而言，靠近东部沿海，985、211学校，财经类院校都会是该项指标相对更高的影响因素，但是尚需通过调查数据进行检验。尽管缺乏调查数据，但专业教师中外籍专任教师的比例应该比较低，低于同样母语为非英语的发达国家。

（三）学生情况

学生的国际化一般使用外国留学生占比来进行评判，在我国港澳台学生占在校生的比例也是一个重要的考量指标。但是在笔者看来，本国学生的国际接受程度也应该作为一个不可忽视的评价指标。

程莹、张美云、俎媛媛（2014）的研究发现我国985高校外国留学生占比为5.8%，学历留学生占全日制在校生的比例为2.9%，211高校则为2.9%和1.1%；我国985高校港澳台学生占在校生的比例为0.6%，211高校则为1.1%。单就这个数字而言，这个比例是比较低的，说明学生的国际化程度不高。就金融学科的情况来看，这个比例不会更高。因此如果按照一般的评价标准，我国金融高等教育中学生的国际化程度还是偏低的。

但是笔者认为应该把本国学生的国际接受程度作为一个补充指标来进行评价。作为一个后发国家的后发学科，其国际学生的数量增加是不可能太快的，这是客观规律。而本国学生的国际接受程度能够直接反映人才培养质量与国际水平的差异化程度，可以客观地反映后发国家后发学科高等教育的进步程度。以FT（Fiancial Times）全球金融硕士2016排名为例，北京大学光华管理学院的金融硕士项目排名第15位，连续五年排名亚洲第一；上海交通大学高级金融学院的金融硕士项目排名第28位，中山大学岭南学院的金融硕士项目排名第52位。这充分表明中国学生的国际接受程度已经大幅提高。因此，尽管还没有充分的调查数据支持，但是笔者认为从学生国际化角度而言，我国金融高等教育的国际化发展水平尽管有待进一步提高，但是已经达到国际中等水平。

（四）科研工作

高等教育的生命力在于教师的素养，而直接反映教师贡献的是其科研工作水平。衡量科研水平国际化的指标很简单，那就是国际顶级期刊论文发表数。

目前在金融领域被公认的三本顶级期刊是*Journal of Finance*、*Journal of Financial Economics*、*The Review of Financial Studies*。从这三大金融期刊2010年至2015年的发表情况看，清华大学位列全球高校的第89名，长江商学院是第93名。此后上榜的依次为：上海交通大学、上海财经大学、中欧商学院、北京大学、中央财经大学、上海高级金融学院、中国社会科学院金融研究所、中国人民大学和厦门大学。可以看出，我国金融高等教育科研成果的国际化水平已经有了长足的进步。如果考虑更大范围的国际期刊发表，数据的结果会更加支持这一点。当然，这一结论还需要更大样本的数据统计。

（五）交流合作

交流合作是国际化具体活动的直接体现，最主要的衡量指标是国际交流的统计和中外合作办学项目的统计。国际交流的统计相对比较困难，但是通过各个学校新闻报道的搜索，可以看出这个指标不会太低。当然如果想要得到更加充分的数据支持，必须通过大样本的调查数据。

中外合作办学项目的统计可以在教育部相关网站下载，笔者整理了我国金融类专业中外合作办学项目的相关信息，并附上国际经济贸易类专业的情况来进行对比，详见表5、表6。从收集的数据结果看，目前和国外合作的金融学博士项目只有中央财经大学和荷兰蒂尔堡大学合作的项目；金融类硕士项目共有9项、而国际经贸类只有1项；金融类本科项目42项，其中金融学28项、财务管理9项、金融工程3项、其他2项；国际经济贸易类本科项目40项。

表5　我国金融类专业中外合作办学项目

博士项目		
中方学校	外方学校	合作项目名称
中央财经大学	荷兰蒂尔堡大学	金融学博士项目
硕士项目		
中方学校	外方学校	合作项目名称
清华大学	澳大利亚麦考瑞大学	应用金融硕士学位教育项目
中国社会科学院研究生院	美国杜兰大学	金融管理硕士学位教育项目
中国人民大学	加拿大女王大学	金融学硕士学位教育项目
上海国家会计学院	美国亚利桑那州立大学	金融财务方向高级管理人员工商管理硕士教育项目
浙江工业大学	英国利兹贝克特大学	国际贸易与金融硕士学位教学项目
北京大学	香港大学	经济学和金融学硕士研究生教育项目
清华大学	香港中文大学	工商管理硕士（金融与财务方向）学位教育项目
北京大学	香港中文大学	金融学专业硕士研究生教育项目
北京大学	新加坡国立大学	企业管理专业（金融工程）硕士研究生教育项目

续表

本科项目		
北京工商大学	爱尔兰考克大学	应用统计学（风险和精算）专业本科教育项目
上海财经大学	英国南安普顿大学	金融学专业本科教育项目
上海对外经贸大学	加拿大道格拉斯学院	财务管理专业本科教育项目
上海对外经贸大学	加拿大道格拉斯学院	金融学专业本科教育项目
天津商业大学	澳大利亚查理斯特大学	财务管理专业本科教育项目
天津科技大学	澳大利亚南十字星大学	财务管理专业本科教育项目
天津财经大学	美国西弗吉尼亚大学	金融学专业本科教育项目
苏州大学	加拿大维多利亚大学	金融学专业本科教育项目
南京工业大学	英国谢菲尔德大学	数学与应用数学（金融数学）专业本科教育项目
江苏师范大学	俄罗斯圣彼得堡交通大学	金融工程专业本科教育项目
南京邮电大学	美国纽约理工学院	财务管理专业本科教育项目
浙江大学城市学院	新西兰怀卡托大学	金融学专业本科教育项目
浙江大学宁波理工学院	美国印第安纳波利斯大学	金融学专业本科教育项目
浙江工业大学	澳大利亚蒙纳士大学	金融学专业本科教育项目
中国计量学院	英国安格利亚鲁斯金大学	金融工程专业本科教育项目
浙江财经大学	英国班戈大学	金融学专业本科教育项目
北京师范大学珠海分校	加拿大圣玛丽大学	金融学专业本科教育项目
华南师范大学	英国阿伯丁大学	金融学专业本科教育项目
厦门大学	爱尔兰都柏林商学院	金融学专业本科教育项目
济南大学	英国格拉斯哥加利多尼亚大学	金融学专业本科教育项目
滨州学院	法国南锡经济管理学校	财务管理专业本科教育项目
山东师范大学	美国东田纳西州立大学	财务管理（公司理财与投资）专业中外合作教育项目
青岛理工大学	瑞士西北应用科技大学	财务管理专业本科教育项目
山东科技大学	英国伍斯特大学	金融学专业本科教育项目
山东大学	澳大利亚西澳大学	金融学专业本科教育项目
河北金融学院	爱尔兰都柏林格里菲斯学院	金融学专业本科教育项目
石家庄经济学院	英国厄尔斯特大学	金融学专业本科教育项目
河南财经政法大学	俄罗斯人民友谊大学	金融学专业本科教育项目
武汉理工大学	澳大利亚纽卡斯尔大学	金融学专业本科教育项目

续表

本科项目		
湖北工程学院	英国胡弗汉顿大学	金融工程专业本科教育项目
湖南商学院	美国弗罗斯特堡州立大学	金融学专业本科教育项目
哈尔滨工程大学	英国斯特拉斯克莱德大学	金融学专业本科教育项目
哈尔滨工程大学	澳大利亚新英格兰大学	金融学专业本科教育项目
哈尔滨商业大学	英国泰晤士河谷大学	财务管理专业本科教育项目
东北农业大学成栋学院	英国龙比亚大学	金融学专业本科教育项目
黑龙江科技学院	加拿大道格拉斯学院	财务管理专业本科生教育项目
哈尔滨金融学院	美国圣托马斯大学	金融学专业本科教育项目
吉林财经大学	澳大利亚查理・斯窦大学	金融学专业本科教育项目
东北师范大学	美国罗格斯－新泽西州立大学	金融学专业本科教育项目
吉林华桥外国语学院	美国新泽西城市大学	金融学专业本科教育项目
云南财经大学	英国爱丁堡龙比亚大学	金融学专业本科教育项目
贵州财经大学	英国爱丁堡龙比亚大学	金融学专业本科教育项目

资料来源：教育监管信息网 http：//www. jsj. edu. cn。

表6　我国国际经济贸易类专业中外合作办学项目

硕士项目		
中方学校	外方学校	合作项目名称
江苏师范大学	俄罗斯莫斯科国立经济统计信息大学	国际贸易学硕士学位教育项目
本科项目		
中方学校	外方学校	合作项目名称
中央财经大学	澳大利亚维多利亚大学	国际经济与贸易专业本科教育项目
北京理工大学	美国犹他州立大学	国际经济专业学士学位教育项目
中国农业大学	美国科罗拉多大学（丹佛）	国际经济与贸易专业本科教育项目
北京联合大学	英国佩斯利大学	国际商务专业本科教育项目
北京农学院	英国哈珀亚当斯大学	国际经济与贸易专业本科教育项目
北京外国语大学	韩国又松大学	国际经济与贸易专业本科教育项目
上海理工大学	德国汉堡应用技术大学	国际经济与贸易专业本科教育项目
上海对外经贸大学	澳大利亚皇家墨尔本理工大学	国际商务专业本科教育项目
南京工程学院	英国诺森比亚大学	国际经济与贸易（金融与投资管理）专业本科教育项目
扬州大学	澳大利亚查理斯窦大学	国际商务专业本科教育项目

续表

本科项目		
南京信息工程大学	英国雷丁大学	国际经济与贸易专业本科教育项目
浙江大学城市学院	澳大利亚南昆士兰大学	国际商务专业本科教育项目
浙江大学城市学院	澳大利亚南昆士兰大学	国际贸易专业本科教育项目
浙江大学宁波理工学院	美国印第安那波利斯大学	国际经济与贸易专业本科教育项目
温州大学	美国肯恩大学	国际经济与贸易专业本科教育项目
青岛大学	澳大利亚詹姆斯·库克大学	国际经济与贸易专业本科教育项目
青岛大学	澳大利亚霍尔姆斯学院	国际商务专业本科教育项目
山东科技大学	美国克拉克大学	国际经济与贸易专业本科教育项目
合肥工业大学	美国克拉克大学	国际经济与贸易专业本科教育项目
河南大学	澳大利亚维多利亚大学	国际经济与贸易专业本科教育项目
河南大学	德国安哈尔特应用技术大学	国际经济与贸易专业本科教育项目
郑州轻工业学院	英国龙比亚大学	国际商务专业本科教育项目
河南农业大学	加拿大凯波布兰顿大学	国际经济与贸易专业本科教育项目
黑龙江大学	英国布莱德福德大学	国际经济与贸易专业本科教育项目
黑龙江外国语学院	英国斯塔福德郡大学	国际经济与贸易专业本科教育项目
佳木斯大学	俄罗斯太平洋国立经济大学	国际经济与贸易专业本科教育项目
黑龙江外国语学院	英国伦敦南岸大学	国际经济与贸易专业本科教育项目
佳木斯大学	加拿大北美文理学院	国际经济与贸易专业本科教育项目
东北农业大学	俄罗斯太平洋国立大学	国际经济与贸易专业本科教育项目
哈尔滨商业大学	英国泰晤士河谷大学	国际经济与贸易专业本科教育项目
东北农业大学成栋学院	英国龙比亚大学	国际经济与贸易专业本科教育项目
黑龙江东方学院	俄罗斯太平洋国立经济大学	国际经济与贸易专业本科教育项目
东北林业大学	俄罗斯符拉迪沃斯托克国立经济与服务大学	国际经济与贸易专业本科教育项目
黑龙江东方学院	英国阿格利亚罗斯金大学	国际经济与贸易专业本科教育项目
黑河学院	俄罗斯远东国立农业大学	国际经济与贸易专业本科教育项目
沈阳工业大学	澳大利亚格里菲斯大学	国际经济与贸易专业本科教育项目
东北电力大学	美国犹他州立大学	国际经济与贸易专业本科教育项目
云南财经大学	美国库克学院	国际经济与贸易专业本科教育项目
西北民族大学	美国犹他州立大学	国际经济与贸易专业本科教育项目
内蒙古科技大学	澳大利亚科廷大学（原澳大利亚科廷科技大学）	国际经济与贸易专业本科教育项目

资料来源：教育监管信息网 http：//www.jsj.edu.cn。

从合作学校的层次看，在硕士项目层次主要是国内顶尖高校与国外展开合作，而且外方合作学校的层次也相对较高；而在本科层次合作国家非常广泛，但是合作学校层次相对一般，同时大量存在某一国外学校和国内多家学校合作的情况。对比相对起步更早的国际经济贸易类合作项目来看，类似的情况同样存在，但是不论是项目数量，还是合作学校范围，金融类都已经略胜一筹。总体而言，从交流合作国际化的角度来看，我国金融高等教育的国际化发展水平还是不低的，范围较为广泛，但是质量有待进一步提升。

三、我国金融高等教育国际化发展的成效和现实挑战

上面从五个方面对我国金融高等教育国际化发展水平做了初步分析，尽管还缺乏直接的调查数据支持，但是基本能够评价出我国金融高等教育国际化的发展水平。总体而言，我国金融高等教育国际化的发展水平已经达到了较高层次，各方面与国际惯例正在充分接轨，国外优质资源大量输入，并有一定的成果有效输出。概括起来，我国金融高等教育国际化发展取得了如下显著成效。

第一，已经构建起与国际金融学科主流相接轨的金融知识体系和相应的课程教学体系；

第二，已经拥有一支受过系统金融思维训练，具有国际视野和研究能力的教师队伍；

第三，学生培养质量的国际认同程度显著提高，发展中国家来华留学生的数量和比例不断加大；

第四，科研发表进入国际化阶段，在金融学顶级期刊的论文发表数量和质量不断提升；

第五，国际交流合作进入全面发展阶段，中外合作办学项目达成了一定规模。

尽管我国金融高等教育国际化发展取得了显著成效，但是与其他母语为非英语的发达国家相比，依旧存在着明显差距，并面临着巨大的现实挑战。

（一）尽管课程体系上已经与国际全面接轨，但是教学思路和方法上与国际化的要求还存在较大差距

课程体系上与国际全面接轨，决定了教学内容不落后。但是课程宏观微观比重高低上的差异还是比较显著，而且教学方法上存在明显的差距，影响了国

际化发展水平的进一步提升。尽管国内也大量引入案例教学、实验教学和实践教学，但是其操作过程和最终效果并不尽如人意。案例教学变成了事例教学，实验教学变成了上机操作，实践教学未能与实践有效结合，有名无实。国外的课程设计中实验教学一般是金融实战操作（Practicum in Finance），而实践教学是亲身参与业界工作的金融实习（Finance Internship）。另外，关于国际视野方面的课程设计也明显缺乏。

（二）教育输入优于教育输出，国际化发展与本土化认知的关系处理不够妥当

教育国际化是教育资源双向交流的过程，因此教育国际化的最终目的有二：一是使本民族的文化从弱势变为强势，从落后走向先进，从强势走向更强，并尽可能地使民族文化走向世界，让世界人民理解与认同，确保国家的统一与安全；二是教育国际化所培养的国际性、开放型人才不仅是全球问题的解决者，也是本国发展的栋梁。就金融高等教育的国际化发展而言，无论是在教学建设中，还是在科学研究中，都存在偏重国际化发展，忽视本土化认知的问题。教学的理论讲述中偏重国外模型无可厚非，但是知识运用中不真正结合中国国情进行分析和阐述就明显不够合适。科学研究中简单套用和模仿国外成熟模型，运用中国数据进行实证研究的现象非常普遍。固然我国的金融市场存在诸多不足，很多方面的改革要参照国际经验，但是我国金融的改革和发展同样也给金融理论和实践提供了新的空间，因此金融高等教育国际化的同时，也需要大力提升本土化认知的自信。

（三）尽管师资的国际化取得相当大的进展，但是配套的常任轨考评制度还没有真正建立和完善，对于师资的激励不足，制约了“人”的国际化

教育国际化归根到底是要实现“人”的国际化，是在实现“物”“财”和信息国际化的同时，着重实现“人”的国际化。目前大量海外优秀学子回归，极大提升了国内金融教育工作者的从业水平。常任轨考评制度也开始在国内高校引入，上海财经大学等学校已经取得了显著成效。但是因为双轨制的存在、配套制度的不完备，很多学校的常任轨考评制度还很难落到实处。激励严重不足，影响了教师的从业积极性，由此科研国际化和学生国际化便成了无源之水。

四、我国金融高等教育国际化发展的未来展望

当代的新科技革命被解读为第三次工业革命。按照英国《经济学人》杂志的定义，第三次工业革命是指以数字化制造、新能源、新材料应用以及计算机网络为代表的一个崭新的时代，或者说是以数字化制造为标志的工业革命。由于历史的原因，我们曾经错失了前两次工业革命。如今，我们要抓住第三次工业革命，首先就要从教育改革入手，尤其是从高等教育改革抓起。而高等教育改革中非常重要的一个环节就是高等教育的国际化。前面所说的三大挑战是无法逾越的。但从本质上讲，三大挑战的根本在于如何建立有效的制度，推动和实现“人”的国际化。

第三次工业革命需要的是大量创新型人才，需要的是大批能够追踪尖端科学和最新发展的人才。长期以来这方面一直是我国高等教育的最大软肋。高等教育中“人”的国际化将有助于突破创新人才培养的瓶颈。

总之，要提升我国金融高等教育的国际化发展水平，实现“人”的国际化是根本性条件，要通过适当的制度设计帮助教师减负，实现教学和人才培养模式的根本创新，并积极投身跨学科的科学研究。现实中互联网、大数据时代的第三次工业革命冲击着传统金融业态和思维，也改变着金融学科的国际研究范式，由此也必将推动全球性的金融学高等教育国际化变革。但是有一点是注定的，教育是面向市场的，没有市场需求的教育注定是不可持续的。我国金融高等教育的国际化之路必须在接受市场检验的过程中不断寻求突破，并通过“人”的国际化的实现来最终完成。

参考文献

[1] 陈雨露. 大金融战略的内涵和实践路径 [J]. 中国金融，2013 (12)：25 -28.

[2] 程莹，张美云，俎媛媛. 中国重点高校国际化发展状况的数据调查与统计分析 [J]. 高等教育研究，2014 (8)：47 -54.

[3] 戴超琴，李菁. 高校金融学本科专业课程设置存在的问题及调整建议——基于中美金融学专业课程设置的比较 [J]. 大学教育，2015 (12)：177 -179.

［4］刘庆红. 高等教育国际化：策略、途径及评价指标［J］. 江西社会科学，2016（6）：247－250.

［5］秦响应，杨伟坤，秦菊香. 美国高校金融学本科专业课程体系的特点及启示［J］. 中国大学教学，2014（3）：94－96.

［6］赵莹. 全球视野中的高等教育国际化评价研究——基于文献的分析［J］. 现代教育管理，2013（9）：116－120.

［7］EAIE Occasional paper. Measure Success in the internationalization of higher education［EB/OL］. http：//www. che. de/downloads/measuring_ internationalization_ EAIE_ Occasional_ paper_ 22v6. PDF.

关于金融学类人才培养模式与国际化发展的思考

安徽财经大学 张长全 刘玉贵 陈洋林①

摘要：金融人才是金融业发展的战略资源，金融教育也应该置于优先发展的地位。近年来的金融业快速发展及其风险事件对金融学类人才需求及其培养模式提出了新要求。国内不同层次高校的金融专业人才培养模式各有侧重点；发达国家金融人才培养模式与金融业的理论和实践联系更紧密。国际金融危机之后有的发达国家加强了金融教育的普及，并纳入国家战略。为了应对金融人才国际化发展面临的挑战，可以通过树立终身教育观念，构建不断更新的教学内容体系，通过双语教学等方式逐步培养高水平的师资队伍，采用开放的教学方法，加强金融知识的普及和金融消费者保护等措施尝试努力。

关键词：金融人才 培养模式 国际化 金融教育

20 世纪 80 年代以来我国金融高等教育体系逐渐形成并取得了较大成就。亚洲金融危机以来，尤其是 2008 年肇始于美国并对全世界造成影响的国际金融危机以来，包括我国在内的世界各国都在反思金融业的实践问题和金融教育问题。近年来，我国开设金融学类专业的高校在不断尝试金融学类人才培养模式变革的基础上，纷纷提出金融学类人才培养的国际化发展问题，并且结合各自学校的区位和资源优势通过各种途径探索培养高层次国际化金融人才。本文尝试结合金融学类人才需求的新趋势探索金融人才培养模式以及国际化发展问题。

一、新世纪以来金融学类人才需求类型的趋势分析

2007 年 10 月中国银行副行长朱民博士归纳了“新世纪全球金融格局十大特征”，即全球金融格局出现了十大趋势：第一，金融主导了全球经济金融一体化；

---

① 张长全、刘玉贵、陈洋林，安徽财经大学金融学院。

第二，全球出现流动性过剩；第三，经济金融化和资产化；第四，外汇市场迅速增长和汇率波动；第五，金融衍生产品迅猛增长；第六，对冲基金、私募基金和主权基金日益成为市场主体，也就是说，世界金融市场的参与者发生了重大变化；第七，国际资本流动的结构性变动，传统上，国际资本由北向南流动，也就是富国向穷国流，今天却是从穷国向富国流动；第八，美元和美国成为超级金融霸权，美元在全球的作用和影响远远大于美国经济在全世界的作用和影响；第九，分配向资本倾斜，财富高度集中；第十，全球经济金融持续失衡。

在经济金融全球化的趋势下，金融产业发展在丰富金融理论的同时，提出了不同类型的金融人才需求（戴小平，2007）：（1）宏观经济金融分析人才；（2）金融制度、金融政策研究和设计人才；（3）金融管理人才；（4）金融产品的研发人才；（5）金融交易人才；（6）金融风险管理人才；（7）金融理财规划人才；（8）金融产品市场推广和维护人才；（9）金融业务后台服务人员；（10）保证金融市场有效运行的相关人才；（11）技术保障人才；（12）金融文化媒体产业人才；（13）金融理论研究人才。不同类型和不同层次的金融人才，其特性和素质要求是完全不一样的。这就决定了金融人才培养模式不可能采用整齐划一的模式和方法。

二、金融学教育的任务与新时期的金融学类人才培养

（一）金融教育面临的任务要求金融教育应该置于优先发展地位

20世纪90年代以来世界范围内的金融理论和实务创新均进入新的发展阶段，我国当时的金融业发展尚属起步阶段，金融教育同样面临着很关键的形势和任务。世界上科学技术发展迅速，国际间的经济、科技竞争日趋激烈，这种竞争归根到底是科技管理人才的竞争和民族素质的竞争。教育和科技已成为现代国家综合国力发展的先导，成为现代世界各国生死攸关的所在。金融教育作为教育的组成部分，肩负着提高金融队伍素质和为金融事业输送人才的重任。金融业必须适应我国经济发展的要求，要走向世界，向国际市场与国际标准靠拢，迎接未来激烈的国际经济竞争和挑战，传统的金融业务必须改革拓展，金融人才市场化和国际化的趋势已经成为不可抗拒的潮流。我国应该把金融教育真正摆在优先发展的战略地位（白文庆，1994）。

中央财经大学课程组2001年发表的研究报告《关于中国金融学专业教育教

学改革与发展的若干重要问题研究》指出，21世纪中国金融学专业教育教学改革的背景及其对金融人才培养的影响主要有以下几点：一是经济和金融全球化的持续快速发展，要求各国以最快的速度和最有效的方式不断培养出具有全球视角、能够适应国际竞争的高素质金融人才。二是金融在经济生活中的地位迅速提高，金融活动的内容不断丰富和扩大，要求金融专门人才不仅具有出色的宏观经济分析与判断能力，而且要求他们具备微观金融活动的实际决策和操作能力。三是我国市场经济体系的日趋完善以及对外开放的进一步扩大，对于管理型金融人才的需求将快速增长。四是高等教育发展的国际化趋势，要求金融教育在更大程度上实行国际接轨。

（二）新时期的金融学类人才培养的新要求

经济金融全球化要求对海量经济金融数据进行处理，掌握大数据处理能力将抢得新的竞争优势。近年来，大数据呈现爆炸性增长，2011年全球的数据规模为1.8ZB，预计到2020年，全球数据将达到40ZB。对于大数据，国际上已经取得共识：大数据是一种非常重要的资产、资源和生产要素，是否拥有和控制数据的规模以及运用数据的能力，已成为衡量企业乃至国家核心竞争力强弱的重要标志。

目前，我国金融领域信息化已经由辅助阶段、支撑阶段逐步发展到引领阶段和融合阶段。不论是支付清算、反洗钱、征信、金融统计等国家金融基础设施，还是各商业银行、证券公司和保险公司的业务交易系统，每天都实时运转着海量交易数据，同时，更有庞大的历史数据作为分析和决策的支撑，大数据在金融领域的应用价值日益显现。扎实做好大数据时代的金融教育与人才培养工作需要从以下几方面着手（李东荣，2013）：

第一，转变观念，积极应对。现代社会，人才在金融业核心竞争力中的基础性、战略性、决定性作用日益凸显。应及时准确研判大数据时代的特点和金融发展的趋势，充分认识具备现代科学文化素质的人才才是最稀缺的资源。要未雨绸缪，挖掘和培养既懂业务又懂技术的复合型人才。

第二，应时而动，改革创新。过去十年间，互联网对多个领域产生了颠覆性的影响，教育领域也深受影响。目前国内的金融教育和培训，与当代信息技术水平以及金融市场层出不穷的创新相比，还有明显的差距。这种差距，体现在专业设置、课程设计、教材开发等多个方面。处理好继承传统和改革创新的关系，将传统的教育培训模式与现代学习技术、工具结合起来，是金融教育的重要任务。

第三，加强合作，资源共享。大数据时代和信息化金融的发展已经模糊了金融业与非金融业，以及银行、保险、证券之间的界限。因此，金融教育和培训工作必须坚持开放的培训理念，加强部门、行业、地方之间的协调与合作，推动教育资源共享。

第四，大处着眼，小处着手。当前，我国金融人才发展整体水平与发达国家相比仍有一定差距，与本国经济金融发展的需要相比也存在一些不适应的地方。未来的32年，即到新中国成立100周年之际，将是我国金融改革发展的重要战略机遇期，面对新形势、新任务和新要求，金融部门应进一步增强责任感、使命感和危机感，牢固树立人才是第一资源的理念，找准工作切入点和着力点，从小事做起，从本单位、本学校做起，扎实推进金融人才队伍建设。

（三）新时期我国金融人才培养的战略目标

中国人民银行等机构联合下发的《金融人才发展中长期规划（2010—2020年）》（银发〔2011〕18号）指出金融人才是金融事业发展的第一资源。金融人才在中国金融发展中的基础性、战略性、决定性作用日益凸显。加快金融人才发展，是提高我国金融业核心竞争力，在激烈的国际金融竞争中赢得主动的重大战略选择。

新时期我国金融人才发展的战略目标是：到2020年，培养和造就一支数量充足、结构合理、素质优良、充满活力、具备国际竞争力的人才队伍，为增强我国金融实力和竞争力，维护国家金融安全奠定人才基础。具体而言（可参见表1）：（1）人才资源总量稳步增长；（2）人才结构进一步优化；（3）人才素质大幅度提高；（4）人才使用效能显著提高。

表1　　金融人才发展主要指标

指标	2009年	2015年	2020年
从业人员总量（万人）	372	448	515
拥有研究生以上学历占比（%）	3.5	6.4	9.6
拥有高级专业技术资格或职业资格人才占比（%）	2.6	4.4	6.9
国际化人才占比（%）	2.1	4.9	10
人才效能指标（人/百万元增加值）	2.04	1.5	1.08

注：国际化人才是指具有1年以上国外金融业从业经历的金融从业人员；人才效能是每百万元增加值所需金融从业人员数量。

三、金融学类人才培养模式的比较

（一）国内金融学专业人才培养模式的发展

在国内各层次高校普遍开设金融学类专业的情况下，不同层次高校的金融学专业人才培养模式也略有差异（郑小萍，2006），如表2所示。

表2　国内金融学专业人才培养模式比较

高校类型	培养模式		
	目标规格	知识和能力	素质和能力
研究型大学	培养政治、经济、科技和文化等领域的精英人物	以“坚、宽、深、交”为目标，重视通识文化教育，加强基础学科、基础理论课程和学科交叉的课程模块的建构，力图实现学生的知识体系精深、广博与学科交叉的协调统一	本科教育与研究生教育有机结合，突出强调本科教育的基础地位，实施通识教育基础上的宽口径专业教育
教学研究型大学	培养有研究潜力、具有一定的复合知识、以技术应用、技术开发为基本的高级人才	本科教育为教学研究型高校的办学重点，努力探索面向基层的高质量的具有创新思维、复合型、开放型和应用型人才	以通识教育为基础，以传授知识、培养能力和提高素质作为构建人才培养模式的主线
教学型大学	培养具有一定的复合知识、以技术应用、技术开发为基本的应用型高级人才	以培养应用型、复合型人才为出发点，按“基础扎实，知识面宽，应用能力强，素质高，有较强的创新精神”的要求，以人为本，使学生的“会学习”“会创新”“会做人”	针对专业教育的通识教育，同时也为终身教育做准备、打基础，知识构建宜宽不宜窄，不把专业看得太重
技能教学型大学	培养在第一线从事生产、服务和管理的各类技能型人才	针对职业岗位所必需的技能，构建学生的知识、能力和素质结构，并通过创新实现结构的方式来实现人才培养的目标	“以就业为导向，以促进就业为目标”，推广“订单式”“模块式”培养模式，探索针对岗位群需要的、以能力为本位的教学模式

（二）国外金融学专业发展模式及特色

在金融专业方面，英国和加拿大的金融人才培养体系相对比较完善，具有较先进的教育理念和独特的发展模式。英国的金融业具有丰富的内容和悠久的历史传统；加拿大的学府大多数都以商科、金融和工科著名。

1. 英国大学金融学专业特色

在英国的大学学术界，金融专业的学习有这样三个宗旨：用于解释、用于理解和用于探析。围绕这三个宗旨，我们来看看英国的剑桥大学和普利茅斯大学是如何将其展开的。

（1）英国剑桥大学的金融学人才培养模式。剑桥大学的金融专业教育旨在使学生对金融学的核心有一个全面的理解，学生们必须将金融的学习向深度和广度不断地延展。课程设置的目的是提高学生运作金融系统的能力，同时使学生学会从社会和政治问题中来提炼经济层面的信息。其主要注重的是数学和统计学在经济学中的应用，这一点在三个阶段的课程设置和学习中都有。

（2）普利茅斯大学的金融人才培养模式。普利茅斯大学金融学专业教育旨在发展学生的分析和鉴定方面的金融技能，同时使学生能够在全国和世界金融领域内熟练地发挥金融知识和技能。其课程设置目的是帮助学生提高技术、能力、学识以及学会理解一个复杂经济环境中的需求，提高学生在公司财务管理问题上的解决能力以及对财富与危机的处理能力。普利茅斯注重培养的是学生在金融方面的统计技术。

2. 加拿大大学金融学专业特色

加拿大金融专业比较有名的两所大学是英属哥伦比亚大学（UBC）和西蒙菲莎大学（SFU），下面主要介绍这两所大学的金融学专业。

（1）英属哥伦比亚大学的金融人才培养模式。UBC 在经济学方面提供不同水平的课程，分别对应于在校本科生和毕业生。许多商务专业的本科生都会学习金融倾向的课程。该大学金融学专业的学习内容有较强的实用性。学生能积极参与到学术与专业协会，还可以参与到最高排行的金融学术期刊出版物中，这些对培养他们的国际视野非常有帮助。

（2）西蒙菲莎大学的金融人才培养模式。SFU 的金融团队的研究与教学是世界领先的。它的研究主要针对金融部门所覆盖到的最多的专业话题、内容和在金融经济学中的方法论。该校的金融部门以训练学生获得有竞争力的工作而著名。

四、金融学类人才国际化发展的要求与我们面临的挑战

（一）高层次国际化人才应具备的素质和能力

所谓高层次金融人才是指本科金融专业教育为起点，完成了研究生教育，综合素质高，具有深厚的金融理论功底、较强的金融创新能力、积极的学习和适应能力、充分的竞争意识和竞争能力、良好的职业操守和人文等属性的人才。所谓国际化金融人才，是指在高层次的基础上具有广阔而开放的全球视野、与时俱进不断开拓的精神、较强的国际交流能力、充分调动资源和把握机会的能力等属性的人才。在经济全球化主导的社会中，高层次的人才必定是国际化的人才，而只有国际化的人才方能称为高层次的人才，两者是内在统一的。具体说来，高层次、国际化人才应该具备的素质有以下方面。

（1）具有扎实的经济金融理论功底和复合的知识结构。高层次、国际化的金融人才应该在系统掌握经济学理论的基础之上，深入学习和研究金融学理论。法学、管理学、数学、税收会计、信息技术等学科知识是复合型金融人才所必须具备的。

（2）在经营管理上具有敏锐的分析能力和超前的判断能力。他们必须对金融运行和走势有敏锐的分析能力和超前的判断能力，他们是对金融实践前沿活动具有敏锐洞察力的观察家和实践者。

（3）在业务操作上具有较强的创新意识和创新能力。金融创新能力是高层次、国际化金融人才最重要的能力和最本质的属性。还必须具备较强的金融政策意识，以及把握时代金融脉搏和发展趋势的能力。

（4）至少精通一门外语，具有充分的国际交流能力。必须具备充分的国际交流能力，不但能够熟练地应用外语进行国际交流，获取信息，还能够在中西方不同的文化平台上自由转换，形成更强大的国际竞争力。

（5）具有全面的应变能力和较强的学习能力。必须具备全面的应变能力和较强的学习能力，才能适应环境的不断变化，保持持久的创新力和竞争力。

（6）具有良好的职业操守和人文素养。金融业是专门与钱财打交道的行业，对于从业人员的个人品德修养要求甚高。高层次、国际化金融人才首先应该是品德高尚的人，必须具备良好的职业操守和敬业精神；有坚定的社会主义信念和深厚的民族感情和国家感情；有强烈的事业心和责任感；具有与他人合作的

意识与合作能力；具有现代竞争意识和积极开拓创新的能力。

（二）金融学类人才国际化发展面临的挑战

我国已是世界贸易组织的正式成员，这意味着我国的金融高等教育市场同样面临着激烈的国际竞争，而国外发达国家的先进教育观念和办学模式对国内传统金融教育模式提出了严峻的挑战。

1. 我国现阶段高校金融教育观念过于传统，难以适应金融快速发展的需要。首先，认为金融人才仅属于文科性质的宏观金融管理人才，这一观念是狭隘的。真正的国际化金融人才应是文理兼修、宏微观皆重的人才。其次，把金融高等教育看作是一次性的、静止的，这一观念也很不科学。金融教育者应树立终身教育的观念，既要考虑和基础教育的衔接，也要考虑为金融人才的后续教育奠定基础。

2. 现行金融教育在教学内容设置方面欠科学。一是由于金融学专业过度细分，造成各专业方向的学生单纯的专业课意识和狭窄的知识结构，破坏了教学内容的完整性。二是金融教学内容陈旧、脱离金融业的业务实际，难以培养出适合当前金融业发展的优秀金融人才。

3. 现行金融教学方式和教学手段普遍单一、落后，不能满足学生创新能力的培养。在金融教学过程中，许多教师仍是采用填鸭式的课堂讲授教学，未摆脱过去传统的以教师、课堂、教材为中心的教学模式。另外，实践教学环节也比较薄弱，致使许多课程缺乏实际调研环节，使理论与实践相脱节，学生毕业后也难以适应工作岗位的要求。目前，我国金融人才市场已出现较为严重的供需脱节的矛盾，一方面高校金融专业毕业生供给过剩，另一方面金融业却找不到合适的金融人才。

4. 金融教育未能置于优先发展地位，而且金融知识普及教育不足。我国金融教育近年来取得了一些成就，但是真正站在国家民族未来命运的高度，站在我国社会主义现代化建设全局的高度，站在金融业改革与发展的高度来认识金融教育的地位会发现还存在着很大的差距。有些人认为金融业务工作比金融教育重要，在处理业务与教育问题上顾此失彼；也有些人认为金融教育是长期工作，不是当务之急；还有些人面对金融教育中的困难，信心不足，观望等待。这些认识都是片面而短视的。忽视发展金融教育的重要性和紧迫性，必然导致金融教育的滞后；而金融教育的滞后，必然影响金融的改革和发展，乃至整个经济的发展（白文庆，1994）。同时，由于金融知识普及教育的不足，普通民众缺乏必要的金融基本知识，面对潜在的金融诈骗活动时没有辨别能力，容易上当受骗，甚至造成很大损失。如果很多老百姓都发生类似情况，极有可能影响他们的正常生活秩序，也有可能导致潜在的区域性金融风险事件。

五、国际金融危机后国外金融教育的发展新特点

发达国家金融人才的培养模式与其发达的金融实践活动相联系，各具特色。新世纪以来发达国家不断暴露的金融风险也促使发达国家在普及性的金融教育和金融消费者保护方面采取了新举措。从借鉴的角度来看，金融人才的国际化发展其实也包括基础性的金融教育方面的借鉴和参考。

（一）美国将金融教育纳入国家战略

美国金融产品高度复杂化，但金融危机的事实表明，国民金融素质跟不上金融业发展的需要。居民是金融产品的重要消费者，是金融业发展的基石。针对国民金融素质存在的问题，美国大力加强居民的金融常识教育，采取了一系列措施。

1. 联邦20个机构共同协作提高政府官方网站的金融教育效果

2003年美国通过《金融扫盲和教育改善法案》，由美国国会设立并由联邦20个机构共同协作提供各类信息和协助的政府官方网站（mymoney. gov），致力于向公众提供可信赖的金融信息。该网站针对特定群体进行信息收集分类，以更好地服务不同的群体。该网站的功能特点：一是重视信用卡知识的教育；二是抑制过度消费，增强人们积蓄的积极性；三是帮助国民解读金融政策。

2. 将金融教育纳入国家战略，企事业部门积极协作

由于认识到金融教育是艰巨而又长期的任务，美国联邦政府有关部门、中小学、大学、研究机构、军队、社区、金融机构积极协作，联手开展如下工作：一是国民金融能力调查；二是在全国范围内开展金融教育，重视发挥教育系统的作用；三是重视发挥社区的作用。

3. 设立“金融扫盲月”，进一步强化国民金融素质教育

2007年美国众议院以决议形式规定，每年4月定为“金融扫盲月”，以此强化对国民的金融知识教育，让国民充分意识到个人金融知识都必不可少。个人金融知识是个人管理现金、办理信贷业务、管理资产与负债的必备知识。

4. 进行金融监管改革，成立消费者金融保护局

一是监控大面积的金融产品与服务；二是制约金融机构行为，保护消费者

利益。消费者金融保护局的主要目的是保护消费者利益，帮助消费者认识那些复杂的金融产品，保护消费者免受银行、信用卡公司、投资公司的敲诈。对金融新产品进行严格审查，禁止诱导性的金融行为，禁止在金融合同中使用晦涩的、深奥的和误导性的语言，增强信息的对称性。对出现的有危害性的金融业务和金融产品，其职责是迅速作出反应，以免这些金融产品深度扩散到国家层面，或严重动摇家庭的经济稳定，威胁经济的发展。

（二）英国的金融教育实践

1. 英国金融服务管理局起到了积极作用

为了提高国民的金融知识和操作技能，英国金融服务管理局（Financial Services Authority，FSA）发起了有史以来最大的运动，目的在于引导人们正确认识金融产品，正确认识金融工具中的风险与收益。参加金融教育的主要有政府有关部门、学校、金融企业、社区和志愿者。

2. 按年龄分组进行有针对性的教育

英国的金融教育主要将人群分为 16 岁以下和 16 岁以上两组。一是通过正规的教育系统对 16 岁以下群体提供金融教育，各个区域的日程安排略有微小的差异。目的是促进人们获得金融方面的技能、知识，提高对金融产品的理解程度，提高人们对采取金融决策的责任感。二是由各种机构协助对 16 岁以上的群体提供继续金融教育，包括成人金融扫盲咨询小组、公民咨询部门、金融服务业。

3. 英格兰银行在金融教育方面的做法

英格兰银行博物馆针对不同的年龄组进行特色展览。一项新的学校课程“货币制造”，开设的目的是针对 14 ~ 16 岁的高中生，描述经济如何运转、经济如何与人们相关。针对大学生，英格兰银行准备了反映经济运行规律的电影。大学生和他们的指导老师免费参观英格兰银行，参观内容包括使用多媒体演示的英格兰银行历史和现代角色、如何洞察货币的历史、黄金储备和银行每天运行情况。作为中央银行，英格兰银行履行职责，通过利用银行现有的各种资源，增强民众金融方面的知识和素养。

六、金融学类人才国际化发展的对策建议

（一）树立终身教育观念

金融经济的快速发展和科技的日新月异对原有的教学观念产生了极大的冲

击。在新的经济金融形势下，我国的金融学教学要跟上时代步伐，培养适应市场需要的金融人才，极为重要的一点就是转变传统的教育思想观念，树立终身教育的观念。金融教育是一个动态的发展过程，既要考虑和基础教育的衔接，也要考虑为将来金融人才的职业培训、后续教育奠定基础。

（二）构建不断更新的教学内容体系

过去在我们的金融学教学中，对制度的演变和政策的沿革等内容讲授得较细，而对于一些金融学基础理论的讲授则既不深也不透，对金融市场效率、金融资产的定价以及风险和收益等金融学前沿课题的研究还处于起步阶段。在新的经济金融形势下，我们必须对原有的金融专业教学内容、课程设置进行调整和优化。一是要实现金融专业课程的国际化；二是要适当将金融学与其他相关学科交叉融合。具体而言，应该努力体现以下几种结合：即金融学与法学相结合，金融学与数学相结合，金融学与外语相结合，金融与网络信息技术相结合。

（三）通过双语教学等方式逐步培养高水平的师资队伍

面对新的经济金融形势，我国现行的教师队伍建设主要存在以下两个方面的问题：一是现有教师规模不适应社会发展的要求，教师队伍数量不足；二是我国现有从事金融教育的教师队伍的结构和质量也不能满足金融业开放和社会经济发展的需要。针对上述问题，我们可采取“走出去、请进来”的办法。一方面，短期内的措施可以引进海外杰出人才，引进一流师资，通过他们高水准的研究和教学工作，改造学科和师资结构，带动整个队伍迅速提升水准。对于我国金融教育机构的现有教师队伍，要采取有效措施避免教师流失。另一方面要通过双语教学和出国培训等方式加强对现有教师的后续教育和职业培训工作，使现有教师的知识结构、研究能力始终保持与实际金融形势的发展同步前进。

（四）采用开放的教学方法

要借鉴国外著名大学教学方面的成功经验，改革我国传统的金融学教学方法。一是教学环节中大量使用案例分析。选定的案例要随金融形势的变化而有所不同，但都与课程内容紧密联系，并且是当时社会舆论关注的热点，这样容易激起学生共鸣。二是采用多种教学方式。三是加强实验课程教学。学生在老师的帮助和指导下，对金融业务进行模拟，为毕业后打开就业大门储备宝贵的实践经验。

（五）加强金融知识的普及和金融消费者保护

可以借鉴国外部分发达国家的金融知识普及教育的做法，从整体上提高我国民众的金融基础知识，像提高全民的科学素质一样提高全民金融基础知识水平，达到基本的金融知识运用和风险识别能力。此外，建立金融消费者保护制度，从法律法规层面建立相应的规章制度，约束金融机构和从事金融活动的主体，从源头上减少金融风险的产生。当金融风险产生后，区分是否存在金融服务提供者利用了金融消费者难以分辨金融风险的弱点，从而给予金融消费者法律上的保护。这也是某种意义上的金融教育达到国际化水平的表现，也是从全民意义上讲的金融教育和人才的国际化发展。

参考文献

［1］张铁铸．经济新常态、创新能力与金融专业人才通识教育［J］．高等财经教育研究，2015（4）：21－27.

［2］王广谦，等．金融学科建设与发展战略研究［M］．北京：高等教育出版社，2002

［3］孙芙蓉．金融教育的历史使命——访中国人民银行原副行长、全国人大财经委副主任委员吴晓灵［J］．中国金融，2014（19）：62－64.

［4］徐辉，张永富．美国国际教育交流与合作的基本价值和具体实施——以国际金融危机为视角［J］．外国教育研究，2012（6）：35－40.

［5］刘灿．高层次金融人才培养模式创新研究［M］．成都：西南财经大学出版社，2009

［6］王明明．金融强国教育先行［J］．中国金融家，2009（12）：112－113.

［7］张建党，武媛媛．论金融高等教育的历史、现状与发展［J］．河南职业技术师范学院学报（职业教育版），2008（6）：19－21.

［8］陈雨露．中国传统文化、通识教育与金融学科的现代化［J］．中国大学教学，2007（11）：8－12.

［9］刘玉平．金融保险教育高地建设思路探讨［J］．中国大学教学，2006（1）：32－34.

［10］熊剑庆．开放条件下我国金融高等教育改革探讨［J］．南京审计学

院学报，2006（1）：92－94.

［11］许传华．我国金融高等教育面临的挑战与改革探索［J］．湖北经济学院学报，2005（2）：115－119.

［12］刘毅，严家建．金融学教育的国际化尝试——记中国人民大学财政金融学院高级金融教学实验项目［J］．中国大学教学，2003（1）：33－34.

［13］艾洪德，徐明圣．适应开放形势改革传统金融教育模式的思考［J］．东北财经大学学报，2003（1）：41－45.

［14］王立谦．社会主义市场经济与高等金融教育改革——21世纪金融教育展望［J］．金融科学，2001（1）：73－76.

［15］周立．适应金融形势变化明确金融教育方向［N］．金融时报，2001－01－03.

［16］高希均．国力之本不在金融而在教育［J］．经济学家，1998（6）：34－38.

［17］何剑．论面向21世纪的中国金融教育［J］．金融教学与研究，1998（06）：51－53.

［18］周建松．金融高等教育的宏观思考［J］．浙江金融，1999（2）：45－46.

［19］白文庆．当前金融教育面临的形势和任务［J］．中国金融，1994（1）：30－32.

［20］戴小平．金融理论、金融产业与金融人才培养［J］．浙江金融，2007（12）：62－63.

［21］李东荣．大数据时代的金融人才培养［J］．中国金融，2013（24）：9－10.

［22］郑小萍．构建现代金融人才培养模式的思考［J］．金融与经济，2006（9）：86－87.

高等院校金融教育国际化人才培养模式研究

河北金融学院　付　红　河北经贸大学　徐田柏①

摘要：世界经济一体化引发了全球对于人才的需求，尤其是对于高等院校金融人才的需求。高等院校肩负着为社会培养高级人才的使命，是为社会培养研究型、创新型人才的重要基地。金融教育国际化是一把“双刃剑”，既是机遇，又充满了挑战。本文首先解释了金融教育国际化的内涵，其次分析了金融教育国际化的理论基础，并分析了高等院校金融教育国际化的机遇与挑战，最后重点构建了高等院校金融教育国际化的人才培养模式。

关键词：高等院校　金融教育国际化　培养模式

世界经济一体化引发了全球对于人才的需求，尤其是对于高等院校金融人才的需求。高等院校肩负着为社会培养高级人才的使命，是为社会培养研究型、创新型人才的重要基地。经济无国界，金融教育无国界。如何在知识经济时代抓住契机，培养面向国际化的金融人才，成为高等院校和当代社会急需解决的课题。

首先，本文解释了金融教育国际化的内涵，其次对于金融教育国际化理论基础进行了深入分析，并进一步探讨了金融教育国际化面临的机遇与挑战，最后基于系统论的观点，重点从培养目标国际化、师资队伍国际化、课程设置国际化、教学方式先进化、学习模式多样化几个方面构建了金融教育国际化的人才培养模式。

一、金融教育国际化的内涵

金融教育国际化的内容主要包括三个部分，一是金融教育背景的国际化。

① 付红，河北金融学院副教授。徐田柏，河北经贸大学管理科学与工程学院副教授。本文得到“河北省教育厅教育规划项目（GH151034）”和“河北省十二五教育规划课题（11050185）”的支持。

全球经济一体化带来了高等教育的国际化，金融教育是全球高等教育不可缺少的一部分。二是金融教育目的的国际化。金融教育国际化的目的是培养高质量的金融专业人才，满足当今社会对于创新型、应用性国际化金融人才的需求。三是金融教育内容的国际化。主要包括金融教育观念国际化、教师国际化、学生国际化、教学内容国际化、实习场所国际化、学位制度国际化等。

概括地讲，金融教育国际化是指为了培养经济全球化时代的高质量金融人才，将金融教育理念、教育目标、培养制度置于国际化的大背景下，从而实现金融教育内容国际化的教育体制。

二、金融教育国际化的理论基础

关于高等教育国际化发展的理论基础，王剑波（2004）、赵丽（2005）、胡亦武（2009）在其论著中曾进行了论述。借助前人的研究基础，基于系统理论、国际教育服务贸易理论、组织变革理论，将中国高等院校金融教育国际化作为研究对象，全面、综合、深入地解释金融教育国际化的理论依据。

（一）系统理论

“系统”一词来源于古希腊语，是指由部分构成整体的意思。现代人关于系统的含义有多种，而系统的一般定义是指能够描示各种系统共同特征的含义。通常把系统定义为：由若干要素以一定结构形式联结构成的具有某种功能的有机整体。该定义包括了系统、要素、结构、功能四个概念，表明了要素与要素、要素与系统、系统与环境三方面的关系。

系统论思想是由美籍奥地利人、理论生物学家 L. V. 贝塔朗菲在 1932 年提出的，即“开放系统理论”。1968 年，贝塔朗菲出版专著《一般系统理论：基础、发展和应用》，正式确立了系统论科学的学术地位。系统论是研究系统的一般模式、结构和规律的学问，它研究各种系统的共同特征，用数学方法定量地描述其功能，寻求并确立适用于一切系统的原理、原则和数学模型，是具有逻辑和数学性质的一门新兴科学。[①] 系统理论认为，整体性、关联性、等级结构性、动态平衡性、时序性等构成了所有系统的共同基本特征。

系统理论的基本思想就是把所研究和处理的对象当作一个系统，分析系统

① 资料来源：http：//wiki. mbalib. com/wiki.

的结构和功能，研究系统、要素、环境三者的相互关系和变动的规律性，并运用系统观点看问题。该理论认为系统是普遍存在的，世界上任何事物都可以看成是一个系统。其核心思想是系统的整体观念。任何系统都不是各个部分的机械组合或简单相加，而是一个有机的整体，系统的整体功能是各要素在孤立状态下所没有的特质。系统中各要素在系统中都处于一定的位置上，起着特定的作用；每个要素不是孤立地存在着，而是整体中的一部分，当要素从系统整体中割离出来，它将失去要素的作用。系统观念正渗透到各个领域，系统论也为解决现代社会中的政治、经济、军事、科学、文化等方面的各种复杂问题提供了方法论的基础，反映了现代科学发展的趋势，其理论和方法正在得到广泛的应用。

研究系统的目的在于调整系统结构，平衡协调系统内部各要素之间的关系，使系统运动达到优化目标。系统论的任务不仅在于认识系统的特点和规律，更重要的还在于利用这些特点和规律去控制、管理、改造或创造系统，使它的存在与发展合乎人的目的需要。

当前，随着社会经济的发展和科学技术的进步，在经济全球化的背景下，在中国高等教育国际化改革进程中，认识其复杂的管理形态和改革趋势，需要运用系统的观念，处理高等院校金融教育国际化进程中的各项改革。基于系统的整体性视角，高等教育就是一个完整的大系统，而各个国家的高等院校金融教育是这个大系统的有机组成部分，它们共同构成一个有机的整体。在国外高等教育国际化不断改革完善的当代社会，中国高等院校金融教育改革必然不能从整个系统中分割开来，中国高等院校金融教育国际化改革势在必行。

因此，本文综合运用系统理论，将中国金融教育国际化置于世界高等教育国际化大系统之中，树立全球化视野的中国金融教育国际化理念，认识金融教育国际化进程中面临的机遇与挑战；将中国的高等院校金融教育课程国际化、学生培养国际化、学者交流国际化、高校研究领域国际化置于中国高等院校金融教育整体国际化大系统。

（二）金融国际教育服务贸易理论

从经济学观点来看，在市场经济条件下，高等教育属于国民经济中的第三产业。各个高等院校是在教育产业中从事服务性商品生产的机构，它们生产高等教育服务产品并以一定的价格销售给消费者即学生。在当今社会，越来越多的社会机构尤其是企业看到高等教育市场发展的巨大潜力，开始向传统大学提出了挑战，本国企业和跨国公司纷纷参与到高等教育办学活动中，其所办大学多冠以母公司之名，称为公司大学。

马克思对于教育服务的概念和原理，有过十分精辟的论述，他认为有些服务是训练、保持劳动能力，使劳动能力改变形态等，总之，是使劳动能力具有专门性，或者仅仅使劳动能力保持下去。例如学校教师服务（只要他是“产业上必要的”或有用的）、医生的服务（只要他能保持健康），保持一切价值的源泉即劳动力本身购买这些服务，也就是购买提供“可以出卖的商品等”，即提供劳动能力本身来代替自己的服务，这些服务应加入劳动能力的生产费用或再生产费用。① 服务这个名词，一般地说，不过是指这种劳动所提供的特殊使用价值；但是这种劳动的特殊使用价值在这里取得了“服务”这个特殊名称，是因为劳动不是作为实物而是作为活动提供服务的。可见，这一点并不使它例如同某种机器（如钟表）有什么区别。② 这种特殊的“服务”可以是以商品形式存在的“消费品”。马克思说：“任何时候，除了以商品形式存在的消费品以外，还包括一定量的以服务形式存在的消费品。”③ 马克思认为，教育服务是可以交换的。

世界贸易组织将服务贸易分为12大类，教育服务属于其中第5类，在各国公认的项目上又分为初等教育服务、中等教育服务、高等教育服务、成人教育服务及其他教育服务五类。世界贸易组织《服务贸易总协定》第13条规定，除了由各国政府全额资助的教学活动之外（核定例外领域），凡收取学费、带有商业性质的教学活动均属于教育贸易服务范畴。《服务贸易总协定》规定的四种服务贸易的方式，都可以自然延伸到教育领域。采用国际学术界对现在国际教育贸易的界定，国际教育服务贸易是国际贸易（即世界各国或地区之间进行的商品交换经营活动）以服务的形式在教育领域的反映。以留学生为主的教育进出口为主要标的，兼有办学提供教育产品服务或教育物资进口与出口的服务贸易的一种服务。④

高等院校金融教育作为一种特殊的服务贸易，作为一种特殊的生产活动，比较优势理论也是适用的。从国际贸易的供需构成来看，影响一国贸易比较优势的要素有两个，即供给者的要素禀赋和消费者的偏好。⑤

---

① 马克思恩格斯全集（26卷）第1册［M］. 北京：人民出版社，1979：159.
② 马克思恩格斯全集（26卷）第1册［M］. 北京：人民出版社，1979：435.
③ 马克思恩格斯全集（26卷）第1册［M］. 北京：人民出版社，1979：160.
④ 王培根. 高等教育经济学［M］. 北京：经济管理出版社，2004：391.
⑤ 赵伟. 国际贸易：理论政策与现实问题［M］. 大连：东北财经大学出版社，2004：49.

中国经济的可持续发展、高等教育资源充足的投入为中国高等院校金融教育国际化提供了服务贸易的比较优势要素，而消费者的偏好吸引着来自全世界的留学生。1992 年经国家中医药管理局批准，北京中医药大学在日本创办了北京中医药大学继续教育日本分校，这是中国高校较早在境外开设的一所分校，每年毕业生均来我国学习临床医学课程。该校还设有境外办学项目，例如新加坡中药学院开设的中药专业专科教育项目，还有巴西米纳斯州针灸推拿学院成人教育项目、香港大学硕士研究生项目、瑞士耳针协会硕士研究生课程班学习项目等，都在海外高等中医药教育领域中产生了很大的影响。

作为发展中国家，我国加入世界贸易组织时对教育服务的承诺是部分承诺，即在军事、警察、政治和党校等特殊教育领域和义务教育领域不对外开放。除此之外，我国在初等、中等、高等、成人教育及其他教育服务等5 个项目上作出承诺，许可外方为我国提供教育服务。至于具体承诺，我国对“跨境交付”未作承诺，如果作出承诺，外国教育机构就可以通过广播、电视、计算机网络等远程教育手段来向中国学生提供教育服务。我国对出国留学一贯采取“支持留学、鼓励回国、来去自由”的方针，这表明了我国政府的一贯立场；对“商业存在”，只允许设立合营企业，但允许外资控股，也就是说，允许中外合作办学，允许外方获得多数所有权，但没有承诺给予外方国民待遇，不允许外国机构单独在华设立学校及其他教育机构。从世界贸易组织文件条款来看，我国教育服务市场的开放主要在高等教育领域，作为“商业存在”的中外合资办学，只能进入非义务教育领域。而在非义务教育中，目前教育服务的市场主要在高等教育或者与高等教育相关的教育（如高中教育、大学后教育）。作为“自然人流动”的教育服务，除外语教学外，也主要集中在高等教育领域。所以，尽管我国的教育服务市场并没有完全开放，但加入世界贸易组织对中国高等教育而言，的确是面临挑战与机遇并存的局面。国际教育服务贸易理论作为高等院校金融教育的主要理论，构成本文研究重要的理论基础之一。

（三）组织变革理论

组织变革是指组织依据外部环境和内部情况的变化，及时调整并完善自身结构和功能，以提高其适应生存和发展需要的应变能力。开放系统理论是组织变革理论中的基础理论之一，成为组织研究领域的主流。20 世纪 60 年代，开放系统理论作为观察和研究组织与环境的新方法产生标志着组织系统理论的发展，极大地促进了组织理论研究的繁荣。马奇（March）和西蒙（Simon）最早利用开放系统理论开展对于组织的研究。他们认为组织结构的设计对于组织中个体的决策起到简化与支持的作用，组织结构的设计是多样性的，必须根据任务和环境的不同而设计多样性的组织结构模式。在面临变化多端的环境中，组织必须进行制度创新，针对随时变化的情况作出不同的决策。

美国学者哈罗德·莱维特认为组织变革的模式由结构、任务、技术、人群四个变量组成，并形成特定的关系。其中具体为：结构是指组织的权益体系、管理层次和幅度、沟通状况、工作流程等；任务是指组织存在的使命、组织各个任务之间具有一定的层次关系和隶属关系；技术是指组织为完成目标所采用的方法和手段；人群是指构成组织目标的个体、群体、领导成员等。在中国高等教育国际化这个组织体系中，具备构成组织结构变革模式的结构、任务、技术、人群四个变量。（1）高等教育国际化结构：在高等教育国际化中各个成员间的权益划分、国际化的管理层次的设置、本土与国外教育文化的沟通交流与合作情况、国际化交流与合作的工作流程等构成了结构变革的要素。（2）高等教育国际化的任务与使命：作为高等教育的一部分，中国高等教育在国际化进程改革中承担着重要的任务与使命。即在经济全球化背景下，不仅承担了为中国本土培养人才，而且为社会培养具有国际视野的创新型人才，这是中国高等教育在特定时期所承担的使命。（3）高等教育国际化技术：为顺利完成中国高等教育国际化改革，本课题对于国际化进程中规避风险以及国际化进程中的重点领域改革所采用的方法、风险规避策略则是这一组织达到目标与完成任务的技术保障。（4）高等教育国际化人群构成：实现中国高等教育国际化进程的顺利进程，需要中国高等教育管理部门、高等院校、高校科研和教育工作者以及在校学生各方的共同努力与合作，以上群体是实现中国高等教育国际化的主力与主体。

本文以中国高等院校金融教育国际化作为研究对象，即将中国的高等院校金融教育事业看作一个整体组织，这个组织不是孤立存在的，而是与特定的环境相联系，相互作用、不断地与国内外经济、政治、文化等发生着交流与转换。中国的高等教育作为一个系统组织，它伴随世界经济文化的变化而发生变革。从历史的角度看，中国的高等院校金融教育国际化过程是与时代发展的客观要求相适应的，同时又是知识系统领域组织变革的结果，是中国人民不断学习、与时俱进、放眼世界、不断追求、超越现实、迎接挑战的过程。根据开放系统组织变革的理论，中国高等院校金融教育在世界经济巨变的背景下，必须以制度创新与组织创新为根本策略，规避国际化进程中的风险，有针对性地选择高等教育国际化模式。本文正是将中国高等院校金融教育国际化作为一个开放的组织体系，利用组织变革理论来分析和探索金融教育国际化进程中的相关问题，并提出金融教育国际化的人才培养模式。

三、金融教育国际化面临机遇与挑战分析

1. 经济全球化为金融教育国际化提供了契机

自20世纪70年代以来，知识技术的创新日新月异，世界经济实现了一体化的进程。知识经济时代的到来，极大地促进了高等教育的国际化。伴随科技进步和经济全球化的发展，我国的经济结构、产业结构、技术结构和就业结构等都发生了新的变化，社会各行各业需要更多学术型、应用型、复合型的高层次专门人才。尤其是自中国加入世界贸易组织以来，外资纷纷进入中国的金融市场，全面经营中资业务，正在与中资机构展开激烈的竞争。为了培养与世界经济接轨的财经类人才，客观上应从全球的视角，抓住契机，加大高等院校金融教育的国际化。

2. 高等教育国际化为金融教育国际化提供了有利时机

20世纪50年代末，我国确立了50所“国家重点大学”；20世纪80年代，通过重点学科、重点实验室、研究生院等项目的建设，推动中国内地一批高校科学研究和学术水平实现了快速发展。20世纪90年代以后，经过“211工程”、“985工程”一期和二期建设，我国若干高水平大学的科研环境大幅改善，学术水平快速提升，国际声誉显著提高，已经初步具备了国际学术的对话能力。我国若干所大学在若干学科和高新技术领域已达到和接近国际先进水平，拥有了一批高水平的教授，研究生的培养质量得到明显提高。财经类院校在国家政策支持下，在自身的建设中，培养国际化的应用性人才是实现自身发展，实现向研究性大学、向世界一流大学转变的有利时机。

3. 高等教育国际化对财经院校教育理念提出了挑战

传统高等教育模式下，由于专业设置的局限性以及僵硬、呆板教学方式的影响，大部分学生存在创新意识和动力不足。知识经济时代，需要解决的社会问题依赖于多门学科和多种知识的综合应用。财经院校研究生虽然有扎实的经济专业知识与较强的专业技能与非凡的应试能力，但是很难对于瞬息万变的社会问题进行分析和妥善解决。财经院校硕士研究生的创新意识和综合的学术能力亟待提高。

在计划经济时期和高等教育的精英化阶段，高等教育人才培养目标重视学生在校期间的一次性学习，却忽视了工作之后解决社会问题需要的知识与技能的接受和更新能力。正如马丁·特罗对于高等教育大众化所阐述的精华不只是“量”的增长，还包括“质”的变化，主要体现在高等教育观念、培养目标、入学条件、课程设置、教学方式、管理组织以及高等教育与社会关系等一系列方面。在世界经济一体化、科技迅猛发展的当今社会，高等教育国际化向高等教育一次性教育的观念提出了要求与挑战。

4. 高等教育国际化，对于财经院校研究生培养模式提出了挑战

所谓人才培养模式，主要是指由培养目标、培养制度、培养过程和培养评价等要素所构成的一个完整体系。其中，核心要素是培养过程。近几年，财经院校在硕士研究生的培养过程中，虽然加大了改革的力度和步伐。但是部分教学内容依然陈旧，课本知识偏重国内多，国际领域知识和动态相对较少。部分课程的设置存在内容重复，学科联系衔接不够等弊端。合理的课程设置是培养学生形成合理的知识结构、认知能力及较高科研质素的重要基础，也是各高校实现人才培养目标的前提。培养面向国际化的财经类硕士研究生，要加快实现教育方案、教学内容、教学方式和手段以及教育资源配置的国际化发展，使经济类人才具有国际视野和国际交往能力和运作能力。

四、金融教育国际化人才培养模式构建

1. 与时俱进，更新金融教育理念

知识经济时代的重要特征就是创新，创新是一个国家和民族的灵魂，是实现国家和社会繁荣强盛的巨大力量。江泽民同志从教育创新的角度论述了进行各级各类教育创新的重要性。在教育国际化进程中，高等教育提倡个性化教育理念，强调在人才培养全过程中始终要坚持因材施教的原则，坚持以人为本，注重个人素质的差异性，确立高等教育的创新理念。

培养面向国际化的高等院校金融人才，需要完成从一次性学习到可持续学习，由阶段性学习向终身学习理念的转变。江泽民同志指出：“终生学习是当今社会发展的必然趋势，一次性的学校教育，已经不能满足人们不断更新知识的需要，我们要逐步建立和完善有利于终身学习的教育制度。”在终身教育理念下，不仅能够培养探索高深学问、追求学术价值的学术型国际化人才，而且培养以市场需求为导向，为社会实际工作的国际应用型人才。

2. 培养目标国际化

在培养目标的定位上，从国内视野转向国外视野，坚持有利于培养出具有全球视角和国际竞争力的高素质金融人才原则。在本科阶段，高等院校金融教育应在抓实金融基础知识面的同时，突出金融专业特色，培养创新意识和创新的责任，以"宽口径""厚基础"复合型人才培养目标为起点，培养对金融学专业知识及学科前沿有深入研究、能胜任金融及相关领域的科学研究及业务管理工作的高级国际性专门人才。具体内容包括：一是培养学生良好的职业道德素质和敏锐的法律意识，以适应在千变万化中复杂的国际化国内经济背景；二是构建精通国内和国际的金融专业知识理论基础和金融技能，以解决在复杂问题和多元化经济背景下消除冲突的应变能力和头脑；三是培养学生良好的外语沟通能力，以面对经济全球化背景下和语言多元化背景下的激烈竞争。

3. 师资力量国际化

为解决高等院校金融师资力量国际化的薄弱环节，需要实施"走出去，引进来"的政策。首先，鼓励教师"走出去"，我国已经确立了"支持留学、鼓励回国、来去自由"的留学工作方针。为了提高教师的国际修养，定期安排教师轮流出国进修、学术研究、访学等有利于国际交流的合作项目；其次，引进国外教师、专家的管理和聘任工作，并且切实解决留学归国人员职称、待遇、住房、保险、子女入学等实际问题。

4. 培养过程国际化

实现金融教学过程国际化的实质就是建立国际理解教育的课程，即要求教师在国际框架下讲授某一学科的知识，培养学生的国际法律意识、国际业务、国际研究方法。学生不仅熟悉国内的金融相关法规，还要熟悉国际上相关法规，便于解决和处理国际经济事务；课程设置与课程内容应根据世界经济的发展以及对于财经类人才的需求及时进行调整与更新；同时还应加强金融专业学生在方法论方面的知识及研究方法的更新，重视新理论在经济学中的应用，如实验经济学、信息经济学及博弈论方法的应用等；在选择教材的时候，选用国际通用的教材；就国际范围内的问题，举行专题讲座等；关注国际动态，在国内开设课程的基础之上加入国际方面的新内容。

深化高等院校金融教育国际化改革的重要组成部分就是发展现代远程教育，采用多媒体教学，利用网络教学。高等院校在金融教学中，要提供足够的资金，共享国外研究生的教育资源；引进国外著名大学的讲课录像，利用网络教学；带领国内的学生走进国际著名学府，感受国际化背景下的金融学术交流。

深化高等院校金融教育国际化改革就要采取教学模式多样化的改革。根据多年的教学经验，以及与学生交流发现：一是通过理论联系实际讲授课本基础知识的方式，深得学生喜欢和接受；二是采用国际范围的经典案例教学方式，将课本的知识点与案例结合，形象又生动地讲解国际经济背景下的金融问题；三是以国际化背景下的热点财经问题为突破点，组织学生进行专题谈论，以锻炼和培养学生的国际背景下金融热点问题的分析和解决能力。

深化高等院校金融教育国际化改革就要破除在学生学习模式上的标准化。根据学生不同的发展个性，采取的学习模式有协作式、探索式、发现式学习，学习模式的多样化，有利于培养金融专业学生团结互助的合作精神，养成探索问题、发现问题、提出问题、解决问题的应对国际经济事务的应变能力。

四、结束语

高等院校金融教育国际化不是一朝一夕的事情，不可能一蹴而就，需要学校、师生等多方面的共同努力。高等院校金融教育的国际化，是在重专业又重基础，重知识又重方法，重整体又重个性的国际化教育理念下，实现培养目标国际化、师资队伍国际化、课程设置国际化、教学方式先进化、学习模式多样化，积极推进国际化金融教学进程，为未来培养深基础、广知识、强能力的高质量创新型金融人才。

参考文献

[1] 蒋海，刘少波．我国金融人才培养模式改革研究［J］．南方经济，2004（4）：22－28.

[2] 范祚军，唐菁菁．我国高校现代金融人才培养模式研究——基于金融全球化的视角［J］．四川兵工学报，2012（4）：98－102.

[3] 石友蓉，兰飞，宋婷．财会专业国际化人才培养存在的问题及对策［J］．财务与会计，2016（7）：92－94.

[4] 许一帆．金融国际化背景下高校金融人才培养模式探索［J］．教育理论与实践，2013（27）：15－17.

[5] 叶文梓．人才国际化与高等教育的应对策略［J］．教育发展研究，2003（23）（Z1）：124－127.

我国发展普惠金融下的金融教育：国外普及金融教育借鉴

上海立信会计金融学院　张　云　刘玉平[①]

摘要：中国致力于推进普惠金融发展，但是我国公民金融知识水平和信用文化状况等金融素质制约着金融业发展，因此普及金融教育极为重要。本文分析了世界许多国家特别是发达国家普及金融教育的经验：美国把金融教育列为国家战略，英国和日本注重消费者保护下的金融教育，欧盟和澳大利亚从提高国民素养角度强调金融教育。我国发展普惠金融需要普及金融教育，应努力做到：加强金融教育立法提高金融教育的地位，构建多元化的金融教育体系；成立专门机构实施国民金融教育，落实强有力的组织保障；开展多层次具有针对性的教育，拓展实际金融教育范围。

关键词：普惠金融　金融教育　普及教育

一、中国普惠金融建设和金融教育的必要性

普惠金融是指立足机会平等要求和商业可持续原则，以可负担的成本为有金融服务需求的社会各阶层和群体提供适当、有效的金融服务。党中央、国务院高度重视发展普惠金融。党的十八届三中全会明确提出发展普惠金融。2015年《政府工作报告》提出，要大力发展普惠金融，让所有市场主体都能分享金融服务的雨露甘霖。为推进普惠金融发展，提高金融服务的覆盖率、可得性和满意度，增强所有市场主体和广大人民群众对金融服务的获得感，2015年底国务院制定出台了《推进普惠金融发展规划（2016—2020年）》（以下简称《发展规划》）。《发展规划》提出大力发展普惠金融，是我国全面建成小康社会的必然

① 张云，上海立信会计金融学院副院长、副教授。刘玉平，上海立信会计金融学院科研处处长、教授。

要求，有利于促进金融业可持续均衡发展，推动大众创业、万众创新，助推经济发展方式转型升级，增进社会公平和社会和谐。近年来，我国普惠金融发展呈现出服务主体多元、服务覆盖面较广、移动互联网支付使用率较高的特点，人均持有银行账户数量、银行网点密度等基础金融服务水平已达到国际中上游水平，但仍面临诸多问题与挑战，其中大众受金融教育不足是重要问题之一。普惠金融的理念就是要让社会各阶层和各群体都可以公平地享受到相应的金融服务，因此中国发展普惠金融，金融教育尤显重要。

众所周知，金融是现代经济的核心，渗透到经济生活的各个领域和角落，在调节经济活动和促进社会发展过程中发挥着重要作用，而且与社会公众生活紧密联系，关系到社会公众的切身利益。全国人大财经委副主任委员吴晓灵指出：公民的金融知识水平和信用文化状况等方面的金融素质，在很大程度上制约着金融业发展的深度和广度，没有一个具有基本金融知识和正确金融观念的公民群体，中国金融体系的健康与安全就没有基础和保证，中国的金融强国地位就无从谈起（孙同全、潘忠，2014）。社会公众对金融知识的了解、对金融政策的理解、对银行体系稳定的信心、对投资理财的规划，都是一国金融体系安全运行、健康发展的决定性因素。我国金融业发展迅速，当前金融服务范围不断扩大，金融产品创新不断涌现，随之带来的金融风险也难以避免，社会公众的金融知识相对而言处于缺乏状态，以至于金融决策缺乏自信、投资理财能力弱化，投资被误导上当、股市泡沫破灭灾难、挤兑风波等时有发生。社会公众不能有效地解决自己遇到的金融实际问题，在此形势下社会公众金融知识普及教育尤显迫切。

二、国外普及金融教育的经验借鉴

世界许多国家特别是发达国家，已经把社会大众普及金融教育作为一项重要的发展战略，从各个方面为国民提供金融知识教育。

（一）美国：国家战略下的金融教育

金融教育对于美国和美国人民而言具有特殊意义，金融教育被定位为未来发展的国家战略。20 世纪 80 年代全球金融自由化兴起之时，美国联邦储备委员会、存款保险公司等政府和非政府机构及商业银行等都积极开展金融教育。2003 年 12 月美国总统布什签发总统令，颁布实施 FACT 法案（《公平交易与信用核准法案》)，法案第五项为“金融扫盲与教育促进条例”，提出正式成立美国金融扫盲与教育委员会（The Financial Literacy and Education Commission），把面向美国国民的金融教育正式纳入国家法案，条例还指出成立金融扫盲与教育委员会目的就是通过实施金融教育国家战略，提高美国国民的金融教育程度。

美国为提高国民的金融知识采取了一系列教育措施，一是2003年《金融扫盲和教育改善法案》通过后由国会牵头，联邦20个机构共同协作建立政府官方网站“mymoney. gov”提供大众可信赖的金融信息。该网站分类提供各种信息材料，增加大家对金融知识的了解，免费发送各类课程、简讯、小册子等。金融危机后网站得到更新改版，提高了信息的时效性和实用性，辅助大家提高识别金融风险和金融欺诈的能力。二是有关单位部门积极协作，联合共建开展调研和教育工作。美国金融教育被纳入国家战略和国民教育体系，在联邦政府有关部门领导下开展金融知识、金融态度、金融行为的国民金融能力调查，并根据调查情况研究、制定清晰的解决方案和合理的实施计划。三是在全国范围内开展金融教育，从学校抓起，发挥从幼儿园到中学、大学在内的教育系统的作用；鼓励和督促金融机构从事金融教育，如花旗银行与许多大学和非政府机构组建合作教育机构等；发挥社区教育的作用，帮助社区居民提高金融知识，为个人和家庭制定安全的财务计划。四是设立每年4月为“金融扫盲月”即“金融普及月”，强化对国民的金融知识教育。许多金融机构、学校联合举办金融知识宣传普及活动，让国民充分意识到不论是作为学生、员工、家长、投资者或企业家，个人金融知识都必不可少；通过金融教育可以提高运用金融知识、金融产品为经济生活服务的能力，让他们更好地把握机会。五是2010年美国还颁布《多德—弗兰克法》，规定成立消费者金融保护局（BCFP），并由其承担大部分消费者金融服务监管职能。BCFP的主要职责包括实施金融教育计划，其内设金融教育办公室（OFL），专门负责金融消费者教育工作，以提高消费者在知情基础上作出合理决策的能力。当前，美国未来的繁荣依赖于所有美国人金融安全的理念，在美国各界得到了广泛的认可，美国国家战略下的金融教育已经取得了较好的成效。

（二）英国和日本：消费者保护下的金融教育

1997年10月英国改组1985年成立的证券投资委员会（Securities and Investments Board，SIB），成立金融服务管理局（Financial Service Authority，FSA），开始对金融进行综合监管。FSA宗旨是对金融服务行业进行监管；保持高效、有序、廉洁的金融市场；帮助中小消费者取得公平交易的机会。2000 年 6 月英国颁布实施《金融服务与市场法》明确 FSA 四大目标，包括提高公众对金融体系的理解和认识，保证金融消费者获得适当保障。FSA 与其他政府部门进行合作，加强对大众特别是消费者的金融教育，提供面向各类消费者的一般性财务咨询服务，帮助消费者开展财务规划（英国政府白皮书，2007），提供大量金融教育和咨询服务的宣传材料，以提高国民金融知识水平。

从时间进程来看，英国 FSA 在 1998 年到 2003 年主要是制定和推行“消费者教育计划”，直接或间接与其他机构合作，在全国开展消费者教育工作。2003 年到 2008 年，FSA 总结分析“消费者教育计划”效果发现需要在更大程度上开展金融消费者教育，为此制定了“国家金融能力战略”，将金融教育目标提升为全体国民的“金融能力”，成立由政府机构、金融机构、非营利性组织、消费者代表、媒体等成员组成的金融能力指导小组，推进金融教育工作。2008 年金融危机发生以后，英国深受其害进而坚定了加强金融改革的决心。2010 年通过的《金融服务与市场法》要求 FSA 成立金融消费者教育机构，2010 年 4 月金融消费者教育局（Consumer Financial Education Body，CFEB）成立，独立、系统、全面地开展消费者金融教育工作，开始承接其下设的金融能力部的职能并独立开展工作。CFEB 加强校园教育、鼓励社会参与、加大政府支持，通过各种形式推进金融知识的普及。从此，英国一方面继续加大对金融教育的财政支持，另一方面扩大教育覆盖范围，日益重视对弱势群体的金融教育。2011 年 4 月，英国消费者金融教育局（CFEB）更名为货币咨询服务公司（The Money Advice Service，MAS），MAS 的职能可概括为咨询和教育，致力于改变英国金融消费者的不良消费行为，消除公众对现代金融业务和产品的认识误区；采用互联网、服务热线及各种面对面的方式，通过制定详细的金融教育规划和安排，向全英每一个家庭提供免费的、公正的金融咨询建议；提高公众对金融事务的了解和认识，提升公众管理自身金融事务的能力。

MAS 与合作伙伴协作，通过改善对金融知识的理解、推广良好的实践等做法，增强帮助的效果。MAS 的远景目标是提升英国国民的金融素质，当前 MAS 金融教育的工作重点放在了青少年金融教育领域。英国教育部给予了 MAS 极大的支持，在 2013 年新修订的国家课程大纲中新增了金融能力教育，按年龄分组进行有针对性的教育。对 16 岁以下群体的金融教育：通过正规的教育系统提供金融教育，新大纲对数学课程总体上提出了更高的要求和标准，对 5 ~ 10 岁的儿童增加了使用货币方面的内容，对 11 ~ 16 岁的青少年增加了单利和复利计算、理解诸如贷款偿还之类的问题等内容；此外，还要求学生学习关于薪水、税收、信贷、债务、金融风险以及一些更为复杂的金融产品和服务等方面的知识（高田甜、陈晨，2013），目的是促进人们获得金融方面的技能、知识，加强对金融产品的理解程度。对16岁以上的群体金融教育，各种机构协助继续金融教育，包括成人金融扫盲咨询小组、公民咨询部门和金融服务业。此外，还制定了一系列的计划，对该群体进行继续金融教育，如政府制定的社会包容议程、金融普及计划、成人金融能力计划和FSA法定要求等（刘丹、张昕怡、吴越，2013）。

日本也是极为重视金融消费者教育，2001年将储蓄宣传中央委员会更名为金融宣传中央委员会，负责宣传推广金融教育。2002年金融宣传中央委员会发表“推进金融消费者教育的方针”，明确将金融教育作为消费者教育之一进行推广，并将2005年定为金融教育元年，致力于从学校阶段推进金融教育。日本的金融教育包括面向学生的教育活动和针对成年人的金融知识普及活动，金融宣传中央委员会先后发布了“金融教育指引”“不同年龄层所需金融知识图”等资料。2012年日本出台《消费者教育法》，规定国家和地方公共团体承担制定实施推进国家或地方消费者教育政策措施的义务，消费者团体和业界负有努力义务，中央政府负责消费者教育相关经费。消费者厅和文部科学省负责制定消费者教育的基本方针和具体内容并推动教育活动的开展，消费者厅内设消费者教育推进会议。随着日本《消费者教育法》的颁布，在法律层面上作为消费者教育一环的金融教育获得了坚实的支持。

（三）欧盟和澳大利亚：国民素养下的金融教育

欧盟也非常重视对民众的金融教育，采取了一系列政策措施并积极推进。2007年发布《欧盟委员会金融教育通讯》阐释了金融教育在金融市场政策中的作用，对个人、社会和经济整体的有益之处，并指出推行金融教育规划的八项原则，该文件还提出欧盟委员会支持通过成员国和地区政府、非政府机构以及金融服务机构，向有需要的公民提供金融教育。同时还宣布了四项措施：一是创立金融实践者的网络；二是建立欧盟金融教育数据库；三是在欧盟委员会开发的消费者在线教育网（DOLCETA）项目中扩展针对教师的在线工具，以帮助教师将金融事务融入学校课程；四是资助成员国采取新措施促进金融教育。欧盟提供形式多样的金融教育渠道，德国专业的财经电视台24小时不间断地免费播放金融知识，提供最全的金融信息；将高效的会展形式尝试应用到金融服务领域，每年举行的国际投资者博览会，通过大型讲座、一对一讲解、互动体验等各种形式，使民众更全面了解各种产品，现场比较各家金融机构优劣。2008年国际金融危机爆发，低下的金融教育水平加剧了金融危机的蔓延，因此欧盟要求各国政府应更加重视国民金融素养的教育。欧盟理事会和欧盟议会增强了对民众金融素养教育的关注度，促进成员国努力实施2007年文件的原则，特别强调建立交流合作国家平台、将金融教育纳入学校课程以及针对不同目标群体实行不同的金融教育。欧盟委员会还建立了由金融教育实践者组成的金融教育专家组，推进金融观念的转变和经验推广，向委员会提出金融教育领域的政策建议。欧盟成员国中许多国家把金融教育纳入国家法案，比如德国出台了专门法律，确保民众在投资金融产品时对具体产品风险具有足够的知情权，任何一款金融产品面市之前，需要向德国金融监管局详细申报投资风险因素，并由发行机构负责对营销顾问人员进行培训。

澳大利亚把金融教育作为国民素养的重要组成部分，2004年成立由金融业、政府部门、消费者、社区团体代表组成的消费者和金融教育特别行动小组（The Consumer and Financial Literacy Taskforce），领导全国金融消费者教育工作，评估金融消费者教育工作的成效以及向提出有关政策建议。行动小组制定了澳大利亚金融消费者教育的战略目标，主要包括：确定国民金融教育的重点和确保国民金融教育有效实施；明确各组织为金融消费者提供信息和服务的责任，提供金融扫盲课程和信息；在考察学习其国际经验的基础上，推广金融消费者教育的最佳做法。此外，澳大利亚政府还以消费者和金融教育特别行动小组为依托，成立了金融消费者教育基金会（The Financial Literacy Foundation），开设专门的金融消费者教育网站，向消费者提供关于理财管理、合理避税、投资工具选择、退休金安排等方面的知识。2004年8月31日行动小组提交建议案，建议设立国家金融素养战略，内容包括在学校的金融教育、在工作场所的金融教育、金融教育的研究、建立提供相关信息的专门网站、使金融教育深入人心和鼓励行业、政府、社区合作。2011年3月澳大利亚出台国家金融素养战略，包括四大支柱：一是通过学校和其他途径的教育提高全体国民的金融素养；二是提供独立可信的金融信息和工具，并从国家层面给予持续的支持；三是完成积极的行为转变；四是与多部门建立合作伙伴关系，促成最佳的社会实践。

三、中国普及金融教育建议

金融知识覆盖面较广，而且具有很强的实践性，金融知识对社会大众的经济生活影响重大，特别是在大力发展普惠金融情况下，重视金融知识普及化教育具有必要性和紧迫性。从美国、英国、日本、欧盟、澳大利亚等发达国家普及金融教育的经验来看，我国有必要加大普及金融教育的力度。

（一）加强金融教育立法提高金融教育的地位，构建多元化的金融教育体系

我国金融消费者权益保护专门立法严重不足，虽然我国《消费者权益保护法》第十三条规定消费者享有获得有关消费和消费者权益保护方面知识的权利，但实际上，无论是消费者教育还是国民金融教育，均没有获得足够的重视。各项法律法规对金融教育的规范缺位，不利于金融教育的全面推开。美国 2010 年颁布《多德—弗兰克法》，英国 2010 年颁布《金融服务与市场法》，日本 2012 年出台《消费者教育法》，欧盟成员国中许多国家把金融教育纳入国家法案，我国也需要出台金融教育的规范性文件，比如制定专门的《金融教育法》和《消费者教育法》，从法律层面提高金融消费者教育的地位。同时，还需要考虑修订《商业银行法》《证券法》《保险法》等金融法律法规，明确“一行三会”、金融机构、教育部门等履行金融教育职能，明确开展国民金融教育为金融机构必须履行的社会责任，建立规范的协作机制和联动模式，共同推进我国金融消费者金融教育。在条件成熟的时候，国家立法机关可以出台《国民金融教育法》，将提升国民金融教育素养上升为国家金融发展的战略目标，明确各有关部门、金融机构、社会组织和团体在全民金融教育中的职责和任务，以及国民金融教育的内容、途径、方式和保障措施等，构建多元化的金融教育体系。

（二）成立专门机构实施国民金融教育，落实强有力的组织保障

从上述国家的情况看，2008 年金融危机爆发后，各国对金融消费者的保护也极为重视，对金融教育的重视度空前高涨，都成立了专门的机构来负责实施金融教育，比如美国 2010 年颁布《多德—弗兰克法》，规定成立消费者金融保护局（BCFP），英国 2010 年 4 月成立金融消费者教育局（CFEB）独立、系统、全面地开展消费者金融教育工作。这些专业结构，可以在全国范围内开展金融教育工作，我国“一行三会”也成立了相应的金融消费者保护机构，中国人民银行金融消费权益保护局也开展了一些金融教育，但与其他金融监管机构或金融消费者保护机构的关系与职责并未清晰分工。我国当前要大力发展普惠金融，可以考虑把发展普惠金融、金融消费者保护以及国民金融教育有机结合起来，在国务院下设立国民金融教育委员会，专门负责金融教育工作的政策制定、目

标规划、组织协调、督促执行等工作。还可以由专门机构，比如中国人民银行金融消费权益保护局负责协调、组织相应的消费者保护和教育等部门，更好地实施金融教育。另外，还需要成立专门的评估研究小组，负责对金融消费者的消费行为和习惯进行研究，定期对金融教育成效进行评估，不断完善金融教育并持续推进工作的开展。

（三）开展多层次具有针对性的教育，拓展实际金融教育的范围

发展普惠金融背景下的普及化金融教育需要覆盖各个群体，但由于金融知识具有较强的专业性和实践性，受众群体背景参差不齐、需求多样化，因此金融教育需要开展不同层次的有针对性的教育，除了针对金融从业者和监管者以及大学生、公司雇员等进行金融知识教育外，普惠金融背景下金融教育需要特别重视以下几个群体。

首先，未成年人群体。对未成年人的金融教育从九年义务制教育入手，开设金融教育课程，利用课外活动和校外渠道进行金融教育，同时通过培训提高中小学教师金融知识和授课能力。需要特别注意的是，必须重视针对少年儿童制度化的金融教育，这是我国目前严重忽略和缺失的金融教育。少年儿童处于人生观的养成期，正确的“金钱观”和足够的“财商”对我国未来国民素质至关重要，少年儿童将成为未来金融服务消费的主力军，高素质的金融消费者必将有利于普惠金融的建设（孙同全、潘忠，2014）。

其次，农民和进城务工人员。在信息化时代，金融信息技术应用已经越来越普及，银行、证券公司等都主要利用信息电子工具开展业务，这对于很少甚至没有接触过电子设备的农民和进城务工人员来说是挑战。因此，普惠金融背景下金融教育，可以通过人民银行、农信社和邮政储蓄银行等建立农村金融扫盲志愿者服务队，针对不同教育程度的农民个体和进城务工人员开展金融教育，重点教会他们怎样充分使用银行、怎样利用汇兑、怎样使用银行卡、怎样防止欺诈、怎样做好家庭财务规划以积累财富并为自己、子女和老人做一生的财务安排。

最后，需要注意关注的教育群体是老年人。老年人等人群在金融活动中属于弱势群体，辨识能力相对较差，金融消费教育的重点应放在风险警示、防假防骗意识方面。可以利用老年大学、社区活动等载体，开展金融教育课程，普及金融投资和风险防范常识，比如进行特别简短、醒目的广告宣传提示、提供专门的法律咨询、维权咨询服务、通过专门的风险提示、信息披露、警示教育

等提高其识别保险消费陷阱的能力和自我维权意识及能力，还要针对老年人关心的退休储蓄产品进行专题金融宣传。

四、结论与展望

历次金融危机都证明，金融服务中潜藏有大量的隐瞒、误导、欺骗消费者的信息，对社会大众的普及化金融教育具有十分重要的意义。美国、英国、日本、欧盟、澳大利亚等国家和地区的教训和经验，说明普及金融教育的重要性，而它们所采取的措施比如加强金融教育立法、成立专门机构、开展不同层次教育等，也具有重要的借鉴意义。中国发展普惠金融与普及金融教育具有相互支撑的交叉点和共性目标，两者共同推进具有很好的契合点。我国已经提出发展普惠金融的目标，但是当前普惠金融服务不均衡，普惠金融体系不健全，法律法规体系不完善，金融基础设施建设有待加强，无疑对普及金融教育提出了实际需求，同时也为普及金融教育提供人财物以及舆论宣传等方面的支持。《发展规划》指出需要加强风险监管，保障金融安全，维护金融稳定；坚持监管和创新并行，加快建立适应普惠金融发展要求的法制规范和监管体系，提高金融监管有效性；在有效防范风险的基础上，鼓励金融机构推进金融产品和服务方式创新，适度降低服务成本。推进普及金融知识教育，可以培养社会公众的金融风险意识，提高金融消费者维权意识和能力，引导金融消费者根据自身风险承受能力和金融产品风险特征理性投资与消费，引导社会大众共同关心、支持、参与普惠金融实践活动。中国发展普惠金融与普及金融教育，需要合力促进公众强化金融风险防范意识，加大金融消费者权益保护力度，立足于普惠金融建设评估和改进中国金融普及教育，建立普惠金融发展信息公开机制，建立金融知识教育发展长效机制。

参考文献

［1］曾天琪．美国金融技能与教育改善法［J］．金融服务法评论，2014（1）：413－419.

［2］董玉峰，路振家．金融普及教育存在的问题、国际借鉴及对策［J］．金融理论与教学，2016（1）：84－86.

［3］高田甜，陈晨．基于金融消费者保护视角的英国金融改革研究［J］．

经济社会体制比较，2013（3）：53－54.

［4］龚秀敏，韩莉．把握未来——谈作为美国国家战略的金融教育［J］．生产力研究，2008（16）：89－91.

［5］胡文涛．发展普惠金融需要加强国民金融教育［J］．金融教学与研究，2015（1）：15－18.

［6］华民，刘佳，吴华丽．美国基于美元霸权的金融“核战略”与中国的对策［J］．复旦学报（社会科学版），2010（3）：61－69.

［7］华庆．探索发展普惠金融路径［N］．金融时报，2015－11－17.

［8］毛瑞宁，曾繁荣．美国金融教育支出测算分析与启示［J］．武汉金融，2014（3）：70－71.

［9］纪瑞朴，赵新．借鉴国际经验 强化金融消费者保护［N］．金融时报，2012－08－03.

［10］李冬语．加拿大金融消费者权益保护及其对我国的启示［J］．西部金融，2012（2）：79－81.

［11］李中玉．国外金融教育的先进经验及对我国的启示［J］．金融经济，2013（10）：51－52.

［12］李正明，樊一阳，何昀．消费教育核心初探［J］．宁夏党校学报，2002（1）：26－27.

［13］刘丹，张听怡，吴越．普及金融教育的国际比较及其对我国的启示［J］．经济研究导刊，2013（26）：129－132.

［14］任静贤．世界各国金融普及教育状况分析［J］．清华金融评论，2014（12）：29－32.

［15］孙同全，潘忠．普惠金融建设中的金融教育［J］．中国金融，2014（10）：62－63.

［16］王健．从金融危机看金融普及教育的意义［J］．清华金融评论，2014（12）：39－40.

［17］王勤．基于消费者保护的金融监管研究［D］．武汉：武汉大学，2010.

［18］肖经建．消费者金融行为、消费者金融教育和消费者福利［J］．经济研究，2011（1）：4－16.

［19］杨悦．金融消费者权益保护的国际经验与制度借鉴［J］．现代管理科学，2010（2）：115－117.

［20］杨明全．“后金融危机时代”美国教育发展战略规划及启示［J］．全球教育展望，2012（7）：69－78

［21］姚海琼，曹又波．国外消费者教育理论研究述评［J］．长沙大学学报，2010（1）：30－33.

［22］英国政府白皮书．21世纪的英国消费信贷市场［M］．陈钟译．北京：经济日报出版社，2007：66－68.

［23］赵煊．金融消费者保护理论研究［D］．济南：山东大学，2012.

［24］郑伟．保险消费者权益保护：机制框架、国际经验与政策建议［J］．保险研究，2012（3）：3－11.

［25］郑博，闫丹薇．关于普及金融消费者教育的思考［J］．中国农村金融，2016（2）：66－67.

［26］周弘．风险态度、消费者金融教育与家庭金融市场参与［J］．经济科学，2015（1）：79－88.

［27］中国金融业“公平对待消费者”课题组．英国金融消费者保护与教育实践及对我国的启示［J］．中国金融，2010（12）：59－60.

［28］Commission of the European Communities. Communication from the Commission－Financial education，Brussels，18. 12. 2007.

［29］COURTIOUX，P. and LIGNON V. A Good Career or a Good Marriage：The Returns of Higher Education in France，Economic Modelling，2016，57（9）：221－237.

［30］DESLAURIERS，L.，SCHELEW，E. and WIEMAN，C. Improved Learning in a large－enrollment Physics Class［J］. Science，2011，332（6031）：862－864.

［31］European Commission Directorate General Internal Market and Services. Staff Working Document of the Internal Market and Service DG. Review of the Initiatives of the European Commission in the Area of Financial Education，Brussels，31 March 2011.

［32］KARPICKE，J. D. and BlLUNT，J. R. Retrieval Practice Produces More Learning Than Elaborative Studying with Concept Mapping［J］. Science，2011，331（6018）：772－775.

［33］ROBINSON，R. Calibrated Peer Review：An Application to Increase Student Reading &Writing Skills［J］. The American Biology Teacher，2011，63（7）：474－480.

金融教育国际化的意义、实践与经验

中央财经大学　姜富伟　新加坡管理大学　薛舒予①

摘要：在2008年国际金融危机之后，国际金融市场发生了巨大的变化，中国金融市场也面临着经济全球化、人民币国际化和“一带一路”等种种挑战。我国的金融教育迫切需要更加国际化，培养出精通国际金融市场规则的高端人才去适应瞬息万变的国际金融市场，能更加精准地理解国际市场的变动和更加及时的对国际市场波动给予反应。本文阐述了金融教育国际化的意义、实践方式以及经验累积；通过比较中国与其他国家的金融教育，可以发现金融教育国际化在实践过程中遇到的困难以及需要面临的挑战。希望本文能为以后金融教育的国际化提供参考和推进。

一、金融教育国际化的意义

随着计算机和网络的普及、贸易自由化和资本流动管制的放松，国际金融市场高速发展。新时代的金融业不再是故步自封，而是牵一而发动全身。国际市场的波动直接影响我国的金融市场；2008年国际金融危机，我国深受影响，政府主动推出了“四万亿计划”，增强市场流动性；英国退出欧元区，我国人民币也受到剧烈影响。如今的金融市场早已被网络和交易方式强制地连接在一起，金融国际化是世界发展的潮流与趋势。国外金融机构和大型跨国公司纷纷涌入中国，我国企业也在走向世界，拓展海外市场。随着金融资源配置逐步市场化，金融活动日趋国际化，国内金融机构的国际业务量日益增长，资本组成越来越多样化，参与国际金融组织之间的合作、竞争的规模和程度迅速加大，金融市场不断开放和扩大。金融业的国际化导致了金融机构对金融专业人才的需求发生变化。需要我国的高校培养出既符合国内宏观金融体制与规律，又精通微观

---

① 姜富伟，中央财经大学金融学院副教授。薛舒予，新加坡管理大学李光前商学院研究生。

金融市场运行机制，具备扎实的国际金融市场理论知识和实践技能的国际化金融人才。因此，金融教育国际化既是对我国传统教育的严峻挑战，又是我国高校迈入世界一流学府之流的重要机会。

对国际金融人才需求的急迫性不仅仅是因为经济迅速的全球化，还因为目前金融人才具有严重的结构性矛盾。根据“一行三会”制定的金融人才发展中长期规划，未来 10 年的中国从业人员总量将按照年均 3.5% 的速度增长，到 2020 年将达到 515 万（许一帆，2013）人。目前中国的金融人才急需了解国际金融市场和感知国际市场方向的复合型金融人才。但是，从我国金融人才市场的现状看，金融人才的供需出现了结构性矛盾。一方面，由于各地高校的办学规模不断扩大，普通金融人才已经呈现过剩现象，各大高校金融专业学生的就业率明显出现下滑趋势；另一方面，许多金融高级职位长期悬空，缺乏融会贯通中外文化，了解中外办公风格，能够帮助国内金融公司与国际接轨的人才。一些国际化金融公司甚至因为缺乏专业人才而停止业务的国外拓展。例如，私人银行部门存在对金融、外语、管理等专业复合型人才的绝大需求，但现有的教育机制却很难满足这种需求，需要银行内部自己去培养，因而延误了业务拓展的机会。

因此，金融教育国际化是金融领域迫切的需求。实施金融教育国际化，不仅能帮助我国在国际经济一体化时，在国际金融市场中脱颖而出，并且可以填补我国高级金融人才稀缺，帮助我国在国际金融市场的波动中占据有利位置。

二、各国金融教育的经验借鉴

明确金融教育国际化的意义后，我们需要研究履行金融教育国际化的具体细节。根据国际大学协会（IAU）的定义，高等教育国际化是指跨国界、跨文化的观点和氛围与大学的教学、科研、社会服务等主要功能相结合的过程。这是一个包罗万象的变化过程，既有学校内部的变化，又有学校外部的变化，还包括学校自身政策导向的变化（桂花，2010）。

在过去的几十年里，金融教育国际化俨然已成为一些国家的重要产业之一。在为国家发展提供大量优秀人才的同时，金融教育国际化通过促进相关产业的发展，对国家的经济发展产生了巨大的拉动作用。在我国计划经济向市场经济转轨、金融业正得到快速而充分发展的历史时期，为适应培养宽口径、厚基础、开放性和国际化金融人才的需要，我国金融学人才培养模式进行了一系列改革，改革的内容主要集中在课程体系、教学内容、教学手段和方法及培养视野等四个方面（曹源芳，2009）。然而，除了在教育大方向上的学习，我们还可以从细节上，具体地参考其他国家的教育方式。

（一）美国

美国作为世界最多一流学府的国家，其具体教育理念和方式在不同的城市和不同的地域都具有差异性；但是基础的课程设置和教育目标还是相对统一的。美国教育在近几年来，针对不同的高等教育阶段设置不同的目标，提供不同的人才去适应市场的需求。针对本科教育，美国高校的主要趋势为抛开专才教育的培养目标，实行通才教育；为本科生制定大量的基础教育课程作为必修课，如社会学、文学、哲学、自然科学等，以此培养本科生的思维能力以及创造能力。在一些美国学校中，如威斯康星大学麦迪逊分校、弗吉尼亚大学等，商学院的招录甚至会延迟到大三，从而避免过早地进入专业化的阶段导致对学生能力和素质的培养不足，而精细的专业教学应当放到研究生阶段进行。在研究生阶段，美国的高等教育目标为培养具有实践能力的高知识专业人才，研究生的教学内容主要集中在加强学生的就业能力，上课期间，学校会邀请大量的从事实际工作的业内人士以及高管为学生进行讲座，让学生清楚地了解到市场对金融人才的具体要求，获得一定的金融实务工作能力，以此增加学生在金融领域求职的信心，以及以后的工作能力。至于博士阶段的教育，美国高校会以金融研究为目标，在课程中设置大量的数学、统计学课程，以保证博士学生能更好地应对在研究中遇到的各种挑战。

（二）加拿大

加拿大的教育模式基本上与美国相同，但是加拿大的人口较少，学校招生人数较多，社会上大面积普及高等教育，教育情况与我国比较相似。相对于美国对每位学生的个性的制定化服务，加拿大对学生的培养则具有固定的模式。在大多加拿大的名校中，如多伦多大学、蒙特利尔大学等，金融的教育放在商学院的首位，与经济学泾渭分明，与会计学相辅相成。相较于美国对本科生的广泛通才教育，加拿大学校的通才教育会比较狭窄。在加拿大的本科教育中，金融学有效地和会计、战略管理、市场营销融合，让本科生能在进入商学院以后再决定自己的方向和专业；这样的教育理论，让学生能更好地进行跨学科的转换和学习，从而提高学生的创造力。我国目前的本科教育太过于精细化和专业化，大大地限制了本科生的创造力，导致本科生在进入金融市场后，不能灵活地运用新的知识，以及对传统的问题提出更具活力的解决方案。在对研究生的教育中，加拿大的教育模式更加实务，在加拿大的很多研究生项目中，研究生需要休学半年，完成长达六个月的全职实习才能获得硕士学位，并且学生实习的公司必须获得学校的认可。这种高强度、长时间的全职实习，将会让学生在就业时具有一定竞争优势，让公司更加满意学生素质。

（三）新加坡

新加坡作为亚洲高等教育的先锋，在融合西方的各种教育模式的情况下，又结合了亚洲学生的特点，采用最适合亚洲学生的教育模式，希望培养出兼具严谨逻辑思考和发散创新能力的金融人才。新加坡的教育模式基本沿用美国的制度，区别在于加强了数学和经济学的培养。加拿大的教育是让金融与管理学、会计学等商学院内部学科融合，新加坡的教育则是让金融与数学、统计学以及经济学融合。新加坡鼓励学生持双主修学位，学生在主修金融的同时，会辅修，甚至同时主修会计、经济、数学或计算机。这种培养模式让学生在市场上更具竞争力。随着信息化的发展，金融教育应该随着市场瞬息万变，目前的国际金融市场中，大数据以及程序化交易越来越广泛的应用，金融和数学以及计算机的关系越来越密切；这种双学位的培养模式可以让学生通过跨学科的学习，在将来引领金融发展的新方向。

三、国外金融教育案例分析

多元化的市场要求金融教育者用更广阔的视野和积极应对发展潮流的眼光，动态地看待金融人才培养的目标。金融从业者有着不断使自身人力资源终身“保值”和“增值”的强烈要求。因此我们应当把大学教育仅仅视为终身教育的一个环节或者一个阶段，处理好大学教育、职业教育和继续教育之间的关系。有了终身教育这个前提理念，就可以从成本—收益平衡的角度来进行分阶段培养目标的科学划分，并研究各阶段性培养目标之间的衔接问题，使得培养目标体系既体现不同学历阶段培养目标之间的内在关联性，又体现出层次递进性（邵宇，2005）。本文两位作者有幸分别接受过美国的本科、硕士研究生教育和新加坡的学术硕士、博士研究生教育。因此，想以亲身经历为案例，具体地分析一下国外的金融学本科、硕士和博士教育模式。

（一）本科生教育

在金融本科生教育上，国外学校更重视通识教育。比如笔者之一本科就读于美国匹兹堡大学金融专业。在本科时期，大学对学生的毕业要求为所修课程的总学分需要到达130；并且除了对总学分的要求，对所修课程的结构也有要求。在这130个学分中，必须包括主要的必修课，微积分、心理学、哲学、文学、写作、两门自选的自然科学以及两门自选的人文科学。以上的必修课是针对全校的本科生；作为商学院的学生，还需要完成商学院的必修课，这些商学院的必修几乎涵盖了商学院的所有专业，帮助学生更好地进行交叉学科的学习。这些课程主要有初级微观经济学、初级宏观经济学、财务经济学、财务会计、管理会计、市场营销、战略管理、量化分析、管理道德与利益相关者分析（Managerial Ethics and Stakeholder Management）、信息系统入门、运筹学管理（Operation Management）、行为组织学、人力资源管理、商业沟通基础（Foundation in Business Communications）以及商学院学生职业生涯规划（Your Career Success）。此外，作为金融专业的学生，学校还会要求学生学习金融专业相关的专业课程，其中包括公司金融、投资管理、金融建模以及期权与期货；最后两门为金融专业选修课之二。美国对本科生的基础教育远重于专业教育，商学院本身对本科生在学科交叉学习中起到了极大的重要，美国本科生的专业性不强，但对各个商学院的方向有所涉猎。

（二）研究生教育

在金融研究生的教育上，国外学校着重于职业或专业教育。比如笔者之一在研究生时期，就读于华盛顿圣路易斯大学，对于研究生项目，学校一开始就设计好了全部的课程规划，所有课程都是金融专业相关科目，为研究生在市场上就业做准备。研究生课程涵盖两个方向，公司理财和投资分析。公司理财方向的课程包括：高级公司理财课程1——估值、高级公司理财课程2——融资、高级公司理财课程3——估值前沿技术、并购与重组、基础财务报表分析以及高级财务报表分析。投资分析方向的课程包括：金融数学基础、投资理论、金融随机过程基础、期货与期权、金融衍生物、投资数据分析以及金融研究基础。所有课程都是着眼于市场上的实际操作，希望为学生在就业方面提供一定帮助。此外，为了更好地帮助学生就业，学校还开设了两门金融实践课程；在这两门课程中，学校安排学生去到纽约和华盛顿，并邀请了政府各个部门和业界中各大公司的工作人员与学生讨论当前市场情况，以及金融就业的具体问题和方向，帮助学生更好地了解市场。

（三）博士教育

在金融博士研究生（包括学术型硕士）教育上，国外学校重视学术研究能力培养。笔者就读于新加坡管理大学；新加坡管理大学作为新加坡三大公立大学之一，在学术理念上借鉴了美国的模式，因此教育理念基本与美国相似。在博士教育的阶段，学校非常注重培养学生的独立研究能力。博士培养期限一般是4~6年，绝大多数学生5年毕业。但是，博士期间的课程量较少，基本一年到一年半就可以学完，课程内容完全围绕研究性学习，主要希望学生能培养自我独立学习的能力。因此博士期间的课程涵盖了大量的经济学课程和定量分析课程，其中包括高级微观经济学1、高级微观经济学2、高级计量经济学1、高级计量经济学2。对于金融方向的专业研究，新加坡管理大学要求学生完成以下课程：商学研究基础、金融研究方法、公司理财、高级公司理财、资产定价理论、金融实证研究、投资管理以及微观市场结构。此外，所有的在校博士生必须参加学校例行的每周学术讲座，并要求在期末根据学术讲座内容提交一定数量的批判性审稿意见。

目前我国的金融市场处于发展时期，面临很多不确定的挑战和突发性的变化，因此，我国的国际化金融教育不应盲目模仿和抄袭西方教育模式，应该结合中国金融市场的特色，解放学生的创造力和想象力，为中国的金融市场发展开创自己的新兴道路。让我国金融在配合国家国情和政策的基础上，更好、更快的与国际市场接轨。

四、完善我国金融教育国际化的实践方式

在了解各国的教学经验后，我们应该思考出具体的改善我国金融教育的具体方针。我国金融教育国际化的首要目标是为我国的金融市场提供国际化人才，以便建设我国繁荣的金融市场和提供便捷的金融服务，接受金融全球化的严峻挑战。本文中，我们将提出一些具体的金融国际化的实践方式，希望能帮助推动我国金融教育的发展。

（一）加强学生的个人素质培养

国际化金融在国家经济发展中的核心地位、技术创新及市场特色，对高素

质金融人才的思想素质、知识结构、业务能力以及身心健康等都提出了更高的要求。高素质金融人才必须具备良好的心理素质、高尚的职业道德操守、国际化的视野与资本运作理念、跨文化的交流与沟通能力、扎实的国际金融专业理论与实践技能等（王向荣，2004）。除了以上所述的各种要求，我们认为为了更好地适应我国迅速以及多变的金融市场，金融创造力一定是必不可少的。如果增加我国学生的金融创造力，首要的要求就是加强学生的个人素质培养。

在我国传统的金融教育中，我们总是让学生过早地进行金融精细化、专业化的培养，或许这种教育模式很适合传统的基础学科；但并不适合新兴多变的金融学教育。现有的金融教学中专业设置存在过窄过专的格局，这在一定程度上造成了对培养学生能力、素质所需投入的相对不足。我们可以参考西方的教育，加强学科的交叉与融合，注重拓展金融专业的教育内容，使学生具有开阔的视野、广博的学识。同时，加强学生对其他学科的学习，可以帮助学生开发创造力，以及联想能力，帮助学生增加自我处理问题的能力，让学生以后能更好地应对将来的挑战。“授人以鱼，不如授人以渔”，我们不仅要提高学生的理论基础，也要提高学生的基本素质，增强学生从事实际工作适应能力。金融本科的课程，不应该是提供一种职业培训，而是应该为学生打下一个宽广的人文基础，为将来可能接受的职业训练或者进一步的深造奠定基础。

（二）通过与业界合作加强金融教育

金融领域是典型的知识密集型与资金密集型领域，除了一些课本和理论上的知识，金融领域中还需要覆盖具体的实践方法论。金融领域知识广泛，竞争激烈，金融学本科毕业生进入社会从事实际工作所需的知识和技能不可能在本科学习期间全部解决，其中大部分只能在实践中去学习。加强学校与业界的联系，让学生能更加具体形象地了解金融人才在进入业界之后应该面临的挑战。从金融学专业的毕业生就业看，主要有以下八个方向（1）金融业监督管理机构，包括人民银行、银行业监督管理委员会、证券监督管理委员会、保险监督管理委员会等。（2）商业银行，包括四大商业银行和股份制商行、城市商业银行、外资银行驻国内分支机构；政策性银行包括国家开发银行、中国农业发展银行等。（3）证券公司（含基金管理公司）、信托投资公司、金融控股集团等风险性很大的金融公司。（4）四大资产管理公司、金融租赁公司、担保公司。（5）保险公司、保险经纪公司、社保基金管理中心或社保局。（6）上市股份公司证券部、财务部、证券事务代表、董事会秘书处等。（7）国家公务员序列的政府行政机构如财政、审计、海关部门等。（8）高等院校金融财政专业、研究机构（史瑛，2009）。

学校可以与当地的金融部门合作，取得它们的支持，从而举办模拟情景教学，如外汇交易、期货买卖与股市操作大赛；也可与金融报纸杂志联合举办讲座，邀请从事实际工作的业内高管对学生的案例分析和金融文稿进行具体点评。此外，学校还可以邀请金融行业的各类从业人员，如保险业的精算师、证券业的交易员、研究所的分析师、银行业的客户经理以及咨询业的咨询顾问等，到课堂上讲解他们各自行业的特点，进入该行业需要的技术，以及日常具体的工作需求，让学生能清楚各个金融细分行业的特点，从而更好地规划自己的职业生涯；同时也能让各大公司更好地了解本校的学生素质，留下良好的印象，帮助学生以后就业。同时，老师在上课时可以采用美国 MBA 的上课模式，在每次讲课中，穿插对当前金融市场的分析，和学生探讨金融新闻，让学生能更好结合理论知识进行分析。

（三）丰富教育内容和形式

金融专业毕业生最终要从事金融业务的具体操作，在强调理论基础的同时，与实践的有机结合可以帮助学生获得金融实务工作能力。实务的教学内容，应该与金融市场的变化息息相关。然而，传统的金融教学重要的是货币信用经济学的教学，它是建立在以银行为核心的金融体系之上的，但是 20 世纪 80 年代以来，发达国家的金融体系格局发生了很大变化，股权资本有事利益凸显，由此西方金融教学开始日益重视资产定价、衍生金融工具、货币时间价值等金融经济学的内容。（宋威、房红，2010）。目前在我国多数高校中，金融教育的目标仍然定位于政府机关部门宏观管理，着重于宏观经济理论的经济学与金融学的学习，忽视了微观领域如公司金融和资产定价的学习。而西方各国高校的金融学专业注重培养学生面向金融企业的实际工作能力，着重于培养懂得精通市场运作、掌握现代金融技能的经营者。因此，各大高校可以着眼于构建系统的金融教学目标，将对宏观理论的学习融入微观的实践中，让学生能熟悉掌握双方面的内容。

此外，各大高校也应该加入金融外包行业的培养。2009 年教育部、商务部联合发布的《关于加强服务外包人才培养促进高校毕业生就业工作的若干意见》指出，各类高校要在相关专业开展服务外包人才培养工作，在高职高专、本科、研究生等层次培养高质量的服务外包人才。在该意见的指导下，国内不少综合性大学在其软件学院、信息学院等，或各科技大学、工业大学、理工大学、外贸大学、信息工程学院、职业技术学院等大专院校设置了服务外包专业或专业方向（韩莉、杨宜，2011）。但国内高校服务外包专业的设置基本都是立足于信息科学的，所以培养的人才在信息技术方面的能力较强，而在金融、外语、管理等方面的知识和能力相对不足。

各大高校除了应该丰富教学内容，在教学形式上也应该增加多样性。当今社会金融的分红越来越细，金融领域的工作岗位繁多，所需知识与技能广泛，一项工作的完成需要不同部门的同事合作与配合。要使学生能日后更好适应工作，培养他们的合作精神与配合技能是十分必要的。学校可以采取多重考核学生的方式，在日常教学中，加入案例分析、模型搭建以及小组报告等多种多样的形式以培养学生的合作精神和配合技能。在很多西方国家的金融教育评分中，卷面笔试成绩往往只占总成绩的50%或者更少，老师在考核学生成绩时，需要检验学生是否能在掌握知识的同时，将知识灵活地运用在各种分析上，以及学生是否有能力和良好的心理素质去与其他学生合作。

五、总结

综上所述，金融行业未来将是一个不断推陈出新、竞争激烈、极具挑战性的行业。我国的各大高校有责任为我国培育出具有创新意识和开放意识、拥有社会责任心、合作精神的高知识金融人才。为了适应金融的国际化以及国际金融市场的瞬息万变，我国金融教育的国际化刻不容缓。本文具体详细地叙述了其他国家金融教育的特点，并结合我国教育的特点和国情提出了具体的金融教育国际化的实践方式。希望在未来的金融教育中，我国高校能以市场需求为导向树立新的人才培养目标，革新教学方法与手段，以培养适应市场经济要求和国际竞争需要的金融人才。

参考文献

[1] 许一帆．金融国际化背景下高校金融人才培养模式［J］．探索教育理论与实践，2013（27）．

[2] 桂花．培养国际化复合型金融人才［J］．人力资源管理，2010（4）．

[3] 曹源芳．全球化背景下金融学人才培养模式的转型［J］．金融教学与

研究，2009（3）．

［4］邵宇．论中国高校金融专业人才培养目标和模式［J］．金融教学与研究，2005（6）．

［5］王向荣．国际化金融人才的培养与高校金融教育改革［J］．广西商业高等专科学校学报，2004（3）．

［6］史瑛．从金融产业发展看高校金融学专业课程体系的构建［J］．新乡学院学报（社会科学版），2009（10）．

［7］宋威，房红．后危机时代金融教育国际化问题研究［J］．黑龙江金融，2010（2）．

［8］韩莉，杨宜．我国高校金融服务外包人才培养研究［J］．金融教学与研究，2011（5）．

第三篇

教学质量与教学方法

《互联网金融》在研究生教学中的模式与效果分析

——以××大学研究生《互联网金融》2014—2016年教学为例

中央财经大学　陈　鑫　李建军[1]

摘要：近年来，随着信息技术的不断发展，新事物、新概念层出不穷。对于高等院校教育工作者而言，如何更合理、有效地将新鲜元素引入日常教学，是高校研究生教学中的重点内容。2013年互联网金融的兴起为高校金融教育教学工作的探索提供了良好的契机。××大学金融学院积极整合高校与业界的优质资源，全新打造国内首个《互联网金融》研究生课程，并取得了良好的反响，为此类教学模式的推广与应用作出了积极而有意义的尝试。

关键词：互联网金融　课程　研究生教学

自2013年以来，随着大数据、云计算等互联网信息技术与远程通信技术向金融行业的不断渗透，互联网金融的概念逐渐兴起并迅速传播，金融业务的去中介化、互联网化趋势使得金融新业态在改变传统金融机构业务模式和行业发展格局的同时，也在改变着市场对于高端人才知识层次和素质水平的需求结构。互联网金融领域是一个跨学科的行业，它要求融合金融、信息、通信、IT、营销管理和法律等行业，所以要想进入该行业需要同时具备以上多方面的知识和技能，互联网金融人才供给已经跟不上互联网金融扩张的步伐，复合型人才在短期内更是“一将难求”（潘晔，2015；蒋丰一，2016）。严玉华（2015）认为目前我国互联网金融的人才供给渠道主要有：互联网金融公司人才储备、海外留学人才归国以及高校培养。其中，只要加大高校对于互联网金融人才的培养力度，增加互联网金融人才造血与输血，才能在根本上解决市场对高端互联网金

① 陈鑫，中央财经大学金融学院研究生。李建军，中央财经大学金融学院院长、教授。

融人才的渴求。

大力发展互联网金融可以缩小与发达国家金融之间的差距，因此高等院校应该改变传统的课程体系，建立一种高瞻远瞩的人才观（莫易娴、刘仁和，2014）。当前，我国金融领域的人才队伍已经无法完全满足互联网金融发展对于高端人才的需要，亟须高校培养一批兼具金融业务、计算机技术、营销管理等才能于一身的复合型人才。急迫的人才市场需求，引发了高校等金融人才培养单位的关注与反思，正在倒逼高校教育模式转型。究竟怎样的金融人才才能胜任新时代对金融人才的要求？作为金融人才培养排头兵的财经高校又应该如何培养出符合时代潮流的金融人才？

大学的人才培养目标，一方面主要依照人才培养内在需求逻辑的顶层设计而形成，同时也要随着社会和时代的发展变化进行调整。当代新技术革命对创造性人才的培养提出了更高的要求，表现在：教学目标上具有明确的专业性，教学内容上具有一定的探索性，教与学的关系上学生学习具有相对独立性，教学形式上有更多的实践性，等等。

李东荣（2013）和于博（2014）指出，主动应对大数据时代信息化金融带来的机遇与挑战，与时俱进、面向未来地推动金融教育和金融人才培养，是当前金融教育工作的重要课题；金融业与教育业应进一步做到转变观念、积极应对、应时而动、改革创新、加强合作、资源共享，共同为我国金融改革发展做好人才储备。秉承这样的理念，2014 年 3 月，××大学金融学院应互联网金融兴起的良好契机，大力整合高校与业界的优质资源，面向 2013 级硕士研究生首度开发了《互联网金融》系列课程，在国内金融学专业高等教育教学领域进行了最早的探索与尝试。自面向 2013 级硕士首度开课后，课程反响良好，继而又面向 2014 级硕士和 2015 级硕士继续授课，经过三年的教学实践积累了丰富的教学经验与感悟。本文作为课程负责团队对课程实施情况及效果调查检验的研究报告，以期在未来为不断完善提高课程体系设计的合理性、调整更新课程内容和授课模式、结合互联网金融实验室的建设进一步开发实验教学、实践教学课程模式，以及日后其他类似新课程的开发提供借鉴和参考。

一、《互联网金融》在高校研究生培养中的开课现状

自 2013 年互联网金融这一新兴业态以铺天盖地之势席卷而来，业界和学界关于互联网金融业务模式及未来发展始终热议不断，争论不休。这也为高校金

融专业研究生的教育教学提供了丰富的案例和素材。

目前在国内，包括××大学金融学院在内，将互联网金融与营销作为案例教学融入金融学相关专业硕士研究生教学培养环节中的尝试已有一些，从××大学金融学院实践的情况看，因聘请业内专家结合实际设计教学案例，并注重加强师生交流讨论，在学生中取得了良好的反响。还有部分高校，如清华大学、对外经济贸易大学等，或独立或与企业合作，设立互联网金融实验室或研究平台，但并不主要致力于人才培养和课程建设。将互联网金融相关知识板块系统设计为一门专业课程的尝试，在国内外的高校金融研究生教学中均较为缺乏。

实务类课程本来应以启发式教学、案例教学、多版本教案、情境式教学等强调学生自主与师生交互的教学方法为主流趋势，但每一种教学方法都有它的优缺点和特定的适用条件，没有一种是普适性的，即教无定法（叶志明，2009）。因此，××大学金融学院作为国内重要的金融学教学、科研单位，积极尝试将各界优质的教育教学资源有机整合，根据授课教师与教学内容的安排探索不同的教学方法，紧跟时代潮流、追踪互联网金融最新前沿动态，不断丰富金融人才培养课程体系，于2014年3月打造了专题讲座式课程《互联网金融》，在国内外高校金融专业研究生教学中作出了积极而有意义的尝试。

二、××大学研究生《互联网金融》课程的实施

《互联网金融》作为该院学术及专业硕士研究生的选修课程，已正式写入研究生培养方案。既然是为研究生开设的课程，该课程人才培养的目标定位于培养具有扎实业务能力的创新型人才。在教学设计上不仅要涵盖业务和专业技能知识的普及，更要注重理论研究和创新能力的培养。课程负责团队以此为依托，通过课程体系设计、授课教师安排、课后跟踪调查等一系列环节，检验《互联网金融》这一创新前沿课程在高校研究生教学中的实际效果，探究将金融经济前沿热点元素融入高校金融类研究生教学培养的可行方法与路径。

1. 实施方案与教学模式

《互联网金融》课程共36个学时，以讲座形式，邀请校内专家及业界精英人士对互联网金融新业态的理论探讨、运作模式、法律监管、消费者权益保护及未来发展方向等进行专题讲授。

每次授课课程负责团队会从学生和教师两个层面进行效果检验，考查教师授课主题、内容安排、现代化教学手段利用、授课准备、现场掌控等；考查学

生课堂出勤率、听课面貌、课堂活跃度、问题质量、非选课学生旁听情况等。本课程采用课堂笔记考核给分的方式，作为学生课程考核得分。除此之外，可以通过对单个学生每次笔记和课后感以及不同教师授课笔记得分情况，进行纵向和横向均值方差分析，直观估计判断课程的授课效果。通过对授课教师课前、课后调查回访，从教学角度进行效果评价，并寻找未来可能改进的方面或方向。

2. 教学实施过程

课程学分为 2 学分，36 个课时。课程邀请到罗明雄、黄震、易欢欢、董宝青、王思聪、张越等校内外知名人士，采取授课内容专题化、师资结构多样化、考核形式灵活化等几大创新模式，按照课程体系的内在逻辑设计安排讲座专题，根据课堂笔记质量进行考核，课堂讨论质量进行评定，最大程度调动学生学习的热情和积极性，培养独立思考和分析问题的能力和良好思维方式。讲座嘉宾思路清晰敏捷、讲解深入浅出，学科间交叉融合、案例资料信手拈来，各期讲座现场火爆异常，除近 200 名选课学生外，还吸引了校内外师生、政府部门、金融机构、新兴互联网金融公司、媒体等从业人员前来参加。各期嘉宾演讲主题见表 1。

表 1　《互联网金融》2014—2016 年课程教学内容

2014 年	主讲嘉宾	职务	授课主题
第一讲	罗明雄	京北投资管理有限公司总裁	互联网金融模式解析及发展趋势
第二讲	易欢欢	互联网金融千人会秘书长	互联网金融的机遇与挑战
第三讲	黄震	互联网金融千人会创始人兼会长	互联网金融消费者保护
第四讲	张海晖	阿里集团政策研究室高级专家	电子商务与互联网金融发展实践
第五讲	张连泽	中信银行电子银行部总经理	商业银行的互联网金融策略
第六讲	王思聪	翼龙贷网创始人	P2P 网贷平台运营模式与风险防范
第七讲	张××	××大学教授	大数据与互联网金融创新
第八讲	董宝青	工业和信息化部信息化推进司副司长	信息化引领金融创新
2015 年	主讲嘉宾	职务	授课主题
第一讲	罗明雄	京北投资管理有限公司总裁	互联网金融创业投资
第二讲	张连泽	中信银行电子银行部总经理	商业银行的互联网金融业务创新
第三讲	王思聪	翼龙贷网创始人	互联网金融与翼龙贷模式
第四讲	张越	波士顿咨询公司的董事经理	大数据与互联网金融创新
第五讲	李××	××大学教授	互联网金融基本理论
第六讲	张海晖	阿里集团政策研究室高级专家	电子商务与互联网金融发展实践
第七讲	勾亦军	新时代信托有限公司常务副总裁	互联网金融与信托行业发展

续表

2014 年	主讲嘉宾	职务	授课主题
第八讲	于东升	融通汇信投资有限公司阿朋贷网的首席运营官	互联网金融战略规划以及运营实践分析
第九讲	张××	××大学教授	大数据价值与互联网金融反思
第十讲	邹传伟	中国人民银行金融研究所副研究员	互联网金融手册简介
第十一讲	方×	××大学讲师	比特币：运行机制、价格风险
2016 年	主讲嘉宾	职务	授课主题
第一讲	罗明雄	京北投资管理有限公司总裁	天使投资的四个阶段
第二讲	李××	××大学教授	互联网金融的理论分析框架
第三讲	欧阳日辉	中国互联网经济研究院副院长	互联网金融的风险防控与监管
第四讲	邹传伟	南湖互联网金融学院常务副院长	互联网金融及其监管的基础理论
第五讲	张海晖	微金融 50 人论坛秘书长	微金融与互联网金融
第六讲	方×	××大学讲师	数字货币与央行目标
第七讲	陈楚荣	广东揭阳博大金融集团总裁	众筹平台经济
第八讲	庄乾志	中国建投投资银行部副总经理	金融机构与互联网融合与创新
第九讲	黄震	互联网金融千人会创始人兼会长	互联网金融十大趋势研判
第十讲	张××	××大学教授	大数据与互联网金融创新
第十一讲	李德峰	××大学副教授	互联网金融资产与证券化
第十二讲	章×	××大学信息学院教授	互联网金融的信息经济论

三、研究生《互联网金融》课程的创新和突破

1. 教学理念前沿化

在 2013 年互联网金融浪潮汹涌来袭之时，××大学金融学院及时把握住这一热点，一方面支持学院教师积极参与互联网金融相关的学术研究，另一方面在以往案例教学的基础上，进一步将这一概念以单设课程的方式引入研究生日常教学当中，这是研究生教学理念前沿化的体现。之所以选择在互联网金融这一新兴业态刚刚兴起尚无定论时将其引入，而非像其他概念或业务领域，待其成熟之后方才引入，是希望让学生对新兴金融业态有较为全面、系统的认识与理解；邀请实务界管理人员与理论研究教师一起，能让学生及时把握业界最新的前沿动态，学会科学、理性地看待、分析新兴热潮的理论基础及未来发展。而随着经济全球化和我国金融自由化的进程不断深入，金融体系将会有更多新

元素、新概念、新业态出现，对于高校金融相关专业人才培养来说，抓住前沿热点，将其引入教学将成为举足轻重的一部分。

2. 课程内容专题化

《互联网金融》课程以讲座形式进行，每一场讲座要根据该领域理论及实践运行的内在逻辑设计每一讲的专题，并对应邀请相关的业界专家或学者拟定讲座题目和主要内容，这样一来，最大程度避免了各讲主讲教师之间由于信息不对称造成讲座内容重复，保证了课程体系的系统、完整的同时，使每个专题的讲授鲜明而深入。这也符合创新型人才培养中教学目标明确、教学内容专题探索的教学特点和要求。

3. 教学资源跨界化

在《互联网金融》课程的实施过程中，较好地实现了教学资源的跨界整合。在不同专题讲座的主讲人中，有来自阿里金融、P2P 贷款公司等互联网金融企业，有来自高校，其研究领域及专长涵盖金融、经济、法律、信息技术、工程管理等，这样的师资结构使得实践经验与理论探讨很好地结合，促进业界与学界在数据、案例、素材等教学资源方面的交流融合，共同实现金融人才的教学培养。对于学生而言，也使得他们在学习的过程中理解更直观、透彻，更好地做到理论联系实际。

4. 考核形式灵活化

本课程一改以往闭卷考试的传统模式，采取灵活多样的考核方式，通过学生课堂出勤率、听课状态、讨论参与度、课堂笔记质量等考核项目进行综合打分。创新考核形式在一定程度上激发了同学们听课的热情，提高了其学习的认真程度，保证了学习的持续性，避免出现高分低能的现象。同时将考核分散到平时的学习中，注重过程考核环节，避免期末死记硬背和一次笔试的偶然因素，综合评价让考核结果更加公平合理，突出对学生应用能力的考核和培养，更利于学生对于所学实际问题的吸收和深入思考。

四、《互联网金融》课程教学效果分析

该课程是金融学院首次尝试将时下热议话题互联网金融以课程的方式融入研究生课堂教学体系，取得了较好的反响和效果。这一尝试不仅丰富了××大学金融学科人才培养的课程体系建设，为互联网金融环境下人才培养以及我国互联网金融事业的发展作出了一定的贡献，同时也为××大学与时俱进、及时

把握市场动态、将金融发展新动向引入课堂教学积累了宝贵的经验。

1. 主讲嘉宾对于课程的评价

在与授课教师的课前课后交流回访中，我们得知，参与授课的教师对于此举均持肯定支持的态度，认为××大学在推动互联网金融健康理性发展的过程中起到了非常重要的作用，金融学院更是作出了很大的贡献，无论在理论探讨还是教学安排方面都走在同行前列。参与授课的嘉宾教师更是大力推崇××大学金融学院采取的课程探索和教学模式，通过其微信平台对外进行大力宣传，吸引了校内外诸多人士的关注；部分授课教师还提出愿意为学生提供参观、实习的机会，使学生更加直观地学习和理解。

2. 学生课后体验

互联网金融课程的设置和安排在同学们的心目中也是有口皆碑。参与听课的同学们普遍觉得这样的授课形式，减轻了他们的学习压力的同时提高了课堂上的学习效率，也激发了他们课下学习、深入了解的兴趣。

传统教学方式，主要是教师灌输式教学，学生被动听讲，很少参与到课堂中和老师一起思考。而在互联网金融课堂中，老师先设定一个讨论主题，同学们课后查阅资料、撰写研究报告，在课堂上展示分析，课后总结反思。教师可以结合经典的案例内容与同学们讨论互动，并将互动过程纳入平时成绩考核中，同学们积极参加讨论，各抒己见。此外，同学们对于老师们讲解的各类案例也是大为喜爱。老师们精心准备的经典案例，有的是作为“导入”有的是作为“总结”，根据课程情景设计案例，抓住案例内容的精华，突出案例教学的真实性、可学性和内涵性，尽管无形之中提高了授课教师的备课难度，增加了授课团队的工作量，但是同学们对于此种授课模式的评价很高，并且表示案例教学给他们留下的印象和对行业发展的理解程度要远胜于单纯的“填鸭式”教学，案例式教学更能引导他们对生活中新出现的经济问题进行比较思考，举一反三。

在互联网金融课堂上，来自业界的授课教师还用其白手起家创办企业的亲身经历或者其所在公司的实际运作模式作为案例，不仅有最详尽的金融应用知识，还讲述企业家们成长成才的励志故事，不断激励同学们自主创新、敢想敢做，同学们倍感亲切、精神振奋，收益良多。业界导师授课的模式让大家对于互联网金融企业的业务操作有了更加深刻的认识，也在一定程度上让同学们重新认识了互联网金融创业成败的因素。

3. 学生培养长期效果的检验

在对课程效果进行检验的过程中，我们还对选课的同学进行后续跟踪调查，检验课程对于其实习、实践、就业选择，以及对于学生进行科研、论文写作、案例研究等方面的帮助作用。

从2013级学硕、2013级专硕以及2014级专硕来看，其毕业论文（案例）选题、实习单位选择以及最终求职单位选择的情况看，课程的开设增加了学生对于互联网金融的全面理解和理性认识，也帮助学生建立更合理的理论与知识体系，在面临多种选择的同时也使学生更科学地进行职业规划。后续团队将以构建互联网金融企业实习率、就业率等相关指标的方式，量化考察该课程是否以及在多大程度上对学生的实习实践或职业选择产生影响、课程对学生的思维方式养成、知识体系架构、信息查找获取、方法介绍运用等是否合理全面等。

五、进一步完善《互联网金融》教学的建议

总体而言，研究生《互联网金融》课程是一次较为成功的尝试，对其他课程而言具有一定借鉴意义，但是这种授课模式也并非放之四海而皆准，在今后教学实践过程中，也具有一定的适用范围。具体适用过程中的可取之处、存在问题及改进建议如下：

1. 课程内容紧抓前沿热点，同时要自成体系

随着金融创新的不断深入，我国金融体系不断发展完善，金融领域的新概念、新业务、新产品层出不穷，可以称之为热点的元素很多，在进行课程设计时要根据其内涵和外延加以甄别，以使课程内容充实丰满，使学生学有所得。由于所邀请的教师是分别来校授课的，彼此之间信息并不能做到十分通畅，为了避免讲授内容过度重复，应该加强课程专题的统一设计，并在课前与主讲教师商定讲课大纲，做到资源最大化利用。《互联网金融》课程虽然尽量避免了这一问题的存在，但也因典型案例集中等原因或多或少存在这一问题。

同时在课程设计方面不断完善，目前课程设置已经基本搭建完清晰的教学逻辑结构，课程内容由浅入深，由一般到具体，但是其涵盖领域还可以继续拓展。目前课程内容还是以微观公司和中观行业为主，缺少宏观经济与政策对互联网金融的影响的分析，缺少对国外互联网金融体系发展较为健全的国家的成功经验借鉴等，这些教学内容可以在今后的课程设计中不断补充和完善，使同学们具备金融发展国际视野，具备敏锐的洞察力和批判性思维，对金融市场的风险和发展前景有敏锐的洞察力。

另外，课程还要着力开发研究生适用的互联网金融教材，教材的编写要尊

重实际，客观、真实地反映学科发展脉络、特征与规律，具有激发学生学习兴趣，理论性与可读性兼备，也要便于同学们课后总结复习，搭建更加系统的知识网络。在教材的难易程度方面，既要兼顾国内外前沿理论和金融学的学科基础理论，又要结合中国互联网金融发展过程中的热点问题，将两者有机协调、加工整合。

2. 学分设置可以灵活处理，增加学生实践课时的比重

课程的学分设置（课时安排）可根据授课内容灵活设置，一般为 1～2 学分，即 18～36 课时。具体时长可以依据培养目标、学期时长以及学分分配等具体要求，进行相应调整。另外，互联网金融课程作为今后同学们创业、就业的有力武器和理财投资的主战场，需要同学们具备丰富的实践经验。互联网金融本身就是应用性极强的学科，脱离实践应用价值的教学就是舍本逐末（汪连新，2015）。因此可以在课程安排中适当增加学生实践学习的课时比重。

一方面可以通过举办互联网金融相关的创业辅导课堂、创业实践大赛等活动激发同学们的创业热情，拓展同学们的择业范围。另一方面，互联网金融也是一门贴近大学生的理财实践课程。在互联网金融模式下，市场信息获取成本相对较低，交易操作简便，产品种类丰富，准入门槛低，流动性较高，特别适合大学生理财。因此，运用互联网金融进行理财是新时代年轻人青睐的理财方式，也是将课堂所学的金融知识进行运用的过程，可以鼓励同学们使用虚拟资金进行互联网金融模拟理财比赛，并以理财的收益率来作为实践考核的部分指标，调动同学们的参与热情。可以和知名互联网金融企业合作，建立互联网金融实验室和研究院，培养学生的创新能力，并为企业业务开发提供新思路（陆岷峰，2016）。

需要注意的是，实践课程在本质上是为了让同学们可以学以致用，更好地理解互联网金融的运行原理，不可因此让同学们误入“沉迷网络、荒废学业、投机倒把、盲目消费”的歧途，由于我国目前互联网金融的法律规范尚不完善，要侧重对同学们的资金安全保护，提高风险提示力度，在现有教育体系中引入互联网金融风险管理的内容（张超等，2016），让同学们保持清醒头脑，在运用互联网金融工具的同时要清楚其中蕴藏的风险隐患，更加客观公正地认识互联网金融的发展规律。

3. 创新课程形式，提高参与度张扬个性

当今互联网金融炙手可热的主要原因很大程度上在于其能够紧扣大数据、云计算、搜索引擎、移动互联等新技术的脉搏，结合新科技创新提升服务水平，

颠覆人们传统的理财观念、投资观念和消费观念，因此这种理念、形式和内容的同步创新正是互联网金融课程教学体制变革过程中，需要学习和借鉴的方法。李进付（2014）认为近年来，提升高等教育质量是当前深化教育体制改革的驱动因素，创新是改革的根本动力。然而当前的教育体制变革存在形式创新不注重内容，理念创新不注重举措落实的弊病，使得教育创新表面上看来成果颇丰而实质上流于形式，并没有实现教育目标。

因此，在互联网金融课程教学体制改革中，要注重理念、形式和内容的并行，将创新贯穿到理念、形式和内容的实处。首先，对于课程形式来说，尽管专家讲座可以为我们提供专业化理论基础、前沿化市场动向，但是学生以被动听讲为主，课堂参与度不高，难以调动同学们思考主动性和实践能力，因此，需要教育工作者不断创新课堂形式，将学生被动地接受知识灌输转变为主动思考、提出问题、小心求证，增加讨论式和研究式的实践教学设计，不断激发学生的创造性思维，这样才能更好地弘扬互联网精神，培养时代急需的互联网金融创新型人才。

还应充分利用互联网与教育结合的新模式，使网络学习成为金融人才培养和教育的重要方式。通过在线网络教学的模式，将教学从线下拉到线上，打破时间和空间的限制，使稀缺的优质教育资源可以以较低的成本在更广泛的范围内传播，让更多的想要旁听互联网金融课程的学生享受到正外部性。网络教学可以搭建网络学习平台，便于师生互动和组内讨论，让教学模式多样化、趣味化、灵活化、及时化，为学生和老师带来更好的学习体验和教学效果（张浩，2015）。

4. 控制课堂学生人数，促进深度交流讨论

研究生互联网金融课程面向金融学院的学硕和专硕，选课人数较多，加上校内外旁听人员，讲座现场人数众多，座无虚席。虽然这说明了课程受欢迎的程度，然而对于教学而言，人数过多势必会降低同学们的参与热情，影响教学效果。因此，需要采取适当的方法分流学生人数，保证教学活动可以高质量完成。

建议此类聚焦热点的课程在今后可以实行分班教学，根据选课人数，每班不超过40人为佳，并将40人平均划分为五组，每组8人，以小组的形式开展组内合作与组间竞争式学习，通过分析现有的某种互联网金融产品或者商业模式存在哪些优势和劣势以及如何改进进行研究分析，提出同学们不同的见解，授课教师和其他组的同学们还可以对汇报组设计产品提出质疑和改进建议，帮助

其完善产品。学生们不仅要学习互联网金融业务更要践行互联网“开放、平等、协作、共享”的精神精髓（李海舰等，2014）。对于有应用前景的创意还可以推荐给互联网金融业界的各位导师以及大学生创新创业孵化基金，为其提供进一步发展和推广的机会。

对此，为了更好地为同学们提供精准的课内外辅导，可以选派一些有发展潜力的专职教师到一线互联网金融企业顶岗工作、学习和调研。了解互联网金融领域发展的前沿热点资讯和实务操作，积极参加各类学术会议，了解学科学术发展最新动向，不断提高学术和教学水平（翟永会，2015）。

5. 利用业界资源，安排参观实习

目前课程还没有安排参观实习的环节，仅设置了 4 个学时让学生自主实践。后续的课程安排可以考虑充分利用课程业界资源，在不影响企业正常运转且不涉密的情况下，安排学生实地参观考察，增进学生的直观感性认识。比如组织或自行参观、走访、调查、实习等，并提交实践报告，简述实践过程，加深对所学内容的理解。

由于是金融学院开设的课程，其课程侧重点往往偏向于金融角度，而互联网金融作为一个综合性领域，仅具备金融业务知识是不够的，为此，在课程设置方面需要补充有关于计算机、移动通信、网络技术以及市场营销等方面的知识。学校的师资能力有限，可以更多地发挥校外导师的便利条件，带领学生们到企业中去参观学习计算机、通信、信息等技术在互联网金融中的实际运作情况，能够让同学们更加全面地掌握和理解互联网金融领域的架构与运作模式。

参考文献

［1］蒋丰一. 互联网金融行业人才供需现状及建议［J］. 经济研究导刊，2016（8）：79－80.

［2］李定仁. 试论高等学校教学过程的特点［J］. 高等教育研究，2001（3）：75－77.

［3］李东荣. 大数据时代的金融人才培养［J］. 中国金融，2013（24）：9－10.

［4］李进付. 大学生涉足互联网金融现象的透析及对教育工作的启示［J］. 理论界，2014（9）：150－155.

［5］李海舰，田跃新，李文杰. 互联网思维与传统企业再造［J］. 中国工

业经济，2014（10）：135－147.

［6］陆岷峰．互联网金融人才发展战略研究［J］．区域金融研究，2016（4）：19－24.

［7］莫易娴，刘仁和．论我国“互联网金融”人才的培养［J］．金融教育研究，2014（3）：66－68.

［8］潘晔．互联网金融“人才饥荒”［J］．金融世界，2015（12）：68－69.

［9］汪连新．互联网金融和大数据时代金融学课程改革及人才培养的思考［J］．教育教学论坛，2015（8）：189－191.

［10］叶志明．对高等学校教学过程的新认识［J］．中国高等教育，2009（13—14）：51－53.

［11］严玉华．互联网金融发展下人才供需状况和高校的应对措施［J］．牡丹江教育学院学报，2015（9）：55－56.

［12］于博．金融信息化人才培养方向与教学设计研究——对财经类院校建设“金融信息化学科”的思考［J］．金融教育研究，2014（4）：56－61.

［13］翟永会．互联网金融时代高校金融教育变革模式探析［J］．高教学刊，2015（17）：1－4.

［14］张超，李吉栋，徐临．现阶段我国互联网金融教学内容改革探析［J］．中国市场，2016（11）：207－208.

［15］张浩．如何培养互联网金融人才［J］．金融博览，2015（9）：12－13.

基于学习质量保证体系（AOL）课程改革的路径研究

——以金融学专业为例

北京联合大学 张 蓉[①]

摘要：课程改革是专业建设的核心任务之一。基于学习质量保障体系（AOL）的课程改革路径，依据专业学习目标自上而下"目标式"设计，集中规划课程的教学模式，使其教学环节紧扣、教学目标可测、教学绩效显现。其过程能够有效激发教师参与的主动性、学生学习的内在动力，提升人才培养质量。

关键词：学习质量保证体系（AOL） 课程改革 金融学

一、研究背景

目前发达国家高等教育评估的主要内容是学校目标、教育投入和教育产出三方面。学校目标主要是学校的发展定位、战略规划的制定和执行，以及相关部门的执行情况；教育投入主要包括学校在人力、物力、财力方面的投入，用来衡量学校师资、教育教学活动和设备方面的情况；教育产出主要是针对毕业生的学习效果而言，把对毕业生的毕业结果鉴定和综合能力判断，作为评价大学教育的重要方面（吴旭军，刘湘玉，2009）。教育产出实质是衡量学生培养的质量，为保证教学的质量，对教学过程的评估就非常重要。

在此背景下，美国国际精英商学院协会（The Association to Advance Collegiate Schools of Business，AACSB）提出了针对商学院和会计专业的国际认证，其

---

① 张蓉，北京联合大学商务学院教授。本文是"北京联合大学校级核心课程建设《商业银行业务管理》"项目的阶段性研究成果。

中的学习质量保障体系（Assurance of Learning，AOL）是该认证的核心内容之一。①

学习质量保障体系（AOL）的流程主要包括以下环节：建立基于学院使命的项目培养目标，明确目标学习成果；根据培养目标构建各项目的课程图谱，确定预期目标的考核方式及评价标准；收集数据，分析其与预期目标的达成程度；根据反馈信息对项目进行调整，提出改进方案；将改进方案应用于下一期的项目，循环往复，持续改进，形成闭环（郑丽，杨宜，2014）。这一流程实质是依据学院的使命建立基于项目的学习目标，通过形成推动教学项目持续改进的闭环体系，实现教学质量的提高，是与学生、教师、教学紧密相关的组成部分，是保证商学院使命最终得以实现的重要载体之一。

二、问题的提出

我院2013年正式启动了国际化认证（AACSB）项目，现在确定以各专业为独立的认证项目。这对我院的金融学专业建设而言既是一个巨大的挑战也是一次难得的机遇。原有高校商科通过的认证项目，基本都是以本科、研究生、博士研究生作为项目进行认证，还没有单独以专业作为认证的项目，如中国人民大学、清华大学、中山大学岭南学院等。最大的挑战是我们没有可以直接参照学习的模板，需要我们金融学专业的所有成员认真领会认证的本质和内涵，设计和制定专业的一系列评价指标，并依据国际化认证关于学习质量保证体系（AOL）的理念重新规划我们的课程设置，并进行相应的课程建设和改革；同时我们可以借此用国际化商科教育的标准对原有的专业建设进行总结和反思，同时对未来的专业建设重新布局，提高专业的竞争力。

三、问题解决——创新规划课程改革的思路

作为教育部本科专业评估的一项重要指标，课程建设日益为国内高校所重视。因此，我们现有的课程建设和改革，往往是依据评估指标指导，逐步推出

---

① AACSB（The Association to Advance Collegiate Schools Business，国际精英商学院协会）认证是非政府认证，其范围仅限于商学院和会计项目。该认证由16所美国知名大学发起，认证的指导原则之一是接受并鼓励高等教育中百花齐放的教学方式，而且不仅重视量化指标，更重视质量的考核，强调教学、师资、科研、管理等全方位的评估，因而在全球范围内得到认可和较高的评价，成为商学院和会计学科国际通行的认证标准（郑丽，2014）。

了精品课程、核心课程、视频公开课等各种类型的课程建设内容。然后，根据师资、学生、课程性质、硬件设施等条件设计专业内部的课程建设和改革。这一过程具有明显的“外生性”，由任课教师针对性地提出改革的方案，最终效果的评价也以内部评价为主，其对教学质量的提高作用有限；而且容易出现教师的教学研究与授课实践是互相分割的，严重脱离教学一线的实际。

学习质量保证体系（AOL）的理念则是课程改革最终要落到学生的学习过程是否可控，学习品质是否有保证，信息反馈是否有效，然后再通过内部和外部（市场）检验人才培养质量是否提高，专业的培养目标是否实现，所有环节都需要提供科学严谨的检测方案和检测标准。自始至终都是围绕目标的实现进行教学和科研活动，是以目标为导向的“内生性”改革，更是一个系统工程，而非微观个体行为。

（一）始终贯彻“目标式”设计的理念，明确课程改革目标

国际化的商科认证，其核心理念是培养具有高度市场认可的专业化人才，即培养的人才具有准确的市场定位。商学院必须明确自身的使命，并围绕这一使命完善各项工作。目前国内通常专业人才的培养目标是通过专业的培养方案以及具体的教学实践活动实现，并不是很重视“使命”的实现。金融学作为专业评测项目之一，我们的专业建设必须支持学院制定的使命，并以使命驱动推进专业的各项工作。根据以往的建设经验，专业负责人需要自上而下进行整体设计（闭环设计），进行培养目标、培养方案、检测课程、检测方案等多个评测内容和任务的分解，直至每门检测课程测评方案具体设计的思路，指导每位教师参与并提高其参与效率（见图 1）。如果决策过程太过分散则会影响 AOL 设计的最终效果，所以教师的参与度更多体现在具体课程的考核方案的设计，以支持其所承载的培养目标。

第一，制定专业的学习目标（Learning Goals，LG），必须紧扣学院的使命体现人才培养的内涵；第二，依据学习目标，根据“理解、掌握、实践”的三个层次分解目标，制定出培养目标或是检测目标（Learning Objectives，LO）；第三，根据培养目标设计专业的培养方案，即需要什么课程支持目标的实现；第四，根据课程以及教学重点（Learning Traits，LT），设计课程图谱，并制定检测方案和检测指标；第五，指导任课教师根据检测方案设计自己的课程检测方式以及评价标准等；第六，专业负责人要根据每一轮的检测结果进行分析，提出改进意见，以达到闭环设计的理念。依据不同层次，从第一层次到第四层次意

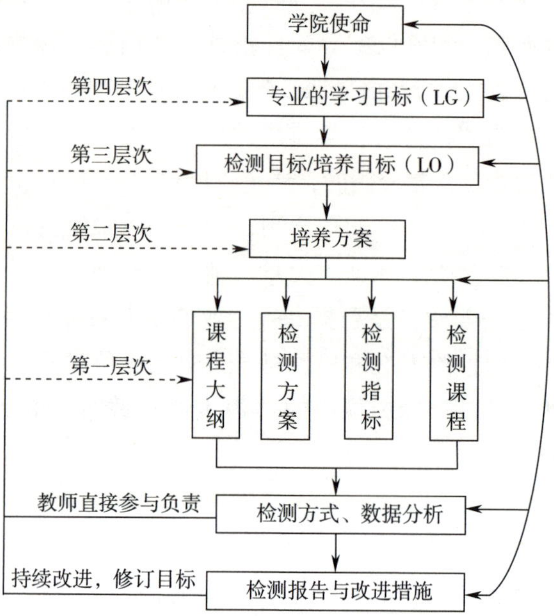

图1　AOL顶层设计的逻辑结构

味着改进的难度加大，弹性降低。因此，为了降低重新修订专业学习目标和培养目标的风险，必须要慎重进行顶层设计，尽量将改进控制在第二个层次之前完成。所以，专业负责人要具备长远规划和系统化的思维，并时刻秉承持续改进的理念。

（二）深刻理解专业图谱的内涵，确定课程改革的内容

当专业确定了学习目标和培养目标，就需要进行专业图谱设计，这个过程会清晰地形成专业培养方案。最重要的是如何确定课程的相关性，强相关或是弱相关。同时，依据培养目标的三个层次，理解、掌握和实践。实质是对我们培养方案中的课程进行了分层，每一类课程的侧重点不同，其教学重点亦不相同。

1. 培养目标是学习目标的任务分解

这个任务的分解，需要通过几个层级实现，实质是符合学生的一般认知规律。例如，我们以各个商学院普遍学习目标“具备国际视野”为例，说明对于金融专业的学生是如何进行目标分解的。原有参与测评的项目是以本科为一个项目，因此目标的描述趋于通用性，多数是描述为学生的跨文化交流能力。由

于我们是针对金融专业进行设计，所以我们的目标更加专业化、具体化和具有可测性（见表1）。

表1 金融学专业的学习目标图谱之一

学习目标（LG）	金融学培养目标（LO）	参考的检测目标（LO）
具有国际视野	1. 理解金融全球化的定义，以及相关影响因素	1. 具备跨文化交流与沟通的能力
	2. 掌握并识别金融全球化所受到的多因素影响	2. 理解和识别文化多样性对经济活动的影响
	3. 分析多元因素对经济金融活动的影响	3. 积极应对多元文化的影响

从表1可以看出，我们的目标设计遵循了三个认知层次的理念，将国际视野更深刻地用金融学专业来理解。作为本科层次的学生，检验其知识的实践能力就是发现问题、分析问题和解决问题的能力。

2. 课程图谱要分层次布局，课程的学习目标要清晰

在上述设计理念的支持下，完成专业图谱的设计，实现专业的学习目标与培养目标的对接，紧接着就是课程图谱的设计和完善。基于三个层次的目标设计，我们培养方案的课程设置必须体现这一理念，所以我们会有相应的通识教育、专业必修、专业选修以及实践类课程。在专业这个层次，我们更多会关注的是专业必修以下层级的课程，依据设计理念各个类型的课程有其教学的重点，以此可以确定课程的相关度（见表2和表3）。

表2 课程类型与培养目标的关系

培养目标层次 / 课程类型	理解	掌握	实践
专业必修			
专业选修			
专业实践			

例如，金融学专业的课程图谱设计中，专业必修课程与专业基础知识的理解掌握都是强相关，选修课程则是弱相关；实践类课程与涉及的技能能力培养都是强相关（如表3）。具体的选择过程要首先体现课程强相关关系，其次再考虑课程的弱相关关系。根据专业图谱，可以明确每门专业课程所支持的培养目标是什么，课程改革的方向就确定了。

表 3　　金融学专业课程图谱（部分）

学习目标（LG）	检测目标（LO）	实现路径								
		专业必修类						实践类		学术论文
		金融学	国际金融	商业银行业务管理	证券投资学	保险学	认识实习	金融业务综合实践	专业综合实践	毕业论文
1. 具有金融职业素养和社会责任感	1.1 略	√	√	√	√	√	√√		√√	
	1.2 略			√			√√		√√	
2. 具有金融业务研究和实施的能力	2.1 略	√√	√	√√	√√	√√				√
	2.2 略	√	√	√√	√	√		√√	√√	√
3. 具有知识获取和应用的能力	3.1 略	√	√			√		√√	√	√
	3.2 略	√			√√				√	√
4. 具有国际视野	4.1 略	√√	√√	√	√	√√	√			√
	4.2 略		√√		√√					√
5. 具有批判性和创新思维能力	5.1 略		√	√	√	√		√	√	√√
	5.2 略		√	√	√	√		√	√	√√

注：√√是强相关；√是弱相关。涂黑色的是重点的检测课程。

3. 检测方案图谱设计充分考虑学生的特点

有了明确的培养目标，下一步主要是针对课程制定专业检测方案（或检测图谱，Rubrics），帮助教师制定课程的详细测试方法以及评价标准。在检测方案图谱的设计中，关于评价标准的制定务必考虑学生的实际能力和学生特点，否则会难以达到闭环设计的效果。要么很容易实现目标，要么就无法实现，从而处于两难境地（见表4）。

表 4　　检测图谱实例之一

4. 具有国际视野						
4.1 理解金融领域在全球化背景下受到的多元因素影响						
检测方式	不合格	合格	良好	优秀	检测课程 A	检测课程 B
	<65	65 ~ 74	74 ~ 89	90 ~ 100		
课程考试或其他	不能正确定义和解释金融全球化本质内涵	可以解释金融全球化本质内涵	准确定义金融全球化本质内涵	准确定义金融全球化本质内涵，并有自己的独到见解	国际金融	金融学

表4是依据“具备国际视野（LG4）”所设计的检测方案，评价标准的设计既充分考虑了学生的特点和能力，又体现了本科层次的教学水准。同时，还要考虑量化考核的可能性，为指导教师制定更加全面和精细化的测评指标体系。实质是帮助任课教师选择合适的教学方法或教学模式，支持我们的测评方案。

4. 校企紧密结合设计实践课程

研究上述课程图谱（见表3），会发现对于学习目标1（LG1）关于职业素养和社会责任感的培养，我们更多依赖了实践环节。这就意味着相关的实践课程需要承载更多较为抽象化的培养目标或检测目标，而不再仅是原来的操作性很强的“实践能力的培养”。这就需要课程负责人从内容到考核方式的重新设计和整合，要具备全局概念和整体设计的理念。而这一环节也再次验证了AOL体系的顶层设计观念，任课教师的课程设计原来更多考虑是微观具体的。例如，专业综合实践课程，安排学生进企业实习，实习内容以及考核方式由任课教师、企业导师共同协商制定。任课教师的课程检测方案要细化，思考在检测方案的指导下如何通过考核方式、评价标准的选择支持学习目标（LG）的实现。

同时，该实习过程还要承接外部雇主的考核，对于学生的素养、知识、能力是否认可，以修正我们的培养方案。这也是国际化认证中AOL闭环设计的一个很重要的环节，即外部评价体系。因此，此实践课程的考核内容和方式的设计就非常重要，要体现出学院和企业共同参与、双点考核的本质，如表5所示。

表5　　　　专业综合实践评价标准图谱

学生姓名	检测内容	检测方式	评分标准（教师60%；企业40%）	得分
	LO 1.1 学生是否具备金融从业人员的基本素养	日常行为；卷面考核；实习表现	略	略
	LO1.2 学生是否自觉履行社会责任	日常行为；实习表现	略	略
	LO2.2 学生顶岗实习是否胜任本职工作	实习表现	略	略
	LO3.2 学生是否具备定性和定量分析问题的能力	工作报告，等	略	略
	……	略	略	略

四、课程改革的路径——以“学习目标”为导向

学习质量保证体系（AOL）建设强调闭环设计，全局设计的理念，所以我们的专业课程也必须秉承这一理念。每位任课教师必须清楚地知道，每门课程支持的培养目标是什么？教学重点是什么？检测方式的设计如何支持这些目标的实现？在此基础上设计我们的教学内容、教学方法、考核方式等，课程建设和改革的目标就十分明确和清晰（见图2）

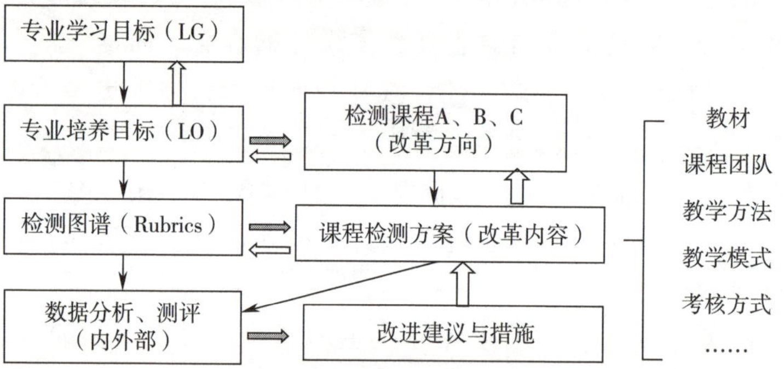

图2　课程改革的思路（闭环设计）

另外，所有专业核心课程的设置需要承载所涉及的所有学习目标，并不是仅仅看到的几个强相关关系。只要我们的使命一致，这些目标就不是分裂的，而是一个有机的结合体，需要每位专业教师贯穿始终。例如，“具备国际视野（LG4）”的学习目标，专业核心课程直接强相关的是《国际金融》，但是，实质上另外5门专业核心课程也应该具有强相关或弱相关关系，如表3所示。这就取决于教师的教学设计与改革，是否与国际先进的金融专业教育同步，与国际教育理念一致，并保持不断进步。与此类似的还有“具备批判性与创新思维能力（LG5）”学习目标（见表3）。

总之，国际化认证（AACSB）提出的学习质量保证体系（AOL），对教学过程质量监控给出了很好的思路，要求专业教师全员参与智力贡献。自上而下的“目标式”设计，所有的课程设置、建设与改革均是围绕专业学习目标的实现进行，在此过程中自然会产生课程改革与建设的需要，具有很强的“内生性”特点，并非外力的强加注入，有利于提高专业课程改革的效率。

参考文献

[1] 吴旭君，刘湘玉．国外高校教学质量保障与监控的特点及启示［J］．南阳师范学院学报（社会科学版），2009（2）：114－117.

[2] 郑丽，杨宜．基于学习质量保障体系（AOL）的课程建设研究——以“大学计算机基础”课程为例［J］．北京教育，2014（12）：65－67.

大类招生背景下金融学生应对专业选择研究

——基于金融毕业生就业方向及现状的调查

江西财经大学　王　瑾　胡少勇①

摘要：自2001年北京大学实施“元培计划”以来，全国各高校陆续开始推行大类招生模式。江西财经大学自2014年起，开始推行“学院招生、大类培养”的人才培养模式改革。在大类培养模式下，大量学生对专业认识不清，对未来就业方向把握不准，导致在专业选择上随波逐流。本文通过对605份有效金融学院毕业生就业方向与现状问卷进行分析，为我校大类招生背景下学生的专业分流提供相关信息，用真实、可靠的统计数据来帮助他们解决专业选择的难题及对专业就业前景的探究。

关键词：大类招生　专业选择　银行　保险业

引言

江西财经大学自2014年起实施“学院招生、大类培养”的人才培养模式改革。在大类培养阶段淡化专业界限，强化基础教育，新生进校后前两年集中学习共同的公共基础课程和学科大类课程；从三年级开始分流进入专业培养阶段，实施专业教学。各学院根据学生本科阶段第1~3学期所学课程加权平均成绩排序，参照学生志愿进行分流；因名额限制而未能满足所填志愿的学生，学院根据所制定的分流细则调剂至大类中尚有空额的专业（或专业方向）修读。

在大类培养模式下，学生存在对专业认识不清、未来就业方向把握不准的迷茫现象，可能导致随波逐流、盲目选择。金融、会计一直是江西财经大学两

---

① 王瑾、胡少勇，江西财经大学金融学院风险管理与保险系。

大热门专业，将会是绝大部分大类培养学生的专业首选。专业分流时，与金融、会计等热门专业不同的是，一些学院的相对冷门专业或将面临停开的尴尬局面。

如何保证大类培养专业设置以及大类课程选择的合理性与必要性，是学校教学部门应该解决的首要问题。而我校从 2014 年才开始实行大类招生，实践经验尚浅，亟须一些数据资料供其参考。其次，大类招生的人才培养模式下，学生选择专业往往比较盲目，大部分学生会选择所谓的热门专业，没有考虑未来的就业发展前景。

大类招生始于 2001 年北京大学实施的“元培计划”，该计划将本科教育、研究生教育和博士生教育视为一个完整的高等教育体系。通过对大类招生模式下学生专业选择的行为分析，我国学者普遍认为，按大类招生是一种系统的人才培养模式，而不仅仅是单纯“招生模式”环节的变化（李晨，何延岩，2015）。学生进入按大类招生的培养系统之中，一方面会作为一个“接收者”来参与通识教育，另一方面也能够在此过程中主动思考自身的未来去向（李克安，2006）。

经过两年时间的大类培养，这些学生在结束通识教育阶段，进入专业教育阶段时心智成熟程度远胜于大学新生，许多因素的影响方式和作用效果也有所不同。但一些学生在选择专业时仍然比较盲目，对某些专业发展前景的盲目推崇，而对自身的性格特点、真实动机等缺乏了解（孙培青，2006）。以江西财经大学金融学院为例，在大类招生的大背景下，学院开设金融学、投资学、保险学等多个专业。金融学作为我校最热门的专业之一，成为了绝大多数大类培养学生的专业首选。同时，由于社会大众对保险业长期以来存在一定的偏见，学生和家长对保险学专业的就业前景不了解，很少有学生主动选择就读保险学专业，这可能会使学生错过一个有潜力的“朝阳专业”。通过对江西财经大学金融学院历年毕业生的问卷调查，分析毕业生在校期间所学专业、毕业后就业方向、供职公司级别、薪资状况、对未来提升空间的预期等情况，横向比较学生所学专业与就业方向，着重比较供职于保险公司与银行毕业生的税前工资、所在公司级别及职务、对未来预期等，客观分析金融各专业的具体优势，认清中国金融业的发展现状与前景。

一、毕业生专业与就业方向关联分析

随着社会专业化程度的不断提高，大学生越来越被强调要发挥专业优势，从事与本专业相关的工作（谢果凰、卢佳芳、屠春飞，2016）。学生所学专业对其就业存在一定影响，在调查中，60%的毕业生的工作与大学所学专业相关性很大，30.91%的毕业生的工作与大学所学专业存在一定相关性，只有9.09%的毕业生工作与大学所学专业无关。对于绝大部分的毕业生来说，毕业后的工作与在校期间所学专业存在一定的相关性。所以专业的选择不仅有利于促进大学毕业生更好地实现就业，达到以就业保障民生、促进国家GDP增长的目的，而且有助于我国社会的长期稳定与和谐发展。专业的选择不仅关乎大学生今后的就业方向，也为毕业生的就业奠定了前期基础。本文通过对江西财经大学金融学院历年毕业生的问卷调查与个案访谈，全面探讨其学生所学专业类型对毕业生就业的影响，深入系统地分析二者之间的内在逻辑关系，为更好地促进大学生就业及专业选择提供有价值的建议。

本研究结果表明：82.31%的毕业生在与金融相关的行业中工作。其中，47.93%的毕业生选择在银行工作，17.19%的毕业生选择在保险公司工作，5.95%的毕业生选择在证券公司工作。可见作为金融三大支柱的银行、保险、证券是金融学院毕业生就业的主要选择与方向。

表1　　毕业生就读专业与就业方向

		工作企业的类型							
		银行	保险公司	基金公司	证券公司	信托投资公司	其他金融企业	非金融企业	合计
大学就读专业	金融学	239 57.87%	19 4.60%	6 1.45%	30 7.26%	4 0.10%	44 10.65%	71 17.19%	413 100.00%
	保险学	51 26.84%	85 44.74%	2 1.05%	5 2.63%	0 0	11 5.79%	36 18.95%	190 100.00%
	投资学	0 0	0 0	1 50.00%	1 50.00%	0 0	0 0	0 0	2 100.00%
合计		290	104	9	36	4	55	107	605

通过表1我们可以看出：在605份有效问卷中，57.87%金融学专业的学生供职于银行、4.60%供职于保险公司、1.45%供职于基金公司、7.26%供职于证券公司、0.97%供职于信托投资公司、10.65%供职于其他金融企业、17.19%供职于非金融企业、82.81%的毕业生选择在与金融有关的企业工作，且超出一半的人选择在银行就业，剩下的42.13%分散在其他行业，可见金融学专业的毕业生的求职范围并不仅限于银行，还可以是其他与金融相关或不相关的行业。保险学专业的学生26.84%供职于银行、44.74%供职于保险公司、1.05%供职于基金公司、2.63%供职于证券公司、5.79%供职于其他金融企业、18.95%供职

于非金融企业，81.05%的毕业生选择在与金融有关的企业工作；接近一半的人选择在保险公司就业，剩下的55.26%分散在其他行业，可见保险学专业的毕业生的求职范围也并不局限于保险公司，还可以是其他与金融相关或不相关的行业。

从这些数据可以明显看出：同一专业类型里，就业方向也存在差异。金融学专业的毕业生就业方向并不局限于银行，保险学专业的毕业生就业方向也不是只有保险公司，而是广泛分布于金融领域的各个行业。由此可以看出，专业对毕业生的就业方向确实存在一定的影响，但该影响并不是绝对的，相互关联的专业就业界限并不是很大。专业类型对大学毕业生就业机会的获得会产生影响，不同专业类型之间的大学生，就业机会呈现出高低不同。一直以来，财经类专业的毕业生就业状况相对于其他专业要好，与金融相关的专业，就业前景都比较乐观，且薪资待遇相对于其他行业要高（表2比较了金融学、保险学、投资学毕业生的薪资状况）。

表2　　毕业生就读专业与税前工资

		目前的税前工资（元）					
		3000以下	3000~5000	5000~8000	8000~15000	15000以上	合计
大学就读专业	金融学	13 3.1%	90 21.8%	106 25.7%	110 26.6%	94 22.8%	413 100.0%
	保险学	3 1.6%	40 21.1%	44 23.2%	50 26.3%	53 27.9%	190 100.0%
	投资学	0 0	0 0	0 0	1 50.0%	1 50.0%	2 100.0%
合计		16	130	150	161	148	605

由表2可知，金融学与保险学专业的毕业生税前工资所在区间比率基本相等。与金融学专业毕业生薪资相比，在15000以上的区间，保险学专业毕业生高出5.1%；在3000以下区间，保险学专业毕业生薪资所占比例仅为1.6%。可见保险学专业毕业生的薪资起点与提升空间较金融学专业存在一定优势。

二、毕业生银行与保险就业发展潜力分析

金融业是支持我国经济发展的核心力量，而银行业作为我国金融体系的主体，在银行业人才培养方面已经有较为完善的理论指导与丰富的实践经验。相

比于银行与银行业人才的完备程度，保险业虽取得了快速发展，但专业人才匮乏已成为我国保险业的“软肋”。

新中国成立60多年来，伴随着我国经济社会的快速发展，保险业的行业面貌和服务经济社会的能力发生了深刻变化。与新中国成立初期相比，保险行业由小到大，从一个基础薄弱、可有可无的行业逐步发展成为关系国计民生的重要行业；保险市场由封闭走向开放，逐步发展成为全球最重要的新兴保险市场之一。总体来看，我国保险业处在发展的黄金时期。虽然国民经济的快速增长势头有所放缓，但由于我国的保险密度、保险深度和世界平均水平仍有较大的差距，中国保险市场的发展潜力很大。而且人民生活水平的提高、风险保障意识的日益增强，为保险业继续保持快速发展提供了良好的外部环境（周南，2013）。中国保险业发展迅速，但各保险公司的人才储备却越来越捉襟见肘。中国保险业的人才储备匮乏主要表现在数量和质量上。随着保险业的深入发展，保险公司对人才提出了更高的要求，不仅对学历有高要求，而且逐渐倾向于选择复合型人才、全方位人才（任泽华，2007）。那么保险学专业的毕业生，是否真的如同社会大众所认为的学保险等同于卖保险呢？其实不然，保险公司是一个内勤与外勤相互协调、运作的整体。简单来说，保险学专业的毕业生供职于保险公司，可以选择的职位并不局限于保险营销员，还可以是其他需要一定保险知识的专业岗位，例如核保、核赔、精算等岗位。

本研究结果表明，供职于银行、保险公司的毕业生在薪资状况、所在公司级别、职务、对未来发展的预期都存在一定程度的差异，下文将结合调查具体数据对各个因素做具体的分析研究。

1. 税前工资及未来预期

近年来不少应届毕业生求职薪酬期望比较“务实”，大多在2500元至3000元起。相比于薪酬，他们更看重工作的发展前景。表3通过比较供职于保险公司与银行毕业生的税前工资状况以及对未来薪资待遇提升空间的预期，客观分析保险公司在薪酬待遇与提升空间所存在的一些优势。

表3　工作企业类型与税前工作

		目前的税前工资（元）					
		3000以下	3000～5000	5000～8000	8000～15000	15000以上	合计
工作企业类型	银行	7 2.4%	62 21.4%	78 26.9%	80 27.6%	63 21.7%	290 100.0%
	保险公司	0 0	19 18.3%	25 24.0%	19 18.3%	41 39.4%	104 100.0%

由表3可知，在保险公司供职的毕业生，月薪均高于3000元，其基本起薪满足大多数应届毕业生的期望。在本次调查中，2015届毕业月薪低于3000元的有12人，其中在银行工作的有7人，占总数的一半之多。在中间的三个区间段：3000~5000元、5000~8000元、8000~15000元中，保险公司供职的毕业生收入略低于银行，但高收入人群（15000元以上）所占比例高于银行17.7%，可见保险公司在薪资待遇上较银行存在有一定优势。

表4比较了毕业生较关心的职业发展前景中薪资待遇提升空间大小的问题，在银行工作的18.3%毕业生认为其未来的薪资待遇提升空间很大，而在保险公司工作的51.9%的毕业生认为其未来的薪资待遇提升空间很大。相比于供职于银行的毕业生，供职于保险公司的毕业生对未来薪资提升的期望更为乐观积极；在银行工作的66.9%的毕业生选择了相对保守的预期；而14.8%的毕业生对薪资提升较为悲观，比供职于保险公司的毕业生预期高出了11%。

表4　　工作企业类型与薪资待遇提升的预期

		未来薪资待遇提升空间的预期			
		提升空间很大	有一定提升空间	提升空间很小	合计
工作企业类型	银行	53 18.3%	194 66.9%	43 14.8%	290 100.0%
	保险公司	54 51.9%	46 44.2%	4 3.8%	104 100.0%

总体来看，供职于保险公司的毕业生起薪较供职于银行的毕业生高，且高薪比例较高。供职于保险公司的毕业生对于未来薪资提升的预期表现得更为乐观，只有少数人比较消极即认为提升空间很小。相比于在保险公司工作的毕业生，在银行工作的毕业生对未来的预期则表现得相对保守，超过一半多的人认为有一定的提升空间，超出十分之一的人认为提升空间很小。可以看出，与银行相比，保险公司在薪资待遇及提升空间等方面都存在明显优势。

2. 公司级别

一般来说，公司级别越高，应聘难度也就越大，但对求职者来说，其发展的平台也就越高，自身素质的提高相对来说较快。通过比较供职于银行与保险公司的毕业生所在公司级别的百分比，分析毕业生所在不同公司所获得的发展平台的不同。

表5 工作企业类型与所在公司级别

		目前所在公司的级别					
		总公司	省级分公司	市级中心支公司	县级支公司	服务部	合计
工作企业类型	银行	21 7.2%	64 22.1%	129 44.5%	66 22.8%	10 3.4%	290 100.0%
	保险公司	16 15.4%	47 45.2%	33 31.7%	8 7.7%	0 0	104 100.0%

由表5可知，供职于保险公司总公司、省级分公司工作的毕业生比例高于银行，分别高出8.2%、23.1%，而在市级中心支公司、县市支公司、服务部比例均低于银行。众所周知，人才匮乏已成为制约我国保险业发展的一个重要因素，相比于高校毕业生扎堆在银行找工作的情形，希望供职于保险公司的相关毕业生却寥寥无几。保险业对专业人才的巨大需求，使得复合型保险人才在保险公司能够获得更高的发展平台。

3. 职务及未来提升空间

从表6～表11可以看出：供职于保险公司总公司、省级分公司工作的毕业生比例高于银行，在市级中心支公司、县市支公司、服务部比例均低于银行，那么是否在保险公司总公司供职的毕业生的职位相较于银行总公司的毕业生会处于相对劣势。下文通过对比供职于银行、保险公司毕业生在总公司、省级分公司工作、市级中心支公司、县市支公司、服务部的职务情况，进一步对比供职于银行与保险公司的毕业生，客观分析保险公司所提供平台、职务的优势。

表6 工作企业类型与在总公司的职务

		目前所在公司的级别						
		普通职员	副经理	经理	副总经理	总经理	室主任	合计
工作企业类型	银行	12 57.1%	2 9.5%	5 23.8%	1 4.8%	1 4.8%	0 0	21 100.0%
	保险公司	13 18.8%	1 6.1%	5 31.3%	3 18.8%	1 6.3%	3 18.8%	16 100.0%

由表6可知，保险公司总公司的总经理、副总经理、经理、室主任所占比例高于银行，分别高出1.5%、14%、7.5%、18.8%，而副经理、普通职员比例低于银行，可见在总公司，保险公司相较银行有更多发展潜力和空间。

表 7　　　　工作企业类型与在省级分公司的职务

		目前在省级分公司职务								
		普通职员	室主任	渠道副总	副经理	渠道总监	经理	副总经理	总经理	合计
工作企业类型	银行	40 62.5%	4 6.2%	0 0	4 6.2%	0 0	9 14.1%	2 3.1%	5 7.8%	64 100.0%
	保险公司	16 34.0%	6 12.8%	4 8.5%	2 4.3%	3 6.4%	8 17.0%	7 14.9%	1 2.1%	47 100.0%

由表 7 可知，保险公司省级分公司室主任、渠道副总、渠道总监、经理、副总经理所占比例高于银行，分别高出 6.6%、8.5%、6.4%、2.9%、11.8%，而普通职员、副经理、总经理所占比例低于银行，这说明在省级公司中，中等职位人群保险公司居多，而银行在总经理和普通职员上所占份额大，具有两极分化的特征。

表 8　　　　工作企业类型与在市级中心支公司的职务

		目前在市级中心支公司的职务						
		普通职员	室主任	副经理	经理	副总经理	总经理	合计
工作企业类型	银行	91 70.5%	8 6.2%	9 7.0%	12 9.3%	4 3.1%	5 3.9%	129 100.0%
	保险公司	16 15.4%	0 0	3 9.1%	7 21.2%	3 9.1%	4 12.1%	33 100.0%

由表 8 可知，在市级中心分公司中，保险公司的副经理、经理、副总经理、总经理所占比例均高于银行，分别高出 2.1%、11.9%、6%、8.2%，而普通职员、室主任比例低于银行。可见，与银行职员相比，在市级中心分公司中，供职于保险公司的职员有更通畅的职业上升通道。

表 9　　　　工作企业类型与在县级支公司的职务

		目前在县级支公司的职务						
		普通职员	室主任	副经理	经理	副总经理	总经理	合计
工作企业类型	银行	50 75.8%	2 3.0%	8 12.1%	5 7.6%	1 1.5%	0 0	66 100.0%
	保险公司	6 75.0%	0 0	1 1.3%	1 1.3%	0 0	0 0	8 100.0%

由表 9 可知，在县级支公司中，供职于保险公司人数少，所占比例均低于银

行，说明保险公司的职员在高级别的公司中有更大提升空间。

表 10　　工作企业类型与在服务部的职位

		目前在服务部的职务		
		普通职员	副经理	合计
工作企业类型	银行	10 100.0%	0 0	0 0
	保险公司	0 0	0 0	0 0

由表 10 可知，供职于保险公司服务部的毕业生为零，而在银行服务部的毕业生为 10 人且职务均为普通职员，可以看出在保险公司工作的毕业生起点较银行工作的毕业生要高。

与“薪资待遇提升空间大小预期”相对应，毕业生对“未来职务提升空间大小的预期”同样看重，他们更看重工作的发展前景。表 11 通过比较供职于保险公司与银行毕业生对未来职务提升空间的预期，客观分析保险公司所存在的一些优势。

表 11　　工作企业类型与对职务提升空间的预期

		您对未来职务提升空间的预期？			
		提升空间很大	有一定提升空间	提升空间很小	合计
工作企业类型	银行	58 20.0%	178 61.4%	54 18.6%	290 100.0%
	保险公司	45 43.3%	53 51.0%	6 5.8%	104 100.0%

表 11 比较了毕业生较关心的职业发展前景中职务提升空间大小的问题，在银行工作的 20.0% 毕业生认为其未来的薪资待遇提升空间很大，而在保险公司工作的 43.3% 毕业生认为其未来的薪资待遇提升空间很大。与供职于银行的毕业生相比，供职于保险公司的毕业生对未来薪资提升的期望更为乐观积极；在银行工作的 61.4% 的毕业生选择了相对保守的预期；而 18.6% 的毕业生对薪资提升较为悲观，比供职于保险公司的毕业生预期高出了 12.8%。

总体来看，供职于保险公司的毕业生职务较供职于银行的毕业生高，且管理岗比例较高。供职于保险公司的毕业生对于职务提升的预期表现得更为乐观，只有少数人（5.8%）比较消极即认为提升空间很小。相比在保险公司工作的毕业生，在银行工作的毕业生对未来的预期则表现得相对保守，超过一半多的人认为有一定的提升空间，近五分之一的人认为提升空间很小。可以看出，与银行相比，保险公司在职务待遇及职业提升空间等方面存在优势。

三、结论

在我校实行“大类培养”的背景下，金融、会计无疑会成为大多数学生专业分流时的首选，而像保险学专业等一些冷门专业可能会面临招不到学生的尴尬局面。本文通过对金融学院毕业生的就业去向与现状进行调查分析，使金融大类下的学生对各专业的就业前景及发展潜力进一步了解，为其专业选择，未来就业方向确定提供有价值的信息。通过本次调查分析，可以看出大部分毕业生就业的方向与大学所学专业存在一定关联，但并不是绝对相关。大部分毕业生选择在银行、保险公司等与金融相关的企业工作，在保险公司工作的毕业生相较于银行工作毕业生其薪资待遇起点较高，且提升空间较大；所在总公司、省级分公司工作的毕业生比例高于银行，而在市级中心支公司、县市支公司、服务部比例均低于银行；且在各个级别的公司，其工作岗位大多趋于管理岗位；对职位提升空间表示乐观。同时，为更好地实现就业，江西财经大学金融学院也需要从学院专业结构、学生课程培养计划、学生实务素质培养等方面进一步完善，为学生提供更高的学习锻炼平台。

参考文献

[1] 李晨，何延岩. 大类招生模式下学生专业选择的行为分析 [J]. 高教探索，2015 (1)：2.

[2] 李克安. “元培计划”与通识教育 [J]. 复旦教育论坛，2006 (1)：6.

[3] 孙培青. 中国教育史（修订版）[M]. 上海：华东师范大学出版社，2006：371.

[4] 李剑欣. 高校大类分流过程中的学生专业选择意愿分析 [J]. 河北经贸大学学报（综合版），2010 (3)：111.

[5] 周南. 中国保险业的历史、现状和前景展望 [J]. 现代商业，2013 (10)：1.

[6] 任泽华. 保险人才供给与需求 [J]. 中国保险，2007 (6)：38.

[7] 谢果凰，卢佳芳，屠春飞. 大学生就业与专业相关度研究 [J]. 宁波大学学报（教育科学版），2016 (7)：1.

企业价值评估课程 Group Study 应用研究[①]

上海对外经贸大学 嵇尚洲 王 银[②]

摘要：企业价值评估是一门注重实践性教学的课程，案例教学、模拟实验和课程实习等方法被大量应用于教学，但是教学效果并不突出，而北美应用广泛的 Group Study 却少有采用，我们在资产评估本科教学中尝试采用 Group Study，发现小组人数、学习风格、知识背景等团队构成方式对于团队的学习效果产生显著影响，Group Study 有助于把课堂教学与课后讨论有效结合，发挥微信等移动社交工具的作用，我们的研究为资产评估专业教学创新提供了新的路径。

关键词：Group Study 学习风格 知识背景

企业价值评估是一门理论与实务兼具，对学生综合运用知识能力要求较高的课程。为提升教学效果，探索从教师教授为主的被动式教学向以学生自我学习为主的主动式教学法转变，我们在本科生和研究生企业价值评估课程中探索 Group Study 教学法，通过增加课堂互动环节，课后持续学习，强化学生互动学习和团队学习，激发专业学习热情，加深专业理论与实践环节的有效结合，提高本科生社会交往和互助合作能力。

一、现有实践教学的困境

企业价值评估是资产评估专业的核心课程，理论性很强但同时也需要结合实践才能融会贯通，因而实践性教学成为企业价值评估教学的重要组成部分。嵇尚洲（2011）提出企业价值评估教学应采用理论课与实践课相结合、实践课

---

① 本文受 2015 年度上海市教委本科重点课程“企业价值评估”项目/2016 年度上海高校示范性全英语课程建设项目资助。

② 嵇尚洲，上海对外经贸大学金融管理学院副教授。王银，上海对外经贸大学金融管理学院研究生。

教学方法革新来改进教学效果。很多学者提出资产评估的实践课应包括案例教学、模拟实验、专业实习等方法，而案例教学是最常用的提升课程实践性，增强学生互动的教学方法，但案例教学的效果也受到很多教师的怀疑。一方面，有研究从教师角度分析，认为由于高校缺乏具有从业经历的“双师型”教师使得案例教学难以深入，学生真正从案例中获得实践知识的可能不大（赵剑锋，2013）。另一方面，从学生角度分析也有观点认为案例教学的随意性很强，学生自己思考问题的积极性不高，不愿意主动参与讨论（孙旖旎，2012；程玉英等，2012）。陈蕾等（2015）通过首都经贸大学资产评估课程案例教学的问卷调查发现在案例教学中教师应注意根据学生规模引导学生根据兴趣合理分组，以提高学生参与度和投入度；开展小组讨论与问题辨析对学生的自主学习、团队协作与沟通表达等多方面能力的培养有明显效果。陈蕾等（2015）已经采用 Group Study 合理分组的一些方法，但还是停留在小组讨论阶段。

二、Group Study 的引入与误读

小组讨论在案例教学、模拟实验等很多教学环节都会采用，很多人认为小组讨论就是 Group Study，导致这种教学方法未能在教学中得到广泛应用，尤其在资产评估、企业价值评估教学研究中笔者没有发现任何文章对 Group Study 在资产评估系列课程的应用进行研究，而这种教学方法却是北美实践性教学最为常用，并且效果最好的方法之一。

三、Group Study 的应用

经历高中阶段痛苦的“填鸭式”教育，现在的大学生对互动体验强烈的电子游戏疯狂热爱就很容易理解了，而现有的教学方法仍然偏重“讲述性”，轻互动式体验。学生在学习过程中无法获得兴奋点和满足感，相较于单调乏味的课堂，学生更乐于从事丰富多彩的社团活动，大部分学生的社交经验和组织能力都来自于社团活动。而我们的教学中互动类教学却过于稀少或流于形式。

Group Study 是互动教学的重要方式，包括四大要素，即小组构成、小组学习计划、小组考评、小组学习地点。

1. 小组构成包括小组成员的知识背景、学习风格，以及成员数量等。小组成员知识背景相对统一有利于大家达成共识，团队合作会相对容易；小组成员

知识背景复杂则会带来多方面的知识分享，有利于小组对问题形成正确认识。而学习风格主要指不同成员在不同的学习环境下形成的带有个性特征的学习方式，1983 年由 Peter Honey 和 Alan Mumford 在总结 Kolb 的理念基础上，提出了四种类型的学习风格：行动型、反省型、理论型、实际型。

2. 小组学习计划包括选举小组领导、成员分工和学习承诺等，选择一个好的小组领导非常关键，小组领导负责召集讨论、组建微信群、安排讨论地点和引导讨论进程。如按照个案研究（Case Study）、市场模拟（Market Simulation）等需要对小组讨论进程进行引导，选取估值计算中一些重点环节进行重点演练、比较和讨论；Group Study 首先从责任分工（Team Contract）开始，建立自我评价机制、小组间竞争机制（Jigsaw）。

3. 授课教师需要对各小组的案例讨论、模拟实验等建立观察（Observation）考评机制，在小组考评中需要把讨论过程、成员参与的程度、解决问题方法以及外部资源利用等综合在一起，结合最后的小组结果陈述进行打分考评，因此老师需要在各小组之间来回走动，参与讨论，观察小组的讨论过程。考评通常分为各小组互评和教师考评。

4. 学习的地点选择也非常关键，北美的图书馆一般设有专门的讨论室，随着移动互联网的兴起，微信等方式越来越常见。Group Study 在企业价值评估课程中的使用可以促使学生对估值中一些复杂环节保持持续讨论，可以不断对市场中价值评估的动态信息进行及时讨论，尤其对于课程论文的完成具有重要意义。

学生在团队相互学习中可以学得更好，能更好地理解教学内容，比传统教学方法延续更长时间，更好地提升项目质量和业绩（Dillenbourg，1999；Gross Davis，1993；Soliman and Okba，2006）。团队教学也帮助学生开发社会交往能力、认知能力和推理能力，表现为语言交流，清楚明白的表达，承担责任和愿意合作（Schlichter，1997）。团队每个成员的作用和交互作用决定团队的效率和成功，团队如何构成可能会影响学习的结果（Webster and Sudweeks，2006；Martin and Paredes，2004）。因此采用合适的方式组成团队可能会解决很多问题（Muehlenbrock，2006），对于团队成员多样性的研究已经关注到团队成员的心理特征、个性以及价值观的差异，偏好和信仰（Harrison et al.，2002）。团队不同的构成方式中有一种是根据成员的不同学习风格来分，在很多研究者看来这种方式组建团队似乎非常有效（Al－Dujaily and Ryu，2007）。Group Study 可以让不同风格的学生互相帮助，通过合理的教学环境让学生进入深度学习状态。不同学习风格的人对学习效果影响很大，合作型或者主动型的学生更容易进入深度学习状态，而被动型进入深度学习较难（Esma Colak，2015）。学习团队的异质性对相互补长取短，不同的学习风格对团队的复合型思考非常重要（Maria Kyprianidou et al.，2012）。

四、Group Study 实践研究

我们利用2015—2016年第二学期同时为企业价值评估5个班授课的机会，选择102名学生，共12个小组，在教学中开展Group Study，从团队构成、学习风格、知识背景、学习环境、讨论时间以及学习效果等对团队学习的过程及效果进行比较分析。

在团队人员数量上，团队人数分别有10人以上，8~10人，6~8人，5~6人。学习小组是让学生自由组合，然后再调查不同小组的知识背景和学习风格等基本信息（见表1）。

表1　　团队构成

分组	团队数量	总人数
10人以上	2	23
8~10人	4	37
6~8人	4	31
5~6人	2	11

在学习风格上，主要有三种类型，分别是主动沟通性、被动接受型和思考沟通型（见表2）。

表2　　学习风格

学习风格	比率	人数
主动沟通型	16.67%	17
被动接受型	16.67%	17
思考沟通型	66.67%	68

在知识背景和学习特长方面，主要有三种背景，分别为数理背景、公司金融背景和文学背景。资产评估专业学生主要知识背景都是大学专业课学习过程中获得财务管理、会计学等公司金融知识，其他知识背景的学生相对较少（见表3）。

表 3　知识背景

知识背景	比率	人数
数理背景	16.67%	17
公司金融背景	66.67%	68
文学背景	16.67%	17

从小组学习环境来分，主要通过微信、教室、寝室来进行小组讨论。随着移动互联网的广泛使用，小组讨论采用微信群方式越来越方便（见表4）。

表 4　学习环境

讨论环境	比率	讨论组次
微信	59.02%	36
教室	19.67%	12
寝室	21.31%	13

从讨论时间看，最长的为半天，最短的 20～30 分钟，1 小时左右比较常见（见表5）。

表 5　讨论时间

讨论时间	比率	讨论组次
20–30 分钟	39.34%	24
1 小时	57.38%	35
半天	3.28%	2

案例讨论的评分是由老师打分和学生自评综合而成。案例资料会事先分发给学生，学生通过课外的学习和讨论，再到课堂参加案例讨论，汇报小组讨论结果，因而小组的讨论结果是综合了课堂和课外两方面的学习过程。

我们把单一学习风格人数占团队总人数 60% 以上定义为同质性风格团队，设为虚拟变量，值为 0，其他的则视为异质性团队，值为 1。我们把单一知识背景占团队总人数 60% 以上视为同质性背景团队，设为虚拟变量，值为 0，其他的则视为异质性团队，值为 1。再通过对 12 个小组的课堂案例分析打分，研究风格特征、知识背景对团队学习效果的影响。

通过对 12 个小组的各项信息进行收集整理，我们对相关数据进行 POOLED OLS 回归分析，结果发现学习风格、知识背景和小组成员数都与学习效果显著相关，其中小组成员数量与学习效果呈负相关，而学习风格和知识背景均与学习效果正相关，我们的研究结果与北美学者的研究结论基本一致。

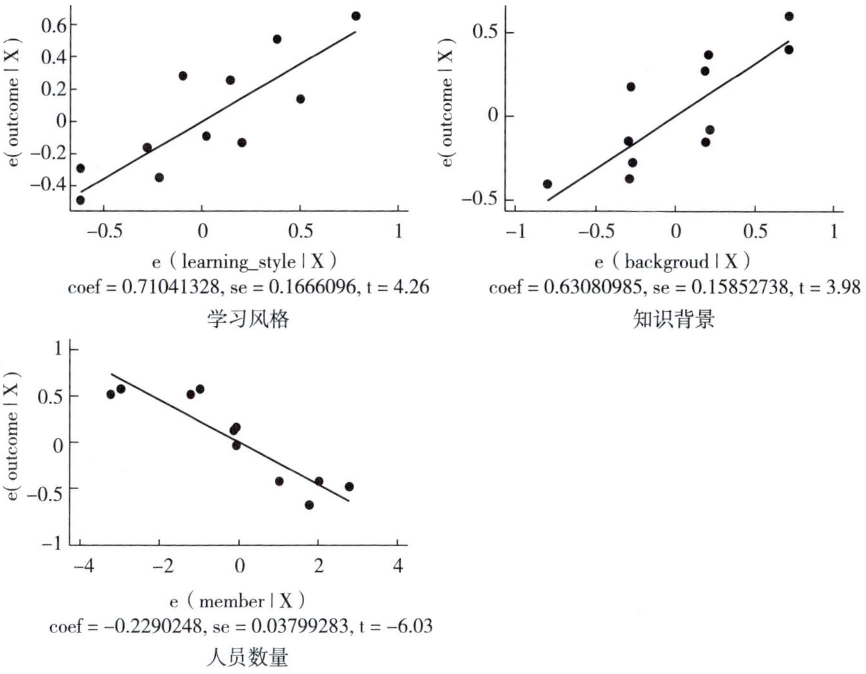

图1　组成团队学生的学习风格、知识背景以及人员数量与学习效果的关系

五、总结及展望

我们的研究涉及了团队构成、团队评价与学习地点等多个环节，我们对于团队成员数量与学习效果的研究与国外研究基本一致，国外研究发现团队成员5~6人最为合适，我们的小组构成中5~6人恰好是最小规模分组，所取得的学习效果也是最好的，而人数较多的小组学习效果普遍下降，这提醒我们今后在小组人员数量上要控制在5~6人。

我们发现广泛的知识背景对于小组学习效果有利，现在大学生知识背景和兴趣爱好都较为接近，因此组建团队时要形成复合的知识背景并不容易。在实践中通常会采取把相似背景同学置入同一小组的做法，按照我们的研究结果以及国外相似的研究，这种做法都是不合适的。

我们发现了学习风格对学习效果的影响，通常认为小组中主动沟通型的人越多小组学习效果越好，我们的研究发现并非如此，学习风格的多样化更为重要，不同学习风格的人集合在一起更容易取长补短，善于交流加冷静思考会使得每次小组讨论的质量更高，因此异质性的学习风格对于 Group Study 更有利。

Group Study 在国内的研究不多，我们的教学实践还带有实验性质，在团队学习过程中还有很多问题需要解决。如组建团队时，教师本身缺乏经验，团队采取老师主导组建，还是学生自主组合。老师主导团队组建有利于贯彻团队合作的总体策略，但由于对于学生的学习风格等具体信息不明，也难以操作；而学生自主则变成自组织，缺少总体把握和控制。

团队课外活动完全是小组同学的自发学习过程，学习过程面临无法监督和检查的问题。我们发现我校开展的金融案例大赛在学生中影响很大，而为比赛组建的团队凝聚力很强，经常主动找老师请教问题。这个现象反映了团队的学习也需要激励，如果我们最后对团队学习的结果给予优厚的奖励，对团队自发学习会有非常大的激励作用。因此在动员学生组建团队时，鼓励他们以此来形成金融案例大赛团队，或者争取参加大学生创业大赛，让 Group Study 真正成为学生大学期间的长期学习形式。

团队学习要能长期持续下去，保持团队的凝聚力非常关键。团队凝聚力需要有一个可以随时解决问题的关键人物，最好有一位指导老师能长期跟随，这显然不太现实。但是微信群给团队学习提供了一个非常好的学习空间。利用微信群一位老师可以同时指导 3 ~5 个学习小组，随时了解不同小组面临的问题，并且参与讨论，微信群这种移动互联网学习方式为团队学习开创了新的学习空间。

团队学习中如何平衡积极型的学生和消极型的学生也很重要，主动沟通型学生通常在团队学习中付出更多，而被动接受型通常缺乏主动参与意识，造成团队合作的不平衡。解决问题的方法之一是制定比较详细的团队分工，发挥每一个成员的特点，积极型学生多做组织工作，而消极型学生可多做资料收集等案头工作，相互配合。

团队学习的另一个难点在于考评，我们强调考评方式一定要包含 Observation，要把讨论过程作为考评的重要内容，而不是只看结果。某种程度上过程比结果更重要，这就需要我们在案例讨论、模拟实验等环节增加老师，可以把教学团队、助教等资源充分调动起来，教师相互之间可以双向合作，支持对方的互动教学。

Group Study 方法初步运用已经取得较好效果，我们在总结经验的基础上，将充分借鉴北美商学院成熟经验，发掘上海大学生的自身特点，探索“海派”教学风格。

参考文献

［1］赵剑锋．案例教学模式在资产评估课程中的实施与探索［J］．哈尔滨金融学院学报，2013（12）．

［2］郭晓利，冯力，郭平．团队教学法的研究与应用［J］．东北电力大学学报，2010（5）．

［3］杨慧瀛．“基于项目的团队学习”教学模式的应用研究——针对经管类课程［J］．北方经贸，2012（5）：155－156.

［4］陈蕾，王敬琦，朱宁洁，资产评估课堂实践教学的差异化探索：资产评估基础课程的例证［J］．中国资产评估，2015（8）．

［5］赵剑锋．案例教学模式在资产评估课程中的实施与探索［J］．内蒙古财经大学学报，2013，11（4）：58－61.

［6］陈蕾，王敬琦．资产评估课堂实践教学模式的应用研究——基于问卷调查的实证分析［J］．中国资产评估，2014（12）：21－26.

［7］孙旖旎．资产评估专业企业价值评估课程案例教学实践探讨［J］．中国乡镇企业会计，2012（6）．

［8］阮萍．资产评估案例教学研究［J］．云南财经大学学报（社会科学版），2009（5）．

［9］程玉英，刘丽，周晓辉．资产评估课程实践教学研究［J］．河北农业大学学报（农林教育版），2012（4）．

［10］周娟．资产评估课程案例教学研究［J］．财会通讯综合（下），2009（7）．

［11］EMSA COLAK. The effect of cooperative learning on the learning approaches of students with different learning styles, Eurasian Journal of Education Research, Issue 59, 2015, 17－34.

［12］MARIA KYPRIANIDOU, STAVROS DEMETRIADIS, THRASYVOULOS TSIATSOS, ANDREAS POMBORTSIS. Group formation based on learning styles: can it improve students' teamwork? Education Tech Research Dev, 2012（60）: 83－110.

案例教学法在金融学专业双语课程中的应用研究

——以《宏观经济学》为例

江西农业大学 杨 晶[①]

摘要：案例教学法通过将理论教学与实践应用相结合，有利于提高教学效果，为学生奠定扎实的专业理论基础具有重要的意义。本文以《宏观经济学》双语课的案例实践教学为例，分析了金融学专业案例教学现状及其教学效果，研究表明，学生对《宏观经济学》课程教学满意度较高，但语言障碍成为课程教学效果的制约因素；通过案例教学法，大多数学生认为有助于他们理解和掌握一些难的知识点，本土化案例库以及网络教学对辅助课程学习的效果是有帮助的。

关键词：双语教学　案例教学法　教学效果　宏观经济学

一、引言

在经济全球化的背景下，社会上对既懂专业又精通外语的复合型人才的需求越来越高，教育部早在2001年就要求各高校开设5%～10%的双语课程。实施双语教学是培养具有国际竞争力的外向型复合人才的重要途径；对于金融学专业而言，提高双语教学的质量，是实现该专业应用型人才培养目标的必然要求。在此背景下，笔者所在学院的金融学专业开设了《微观经济学》《宏观经济学》《货币银行学》《国际金融学》和《国际贸易学》等多门双语课程。笔者在近几年双语教学实践中发现，由于相关课程理论比较抽象，学习难度较大，加上学生对使用英语学习而感到困难，学生的学习积极性低，极大影响了双语教

① 杨晶，江西农业大学经济管理学院副教授。

学的效果。

近几年双语教学方面的研究成果层出不穷，但目前针对金融学专业“双语教学”的研究重点主要集中在双语教学的课程设置、双语教学模式、双语教材的选用和双语教学效果方面，对双语教学中可采取的教学方法研究甚少。

现有的双语教学研究成果均表明，学生的学习兴趣是影响双语教学效果的重要因素，教师应当运用多种教学方法调动学生的积极性，使学生变被动学习为主动学习。其中，案例教学方法具有激发学生的学习兴趣、促进学生动脑筋思考分析问题以及提高学生解决问题的能力，是经济学专业“双语教学”中不可缺少的方式（何明霞，2007；刘翌楠、宋柳，2009）。

案例教学法是指以案例为教学媒介，在教师的指导下，运用多种方式启发学生独立思考，对案例提供的客观事实和问题进行分析研究，并提出见解，作出判断和决策，从而提高学生分析问题和解决问题能力的一种理论联系实际的启发式教学方法。案例教学法最早使用于医学与法学专业领域，利用案例分析来提高学生的分析判断能力，积累一些分析经验。目前，国外商学院由于普遍采用案例教学法，例如美国哈佛大学商学院建立有包含 2000 多案例的案例库。采用案例教学法，一方面能够将学生从书本和教室中带入现实生活中，另一方面由于广大学生的参与，课堂氛围更为活跃，学习研讨更为深入。同时，在案例分析与讨论过程中，教师们还可以发现理论与实践的差距，进而推动教学内容的改革。

大量的理论经济学教学研究显示，案例教学法将传统的教师讲授的模式转变为学生主动思考和探讨问题并积极参与课堂学习的模式，有利于培养和开发学生的潜能，充分调动学生课堂参与的积极性，加强学生对经济理论的理解，提高学生对理论的应用能力（张元鹏、刘文忻，2005；陈银娥、刘健，2009；谢琦，2010；宋宇、任保平，2010）。

但是，目前针对案例教学法在双语教学中的应用研究较少，尤其是双语教学中所使用的教材大多数为外文原版教材，如曼昆的《经济学原理》，教材中的案例主要以美国经济分析为主，由于社会背景的差异等因素，学生并不能很好地理解案例，更不能充分运用相关的理论分析中国经济问题。金融学专业案例教学的研究文献表明，金融学是一门应用性和实践性很强的学科，其教学目的是培养学生“学以致用”的能力，案例教学必须结合中国的实际情况，培养学生能够分析实际经济问题并提出解决方案（曹凤鸣等，2007）。

在此背景下，本文以《宏观经济学》为例，介绍了案例教学法在笔者所在学院金融学专业双语课程的应用，包括建立本土化英语案例资源库，结合多媒体网络教学平台完善案例教学手段，通过课前准备、课堂组织以及课后总结三步实施案例教学，并通过调查问卷的方法获取了学生的反馈信息，分析了案例教学法在双语课程中的教学效果，并提出相应的建议。

二、案例教学法的应用

案例教学法的具体应用主要分为四个方面：构建本土化案例库，制作多媒体课件，建设网络教学平台以及案例教学的实施。

（一）案例集的构建

笔者根据我国的实际情况，从中国网（http：//www. china. org. cn）、中国日报网（http：//www. chinadaily. com. cn）、国家统计局（http：//www. stats. gov. cn）、BBC 新闻网（http：//www. bbc. com/news）、新华网（http：//news. xinhuanet. com）、人民网（http：//en. people. cn）以及世界银行（http：//www. worldbank. org）等网站上下载一些时效性强的案例，形成案例库。

根据教学目标选择合适的案例是决定案例教学效果的重要一环。项目组十分重视案例库建设，组织教师进行案例集的编写和更新，主要关注社会热点，不失时机地将发生在身边的一些事件，经过整理作为案例引入课堂。在案例库的建设中，本着真实性、典型性、时效性和启发性的基本原则选择案例。（1）案例的真实性。宏观经济学研究的就是实体经济的发展，案例教学中选用的案例，可以让学生置身于看得见的案例中，这样能使他们对案例产生强烈的现实感。例如介绍中央银行，课本介绍的是美国的央行——美联储。而我国的中央银行——中国人民银行，无论从机构性质到机构设置上与美联储均存在较大差异，选择中国人民银行作为该章的案例，有助于学生更深刻地理解中央银行的地位、作用以及运作。（2）案例的典型性。在案例收集、选编过程中，项目组围绕着教材的核心内容及教学大纲，针对所讲授的内容选择与章节知识点相关的思考题进行讨论分析。例如介绍物价指数，课题组在收集案例时，一方面要考虑到我国的物价指数与书上介绍的美国物价指数的差异，另一方面要介绍 CPI 和 PPI 的作用。因此应分别选用两个案例：一个是财经新闻，通过 CPI 和 PPI 的数据，让学生分析物价的变化；另一个是国家统计局对于我国 CPI 和 PPI 数据的解释，便于学生进行区分。（3）案例的时效性。时效性的意思是指讲授的经济学理论也应与时俱进，通过课堂教学引导学生了解经济学各个领域的最新发展。例如介绍财政政策与货币政策，课题组选择 3 个案例，分别阐述当时的经济形势，国家采用何种财政政策以及货币政策，有利于学生在经济学的学习过程中对现实强烈关注。(4) 案例的启发性。启发性指所选案例应留有较大的分析思考的余地，以达到提高学生分析与解决问题能力的目的。例如介绍失业，课题组选择的案例介绍了我国出现的一个奇怪的现象，“失业与劳动力短缺共存”，通过该案例引导学生进行思考，特别针对目前大学生就业难的问题进行探讨，以帮助学生学会独立思考，提高分析和解决问题的能力、处理人际关系的能力和学习能力，从而作出负责任的决定。

（二）课件的制作

主要从教学内容的安排、呈现媒体的选择、拓展性学习资源的提供和显示界面的设计等方面来设计制作多媒体课件。首先，根据《宏观经济学（双语）》教学大纲的教学目标、教学的重点和难点选择教学内容；然后，以多媒体课件能够给学生提供更多的教材上没有的拓展性学习资源为目标，提供拓展性学习资源；最后，综合考虑界面的颜色、字体、布局来设计制作多媒体课件，制作课件保证后排学生看得见、看得清，教师上课时操作方便，同时留给学生对教学内容有思考的时间，在课件的具体制作中重点考虑字体、字号、颜色的合理搭配。

（三）课程网络教学平台的建设

本研究借助江西农业大学的网络教学平台，进行了《宏观经济学（双语）》课程网络教学平台的建设。网络教学平台网址：http：//218. 95. 3. 135/eol/tea_main. jsp。经过建设，该教学平台内提供了大量的《宏观经济学（双语）》学习的相关资料，具体包括以下内容：教材的 PPT、与上课内容有关的学术文献资料、《宏观经济学（双语）》题库和试卷库、平台布置的《宏观经济学（双语）》作业、课程主题讨论区布置的论坛主题。

（四）案例教学的实施过程

案例教学的实施过程主要包括课前准备、课堂组织以及课后总结三步。下面以第一章为例介绍本课题的案例教学实施过程。

1. 课前准备

课前的准备工作分别由教师和同学来进行。教师的准备工作包括案例选择、案例分析和课题设计。首先，按照案例教学大纲的安排，从参考书、互联网、杂志等相关资料中选择相关案例。例如第一章安排介绍 GDP，就从中国网（http：//www. china. org. cn）和中国日报网（http：//www. chinadaily. com. cn）中选择三篇新闻，分别介绍 2013 年我国 GDP 的情况，GDP 最高的 10 个省份以及 GDP 质量最高的三个省份。其次，对案例进行全面而细致的分析，将案例中所涉及的知识一一列出。上述三篇新闻的知识点分别在于 GDP 的概念、不同年份 GDP 的比较、不同地区 GDP 的比较和 GDP 的不足四个方面。最后，在充分分析的基础上对课堂讨论的组织进行预先设计。课堂讨论主要采用以小组为单位（4 ~5 人）进行讨论，在课前将案例发放给学生，并通过提问的方式，将上述四个知识点列出。通过这些问题将学生的讨论引入深处，达到案例教学的目的。

学生的准备主要是根据老师发放的案例和问题，进行必要的课前分析，在必要的情况下，需要查找相关的资料。在此基础上进行小组讨论，并完成书面的案例分析报告。以第一章为例，学生在获得三篇案例材料后，需要阅读并熟悉案例提供的资料，按照题目的指引，进行必要的理论和实践准备。然后，小组成员组织讨论，各抒己见，充分表达自己的意见，陈述个人理由，依据方案或就不同方案进行分析比较，集思广益，力求达成共识。最后，完成书面报告，以 PPT 的形式做好上课前准备。

2. 课堂组织

教师案例教学的课堂实施中，主要是做好角色转换工作，通过提示、反问、追问、鼓励、表扬等多种手段和方法，营造轻松而又浓厚的讨论氛围，引导学生积极思考，激发他们参与课堂讨论的热情与信心，使讨论能够深入地持续进行下去。由于学生阅读案例和组织小组讨论的环节已经在课前完成，课堂上案例教学主要包括集体交流和归纳总结两个环节。

集体交流环节主要由教师主持。首先由各小组选出代表在全班发言，其他学生可以进行补充。根据具体情况，也可采用典型发言、自由发言等形式进行交流。在这一阶段，如果学生由于持不同观点进行争论时，教师应该根据实际情况进行有效的引导。

以第一章为例，在讨论 GDP 能否作为衡量一个地区经济发展的唯一指标时，学生有争论。有学生认为 GDP 能够很好地量化地区经济发展，尤其是收入增长，并且没有其他指标能够更好地衡量，因此 GDP 可以作为唯一指标。而有学生持反对意见，并举例认为环境污染等问题并不能反映在 GDP 中。此时，教师应该利用案例 2（2013 年我国 GDP 最高的 10 省份）和案例 3（2013 年我国 GDP 质量最高的 10 省份）中省份的差异，例如江西省 GDP 排名第 20 位，但 GDP 质量排名第 6 位，来说明 GDP 并不是万能指标，GDP 没办法反映江西省的山清水秀。但也要指出目前并没有更好的指标取代 GDP，并且江西省人均收入不高也制约了经济其他方面的发展。通过这样的集体交流，有助于学生进一步领会 GDP 的概念。

归纳总结环节主要由教师主持。在集中讨论环节中，学生通过即席发言，锻炼了随机应变分析问题、解决问题的能力，而且由辩论到结论，弄清事件的是是非非，从而了解案例的结论。教师则应在此环节做好笔记。在课堂的最后 5～10 分钟，教师根据前面讨论的结果，进行案例的归纳总结。主要从三个方面进行案例总结：一是学生对基本理论和知识理解的广度和深度，学生的语言表达能力和技巧；二是各小组的得分，并评出最佳综合和最佳单项方案；三是分析不足之处，并提出改进方案。教师通过总结，引导学生进一步去思考：从案例教学的内容和过程中，学到了什么，得到了哪些有价值的启示，是否通过案例学习掌握了处理问题的思路和方法，如何在今后的工作中加以应用等。

3. 课后总结

案例教学是师生互动学习的过程，其教学效果既依赖于学生的参与程度及作用的发挥，又依赖于教师的引导，教师对教学全过程的归纳、点评和总结。学生参加课堂讨论后，教师要求学生把自己对案例的分析、理解、判断及方案设计成简要的书面形式进行总结。

三、案例教学效果的调查分析

笔者对授课的 2 个班级，采用随机抽样的方式，对学生进行调查，共发放调查问卷 60 份，收回问卷 56 份。

（一）对课程调研情况分析

在回收的 56 份有效问卷中，本课程教学的满意度达到十分满意为 42.86%，比较满意 57.14%，无不满意或很不满意，即被调查的学生对本课程整体而言是满意的。

现有文献的研究结果表明，影响双语教学的因素主要是师资质量、学生能力、教材选用以及教学模式和方法等。基于此，本次调查设计问题“你认为最制约双语教学效果的因素是什么？”以了解学生认为最影响教学效果的因素。

表 1　对“制约双语教学效果的因素”认识情况表

制约因素	教师的水平	学生的英语能力	教材的难度	其他
比例	3.57%	64.29%	17.86%	3.57%

首先，在列举出来的三大项因素中（见表 1），多数学生认为自身的英语能力是制约双语教学效果的最重要的因素，其次是教材的难度，最后是教师的水平。通过对调研学生的英语水平分析发现，学生的英语能力成为制约双语教学效果主要因素的原因在于多数学生（57.14%）没有通过四级考试，导致学生在心理上畏惧双语课的学习。实际上，笔者授课时通过与学生的沟通发现，大多数学生的英语能力能够接受现有的双语教学，但由于畏惧情绪的存在，对双语教学望而却步。17.86% 的学生认为教材的难度是制约双语教学的主要因素，通过进一步调研发现主要存在两方面的原因。本课程使用的教材是原版英文教材曼昆的《经济学原理》。一方面，部分学生认为课本过于厚重，每一章节内容较多，阅读存在障碍，并且由于存在文化差异，课本中所使用的部分案例难以理解；另一方面，部分学有余力的学生认为相对于中文教材而言，这本教材的内容偏简单，影响其未来考研。

（二）对案例教学作用评价

通过上述对《宏观经济学（双语）》课的调研情况可以发现，虽然学生对课程满意程度较高，但是畏难情绪和课本的隔阂导致学生缺乏信心，因此，通过案例教学方法提高学生参与课堂教学的积极性，增强学习信心，是提高双语教学的效果的必然要求。为了解学生是否认同案例教学方法有助于提高《宏观经济学（双语）》课的学习效果，调研问卷设置问题：“你认为下列哪些措施对帮助自己适应双语课的学习最有效?”答案分别为“在双语课之前开设专业英语课，熟悉专业词汇”；“多使用国内案例分析消除英文教材的背景差异”；“老师课后的辅导和咨询”以及“其他”，答案可多选。

学生对改善双语教学效果具体措施的看法见表 2。针对双语教学的语言难关，46.43% 的学生认为应该在双语课程之前开设专业英语课，以便于熟悉专业词汇。针对选用的英文教材问题，67.86% 的学生认为教师应当在教学过程中多采用国内案例分析，以消除背景差异带来的障碍。另外，10.71% 的学生认为教师在课后的辅导也能够更好地提高教学效果。可见，绝大多数学生认为案例教学方法能够有效地改善双语教学效果。

表 2　　对“改善双语教学效果的措施”认识情况表

改善双语教学效果的措施	比例
在双语课之前开设专业英语课，熟悉专业词汇	46.43%
多使用国内案例分析消除英文教材的背景差异	67.86%
老师课后的辅导和咨询	10.71%
其他	3.57%

此外，为进一步了解案例教学能否有助于学生更容易理解和掌握《宏观经济学（双语）》的一些难以理解的概念和理论，调研问卷设置问题“您认为《宏观经济学（双语）》课使用的案例教学的效果如何?”答案为：“十分有助于提高对专业知识的理解”；“有一点的帮助”；“帮助不大”以及“没有帮助”。案例教学的作用评价结果见表 3。

表 3　　对“案例教学效果”认识情况表

案例教学是否有利于提高对专业知识的理解	比例
十分有帮助	50%
有一点帮助	42.86%
帮助不大	7.14%
没有帮助	0

50% 的学生认为案例教学对于提高对《宏观经济学（双语）》一些难以理解的概念和理论有非常大的帮助，42.86% 的学生认为有一些帮助，只有 7.14% 的学生认为帮助不大，没有学生认为没有帮助。这说明对于绝大多数学生来说，案例教学有助于他们理解和掌握一些难的知识点。笔者通过个别学生的走访了解到，认为案例教学对提高专业知识帮助不大的学生往往不愿意参与案例讨论，在小组讨论时不积极参与，在课堂集中讨论时更是漫不经心。而认为很有帮助的同学往往是在案例分析中，仔细阅读案例，查找资料，并且积极发言。

（三）对案例教学细节评价

本课题主要从三个方面调查课程案例教学具体细节：教学手段、教学内容和网络平台。

为了解学生对《宏观经济学（双语）》案例教学手段的认同程度，调查问卷设置了问题“你认为《宏观经济学（双语）》课案例教学中哪种方法效果最好?”答案分别为“多媒体教学”，“小组讨论”，“课堂分析”和“其他”。调查结果见表 4。调查结果表明，大多数学生（53.57%）认同课堂分析的方法，即上文中所提及的集中讨论。39.29%的学生认为多媒体教学效果最好，7.14%的学生认为小组讨论效果最好。分析原因，笔者发现，大多数学生仍然将课堂学习放在首位，忽视课外的学习。在课堂集中讨论时，更多的学生会参与到案例分析中，而在课前的小组讨论环节，部分学生会认为其不重要不积极参与。而多媒体教学通过更直观的方式能够让学生更好理解案例以及经济理论。

表4　　对“案例教学手段”认识情况表

案例教学中效果最好的教学手段	比例
多媒体教学	39.29%
小组讨论	7.14%
课堂分析	53.57%
其他	0

对于教学内容，本调查问卷设置问题“你认为案例的题材应该是什么?”答案为“国内热点问题分析”和“书本上案例分析”，答案可多选。调查结果见表5。调查结果表明，绝大多数同学（92.86%）认为应该分析国内热点问题，其中39.29%的同学还认为书上的案例也应该加以分析。只有7.14%的同学认为书上的案例就足够了。可见，课题组构建的本土化的案例库满足了大多数同学的需要。

表5　　对“案例教学内容”认识情况表

案例的题材	比例
国内热点问题分析	53.57%
书本上案例分析	7.14%
上述两种	39.29%

对于课程网络平台的评价，学生对网络教学辅助学习的效果认为是有帮助的，但认为非常有帮助占12%，认为有一点帮助的占88%，没有学生认为网络教学对学习没有帮助或帮助不大。对于网络教学的侧重点，调查结果显示首先应着重于师生之间的沟通，其次是教学材料的共享，最后才是课后辅导等（见表6）。

表6　　对“网络教学的侧重点”认识情况表

网络教学的侧重点	教学材料共享	师生沟通	课后辅导	其他
比例	44.00%	48.00%	8.00%	0

四、案例教学法在双语课程应用的经验与建议

（一）案例教学法在双语课程应用的经验

通过《宏观经济学（双语）》案例教学研究，笔者总结了一些案例教学中的一些经验：

第一，与传统的满堂灌教学方式相比，案例教学的实施效果显著。上述调查结果表明大多数学生对《宏观经济学（双语）》整体而言是满意的，但由于语言的限制，学习效果受到限制。案例教学方法促使学生通过不断地查阅书本内、外各种资料，在此过程中，语言受到强化，自信心也得到一定提高，同时很好地锻炼学生分析、解决问题的能力，并加深对所学理论的掌握与认识。

第二，课堂内外相结合的方法有助于弥补现有《宏观经济学（双语）》课程教学课时有限的不足。老师在每章课前进行课程设计，尽量给出充裕的时间，组织恰当的案例让学生分析与讨论，在课堂上讲述到相关理论时就能够采用恰当的课堂时间进行案例分析与讨论，有效地提高课程学习的效率。

第三，基于网络的案例教学相对于传统教学方法来说，其优点是网络使得教学更加具有开放性和灵活性，学生学习基于教材却不局限于教材，大大开阔了视野。教师可以充分利用网络的这种特性，在课堂内外、授课前后调动学生学习的积极性和主动性。

（二）问题与建议

当然，笔者在实施过程中也发现了一些问题，主要表现为三个方面：

首先，传统的考评制度不利于案例教学的开展。目前所采取的考评方法为平时成绩加闭卷考试成绩，期末试卷的卷面成绩占有80%的权重，而案例分析成绩只在20%的平时成绩中占一部分。对于功利的学生而言，平时花费大量的时间阅读收集分析案例，不如期末考试前死记硬背。案例教学效果既依赖于授课老师的讲授，又取决于学生课堂表现。如果不能提高学生的积极性，案例教学的效果将十分有限。

其次，案例教学对教师要求较高，而双语课的案例教学则对教师要求更高。前面所述的调研发现，有少数学生（3.57%）认为制约双语教学的主要因素是教师的水平不高。双语教学和案例教学对教师的要求较高，要求教师在英语和

专业方面上都要具备高素质。

最后，网络教学平台发挥的作用还比较有限。网络教学平台虽然在一定程度上解决了师生交流以及教学材料共享的问题，但是目前网络教学平台仍在建设中，师生之间的沟通有待进一步加强，教学材料还有待完善；此外，网络教学平台对网络的依赖程度较高，对于部分没有电脑的学生，无法有效地利用网络课程辅助学习。

对应上述问题，笔者认为应当从下面三个方面进行改进：

第一，应该将案例分析成绩作为该门课程总分的一部分，鼓励学生积极认真参与。在《宏观经济学（双语）》案例教学中，尽管教师的引导、教师对教学全过程的归纳、点评和总结十分重要，但学生的参与程度是影响案例教学效果的一个重要因素。因此，授课教师在案例教学中要采用各种措施鼓励学生积极参与案例的讨论，引导学生对案例进行深入分析的同时，建议将案例分析作为评判学生成绩的一个重要组成部分，促使学生积极主动地参与案例讨论。

第二，进行双语教学的老师必须提高自身水平，在可能的情况下到国内外著名的高校进行研修，提高自身的英语水平和专业素养。教学方法的改进也有利于提高教学效果。教师不能完全采用传统的讲授方式，应当多与学生沟通，提高学生参与学习的积极性。互联网时代，学生能够接触的信息日益增多，教师应该不断地调整教学手段，吸引学生的注意力，提高其学习的积极性。例如，可以根据课时量，安排学生在课堂上观看一些时间较短的与所讲章节内容一致的英文财经新闻或财经评论。让学生通过电影中的真实情景来理解经济学理论和概念，把无形的东西变为有形的东西，易于记忆和理解。

第三，应该加强网络平台的作用，让学生和教师之间，教师和教师之间的沟通更加顺畅。基于网络平台的互动性，教师可以上传历年学生的案例分析报告，更多时效性更强的案例，包括视频、动画以及新闻等，建立以学生为主体、教师为主导的教学模式，激发学生学习的积极性。教师和教师之间也可以通过网络平台召开案例教学研讨会，交流、总结经验，取长补短，提高授课教师驾驭案例教学法的能力和素质。通过网络教学平台实行案例教学，不仅有助于提高学生分析解决问题的能力，而且还有利于提高教师自身的能力和素质。

参考文献

[1] 曹凤鸣，张晓盈，钟锦文．“西方经济学”案例教学浅析——以江西高

校为例［J］．江西金融职工大学学报，2007（3）．
［2］陈银娥，刘健．关于《宏观经济学》案例教学的几点思考［J］．理论月刊，2009（2）．
［3］程佳韫．案例教学法在国际经济学双语教学中的应用［J］．安徽工业大学学报（社会科学版），2012（5）．
［4］何明霞．高校双语教学“羊群行为”分析与发展路径［J］．中国高等教育，2007（9）．
［5］李晓锋，王忠华．网络教学平台在高校课程教学中的应用调查研究［J］．中国远程教育，2012（2）．
［6］李兴旺．“本地化”案例教学的探索：实践与认识——以工商管理类专业的“本地化”案例教学为例［J］．中国大学教学，2011（5）．
［7］刘翌楠，宋柳．初探双语教学效果的提高——以微观经济学教学为例［J］．四川教育学院学报，2009（6）．
［8］吕晓燕．经贸类专业双语教学探索——以西安翻译学院为例［J］．现代商贸工业，2012（24）．
［9］宋宇，任保平．微观经济学精品式教学内容创新中的几个关系［J］．中国大学教学，2010（7）．
［10］王海洪．网络教学平台在高校会计学专业教学中的应用研究［J］．财会教育，2012（4）．
［11］谢琦．宏观经济学案例教学中存在的问题及对策研究［J］．中国劳动关系学院学报，2010（6）．
［12］姚清铁．《经济学原理》双语教学目标评价与因素分析——以南京财经大学为例［J］．江苏社会科学，2012（S1）．
［13］张元鹏，刘文忻．我国理论经济学教学中的案例教学问题研究［J］．北京大学教育评论，2005（S1）．
［14］朱鹏飞．双语课程中案例教学法的完善研究——以国际经济法为视角［J］．法治与社会，2011（18）．

对金融专业课程双语教学的探讨

——基于从《货币金融学》到《国际金融》的本科教学实践

北京外国语大学　任康钰①

摘要：随着中国改革开放的深化和融入世界经济体系进程的推进，对金融领域人才的要求在不断提高。在大学本科的金融类专业课程教育中推广双语教学也就成为时代所需，并且越来越重要。本文在笔者多年金融类专业课程双语教学实践的基础上，通过对学生做调查和访谈，思考、分析了双语教学中不同环节所包含的一些问题，以《货币金融学》和《国际金融》为代表探讨了不同类型的专业课程在双语教学的定位、实施等方面的具体选择，并重点介绍了笔者编著的《国际金融》双语教材，最后针对高等院校的金融类专业课程的双语教学提出建议。

关键词：双语教学　金融　专业课程　本科教育

一、引言

随着对外开放的推进和市场经济改革的深化，我国融入世界市场的程度在日益加深，这呼唤着各领域更符合国际市场需求的人才。在这样的时代背景下，我校——北京外国语大学，在近二十年前就提出了从外语型院校转型为多学科发展，培养复合型、复语型人才。国际商学院正是在这样的背景下应运而生，至今已经走过了十五年的发展历程。国际商学院从建立伊始，就确立了“培养具有最强外语背景的商务人才”的教育使命。随着越来越多的毕业生成功地走出校园，我院对本科生的培养得到了市场的认同和肯定。实践中，在专业课领域广泛地开展双语教学为这一目的的达成作出了不可或缺的贡献。尤其是金融系，在金融领域国际化程度较高的时代要求下，在大多数专业课程上通过双语

---

① 任康钰，北京外国语大学国际商学院金融系主任、副教授。

教学，打造了更具有市场竞争力的人才。因此，如何不断探索金融类课程双语教学的有效实施，提高双语教学的效果，对保持和发扬我院毕业生的优势将发挥重要作用，也可以为兄弟院校金融专业人才培养提供有益的参考。

笔者长期以来承担着我院金融类专业基础课程《货币金融学》和专业核心课程《国际金融》的双语教学任务，积累了对于双语教学的一些经验和思考，并且在教学过程中通过对学生进行调查和访谈，结合学生的评判和选择来思考和寻找改进金融类专业课程双语教学的路径。

由于双语教学对外语基础有一定的要求，了解学生的外语水平对于有效开展双语教学十分必要。在北京外国语大学一贯以来的语言优势传统下，我院学生在读期间会分别在二年级和四年级下学期参加国家专业英语四级和八级考试（比同级的全国大学英语水平要高）。我院的金融类课程《货币金融学》和《国际金融》正是在四级考试之后的两个学期依次开设的。因此，学生的四级考试成绩可以作为一个较好的英语背景参考。

我院的本科生近年来都保持在200人左右，在专业英语四级考试中普遍都能取得较好的成绩，历年来的通过率保持在90%左右，达到良好和优秀的人数也占比较多。其中，一般金融专业的学生在48人左右，成绩又更好一些。这样的英语水平为接下来的双语教学提供了较好的基础。

表1　　我院学生近年来的专业英语四级考试成绩统计

	2011年考试（2009级学生）	2012年考试（2010级学生）	2013年考试（2011级学生）	2014年考试（2012级学生）	2015年考试（2013级学生）
通过率	93.79%	87.88%	90.25%	92.31%	89.04%

资料来源：北京外国语大学国际商学院教学事务办公室。

接下来，我们就具体从学生对双语教学的了解开始，然后对不同类型的金融专业课程在双语教学上需要思考的问题进行探讨，最后对双语教学提出有益的建议。

二、学生对双语教学的要求和希望

双语教学的实施对象是我们的学生，因此，对学生的关注是有效实施双语教学的前提。由于长期以来都在教学第一线，笔者有很多机会了解学生对于双语教学的一些想法，比如通过问卷调查和访谈等形式。

（一）对学生的二次问卷调查

在《货币金融学》这门课程的教学过程中，我们分别在课程开始不久和课程将要结束之时进行了问卷调查，两次发放问卷近400份，回收的有效问卷占95%以上。

第一份问卷是在学期开始不久发放的，问题主要围绕双语教学在教材选择、课件安排、授课形式等方面；第二份问卷则是在学生已经经历了一个较为完整的学习过程之后发放的，问题主要在教学效果、作业及考试等环节展开，既考查学生在体验了双语教学环境后的感受，又了解了学生对教学中的一些后续安排的期望。我们根据各个环节的具体特征设计了若干问题，然后提供几个可以选择的不同答案，请学生选择出认同度最高的。从学生的回答来看，几乎每个选项都会被选到，可见当代大学生之多样性；但是，在大多数问题上，学生们的选择还比较集中，这反映出大多数学生具有的普遍性。我们对于学生的课堂教育主要就是基于这种共性来设计和展开的。

接下来，我们就具体对两份问卷所涉及的问题进行观察和分析。

1. 课程前期的第一份问卷

首先，双语教学要解决的问题就是选择教材。当代的大学生接触信息广泛，往往会跟国内院校、甚至国外院校在教材选择上进行比较，反映出相当的主动性。具体针对《货币金融学》这门专业基础课程，有两类意见较为主流，一类是直接选择英文原版教材，一类是选择中英双语型教材，前者稍多。相比之下，只有10%左右的学生选择了纯中文教材。

如果能够选择原版教材，学生们也有一定的要求。比如是出自知名出版社、在国外大学也被广泛选用。而且，大多数学生都认为这样的教材最应该具有的特征是“内容新、版本新、能够反映当前金融领域动态”。当然，有些学生还选择了“要有相应的中文译本”，这可能是学生出于能够更好地阅读、理解教材的考虑。毕竟，进入到专业领域的学习，可能面对大量的陌生专业术语。而且，一般国外的教材内容都较多，译本的存在可以帮助学生提高阅读效率。

除了核心教材的选择外，学生们也对教师在教学材料上的处理提出了要求。大多数学生希望教师能够针对中国的具体情况做适当的调整、补充或是替换，同时推荐一些该领域的中文教材、中英文报纸杂志等作为学习参考资料。

其次，在普遍采用多媒体教学手段的条件下，电子课件已经替代传统的板书成为教学过程中学生听课的基本用具。如何安排有关事宜，会影响到教学效果。从学生们的选择来看，在课件使用的语言上，绝大多数学生都选择了中英混合的语言安排方式，其中又有超过三分之二的人选择了“英文为主”的方式；只有较少一部分的学生（不到20%）选择了纯英文或是纯中文；对于电子课件的印刷和发放，学生们则希望保证内容清晰、紧凑的同时，还能有足够的空间做笔记，并可以提前拿到以便预习。当然，电子课件的存在并不意味着不再需要板书。绝大多数学生仍然认为教师在上课时还应该有适当的板书，以便更好地解释讲课过程中的重点、难点。

最后，最为核心的是授课环节。一般来说，经济管理类的课程可以安排很多学生一起上大课，但是，对于双语类型的课程，在调查中，近60%的学生倾向于小班授课（人数少于50人）。对于实施教学的教师，学生们也提出了更高、更多的要求。在教师使用的课堂语言上，近八成的学生都认为，虽然这是一门双语课程，但使用中文授课就行，必要的时候加一些英文的术语，而不是教师使用的英语越多越好。相应地，在学生对教师能力的要求上，基本上都认为教师的专业功底最为重要，当然最好能配合适当的英语能力。对于教师在授课过程中组织的提问或讨论，只有很少的学生认为要在讲课时多安排，并且用英文进行；其他的同学则主张基本以讲课为主，或适当地用中文进行一些提问、讨论。因此，学生们在对授课效果的期待中，一半左右的学生认为，对货币金融学基础知识的透彻理解、学习是最重要的；还有三分之一左右的学生在强调基础金融知识的学习外也注重“双语掌握”，只有较少学生认为该课程要有提高英文水平的功效。

2. 课程后期的第二份问卷

在经过了近一个学期的双语教学实践之后，我们又对学生进行了调查，一方面对已有教学效果进行了解，另一方面对双语教学中后面几个环节如复习、考试等看看学生们的想法。

首先，在经历了近一个学期的学习之后再来思考教学，更能反映出学生们对双语教学的切身感受。近60%的学生都认为，双语教学质量和效果的最主要决定因素是教师和教学方法与手段，并且认同教师上课使用的语言是中文授课加上英文术语的解释，最好适当地结合实践来进行理论知识的学习。

其次，临近期末，学生们对日常的作业安排和复习也已经有所体验。而且，复习和作业环节本身对于课堂知识的吸收、巩固都很重要。从学生的反馈来看，大约四分之三的学生觉得，相比于使用中文教材的专业课程，使用英文教材使他们在课后花的时间较多，有近一半的学生要花费多出一倍甚至更多的时间。

但是这部分学生对这种状态的评价还是比较正面和积极的，因为他们可以同时学习金融和英语。对于课后作业的安排，70%的学生都认为应该有作业，而对于该作业是否应该要求用英文回答这个问题，则基本上是各有一半支持者。

最后，就是课堂教学的最后一个环节——考试，这对于督促学生复习、检查学生的学习效果都非常重要。因此，设计一份好的试卷也是双语教学中不可忽略的工作。那么，学生对试卷有着什么样的想法呢？在试卷语言的选择上，大多数的学生认为应该使用全英文的试卷；但在答题语言上，则多数倾向于不限制，即可以选择中文或英文答题。在题目类型的设计上，三分之二的学生认为选择题或判断题这样的客观题比较好。而当被问到是否应该有结合现实的案例题时，八成多的学生都给予了肯定，这恐怕是与金融学本身的时代特点有关，也与学生将理论知识联系实际的愿望有关。当然，试卷还应该把握好难度和数量。

（二）对金融专业学生的访谈

调查问卷的结果可以给出一些非常直观的启示，但是往往因为重视普遍性而忽略个体感受。而且，《货币金融学》虽然是金融专业的基础课，但面向的是我院经济管理专业的所有学生，所以上面的每次调查问卷都有200份左右。而在之后开设的《国际金融》，作为专业核心课程，主要是面向金融系学生，当然其他专业也可以选修。因此，为了更有针对性地了解金融专业学生在专业核心课程双语教学上的一些想法，接下来我还对他们在教学过程中进行了单独的访谈。

与调查问卷类似，我们的访谈也主要是围绕教材、教学等各环节展开，当然更灵活，学生们也可以由此展开谈他们的想法。在进入专业核心课的学习之后，大部分学生的学习目标更为明确。计划进一步深造的同学更强调理论内容的深度和广度，以便于他们能够更好地应对未来的专业课考试或申请；计划直接进入就业市场的同学则强调实用性，希望所学课程能够“学以致用”。而且，经过了双语教学的实践，学生们普遍较为认同这种方式。但是，学生们强调，不能因为对语言方面的关注而忽略了对专业知识的学习，因此教师在教材、教学过程等方面的把握特别重要。

三、对双语教学的目标定位和教材选择

有了多年的双语教学实践，再参考对学生的调查和访谈，促使笔者对双语

教学不断思考，其中最重要的可以说就是目标的定位和教材的选择。一般而言，所谓双语教学，是指用非母语进行部分或全部非语言学科的教学：在教育过程中，有计划、有系统地使用两种语言（其中一种为母语）作为教学语言，使学生在整体学识、两种语言能力以及这两种语言所代表的专业学习及成长上，均能达到顺利而自然的发展。当然，在不同地区、不同类型的教育中，双语教学的实际内涵肯定存在差异。那么，具体怎样在我们的双语教学过程中对其进行目标定位，就是有效实施教学的前提。

首先，从我国推行双语教学的大背景来看，其目的在于使学生通过学习，能在该专业领域同时使用母语和非母语（一般是英语），能根据交际对象和工作环境的需要在两种语言之间进行自由切换，成为既懂专业又懂外语的国际性人才。具体到金融专业，推行双语教学更是顺应时代的需要。一方面，以英文为载体的金融理论、文献的发展在世界范围内处于较为领先的水平，英、美等国家已经发展形成了较为丰富的金融理论体系。另一方面，随着经济全球化的推进，我国在金融领域与世界的接轨也较为领先，比如一些操作规范、标准等，而英语目前可以说是国际金融领域中的工作语言，掌握这样的工作语言是对我国新型金融人才的必然要求。

尽管双语教学对于金融专业课可以说是大势所趋，但是需要注意的是，在教学过程中所采用的非母语仍然只是教学的语言和手段而不是教学的内容或目的，课程本身的内容才是教学的核心所在。具体地，对于金融类的专业基础课程和专业核心课程，教师在处理两种语言的关系上应该有不同的把握。对于像《货币金融学》的专业基础课程，学生需要掌握有关货币、金融市场等基本理论知识点，这是教与学最重要的目的。同时，这门课相对较为成熟，国外也已经形成了较多相关教材。因此，通过选用外文教材，并在教学过程中更多地使用英文，对于学生进入金融专业并培养良好的英语感觉是有帮助的。这也与调查问卷中学生们表现出的倾向性相一致。

当然，在外部教材的选择和使用上，我们要特别关注以下几个问题。第一，一些在国外高等院校较为流行的、已经形成良好口碑的教材，应该成为我们的备选。第二，随着现实世界和学术研究的不断发展，很多国外知名的教材作者会不断更新版本。新的版本会对上一版本的内容进行补充、修订和调整。所以，我们在选用他们的教材时要尽可能选择较新的版本。第三，如果该教材在国内有中译本，那就更加有利于学生配合使用。第四，尽管使用的是外文原版教材，但应该就中国有关的情况进行补充介绍，并对教材中的内容进行适当的调整。

第五，除了核心教材之外，教师还要尽可能地推荐一些中、英文的书籍、报纸、杂志、网站等作为参考资料。第六，以教材和补充内容为基础，制作出英文为主辅以必要中文的电子课件，以亲和、清晰的方式印刷出来并提前发放给学生，以便他们以此为纲领进行预习和复习等。

但是，对于像《国际金融》这样的专业核心课程而言，理论方面对学生提出的要求更高，这时双语教学中更偏向的可能就要是母语了，同时在专业词汇等方面辅之以外语讲解。因为像《国际金融》这样的专业核心课程，一方面理论难度加深，另一方面知识点较为庞杂，如果能够在教学中主要使用母语作为教学语言，更有可能保证教学效果。同时，这门课也会涉及很多新的专有名词，需要学生能够做到双语理解和掌握。而且，从对学生的访谈中看到，如果在这门课程上国内有该领域的中英双语型教材，那有相当一部分学生会选择这种教材而不是纯粹的外文教材。基于以上考虑，我在多年双语教学实践的基础上，编写了《国际金融》这本双语教材。这是由高等教育出版社立项出版的一本双语教材。

这本教材一方面回应了学生访谈中反映出的需求，一方面也是对双语教学的一种支持。我在该书中构建了三大模块的内容，分别是国际金融基础和理论、国际金融制度和政策和国际金融实务与应用，既较为系统地阐释了国际金融较为经典的理论，比如关于国际收支和汇率的理论等，也包含国际金融市场中相关的实践知识。除了主体章节内容之外，每一章节中的小专栏对一些特别问题进行必要的补充和解释；每一章后总结性的专题或案例讨论，则是就该章中的主要内容进行某一个深化的讨论，或联系实际对与该章内容相关的经济现象、事件等进行探讨。每一章的主体内容由中文来表述，但我在每章后加入了该章所涉概念、名词的英语解释，以及相应的英语深度阅读；每一章辅助的 PPT 文件、课外练习题等也采用双语（主要是英语）形式。通过对学生的访谈得知，这样的教材安排达到了学生期待的双语教学的目的，使学生能够做到既掌握核心理论知识，又熟悉专业术语等知识的英文表达。不论是未来进一步深造，还是直接进入就业市场，都使学生做好了准备。

明确了双语教学的目标，选择好教学中所使用的教材，就为成功地开展双语教学走好了第一步。接下来，在具体的教学过程中，还需要我们关注一些问题。

四、对教学过程中一些问题的思考

有了好的开端，再在教学过程中注重细节，就能够较为成功地开展双语教学。尽管我们在上一小节的讨论中探讨了目标定位问题，但是，具体如何实现这个目标，则没有特别的规定或模式，而应该是一种目标导向下的灵活选择。这种灵活选择体现在教学过程的各个环节中，从而形成一套系统、恰当的教学模式；而且，这种灵活还体现在教学过程中所进行的不断调整。选择和调整的关键就是“目标”，然后在实践中要“因地制宜”。具体地，以下几个教学过程中的问题值得我们特别关注。

第一，班级是学生上课的主要场所，适宜的班级设计、良好的班级环境发挥着非常基础性的作用。其实，双语教学在这一点上并没有特别的要求，主要还是根据课程来选择。一般来讲，基础的专业课通常是以教师讲授为主，所以班级规模可以较大；当涉及更多需要学生参与的课程，小班授课的方式可能更为适宜。以金融专业课程为例，《货币金融学》一般班级规模较大，《国际金融》的班级规模则较小。但是，如果考虑到双语中外语的使用，恐怕较小规模的班级更容易使教师根据学生的情况来把控课堂。从实践来看，较小规模的班级，无论在平均成绩上还是在对教师的教学评估中，都有较好的表现。

第二，由于金融课程本身的特性，如果课堂上能形成积极的师生互动，既能提高课堂的吸引力，也能调动学生学习的积极性和增加其参与性。互动的具体形式可以是简单的提问，也可以是就某一热点问题的讨论（或辩论），还可以是一些易错问题的计算等。不过，虽然是双语教学，但互动中不要拘泥于语言形式，外语并不是越多越好。另外，近年来随着网络课堂的发展，像开放课程、翻转课堂等方式越来越流行。而且，由于金融专业本身跟实践的结合非常紧密，所以如果能在金融类专业课程的双语教学中，有效利用这些新的教学平台，往往能够达到事半功倍的效果。

第三，布置适量的课后作业，并要求用英文回答。在考核时则尽可能地采用全英文试卷（对超出学生现阶段词汇量的单词进行标注，给出中文解释），不过最好不要限制学生的答题语言。而且，试卷中应较多地包含客观题型，如选择、判断、计算等；还应该包括理论结合实际的案例题。

除了这些教学过程中的基本问题之外，双语教学中一个时常引起教师关注的问题就是，围绕着专业教学又怎样保证语言上的学习效果呢？首先需要认识到，双语教学绝不是一个孤立的活动，在高等院校强调双语教学的过程中，对外语（一般来说是英语）教育的加强不可忽视。从我院学生的情况看，能够在专业课双语教学中取得较好效果主要在于学生本身具有扎实的语言基础，而这一点就要得益于我院在英语课程上的设置了。其次，在双语教学的过程中，通过不断熟悉专业领域的英文表达和运用方式，再加上对理论知识本身的理解，学生就可以逐渐以双语形式掌握该专业领域的知识。这样的话，强调专业知识为核心和双语教学的一般性目的之间就不会存在矛盾，而是可以较好地统一起来。

五、总结及建议

本文基于对学生所做的调查和访谈，根据金融类专业课程的不同特点，就其双语教学过程中在目标定位、教材选择、教学过程安排等几个方面进行了探讨。那么，从我院的经验出发，对于高等教育中金融专业双语教学能提供什么样的建议呢？我想，首先要思考的一个问题就是，不同高校中的金融专业是否需要以及应该在什么样的课程上开展双语教学。这要考虑其学生的潜在就业市场、毕业去向，以及不同课程的特点等，而不能盲目地开展双语教学。以我院学生为例，金融专业毕业生的去向基本上可以分为三类：报考国内知名大学金融、经济类硕士研究生，申请出国深造，直接进入就业市场，主要求职方向为国内外大型金融机构、金融监管部门等。这些去向都对双语掌握专业知识有较高的要求，使开展双语教学具有相当的必要性。另外，我院本科生、尤其是金融专业的学生，普遍具有较高的英文水平，师资上也对外语水平有较高的要求，这一点使开展双语教学具有了可行性。必要性和可行性的结合使双语教学具有现实性。因此，高等院校在选择对专业课程实施双语教学时，先要认真考虑必要性和可行性。

其次，为了增强上面提出的可行性，可能需要在开展双语教学的同时对外语教育进行新的安排。以往的非外语专业学生的外语教育主要是以全国大学公共英语四级考试为目的，在本科一、二年级开设精读等课程共 8 个课时左右。那么，为了配合双语教学的开展和改善双语教学的效果，就有必要调整和增加对外语课本身的安排。以我院为例，第一，在一、二年级我们开设的英语课程科目和课时都比大多数院校多，目的在于让学生打好外语基础，并为在高年级开设的大量专业双语课程做好准备。从表 1 中我院学生的英语专业四级成绩来看，我院低年级的英语课程设置取得了较好的效果，这为双语教学达到较好的效果提供了基础。第二，我院在学生三、四年级时还继续保持相当数量的英语课时，而很多高等院校对非英语专业的学生在高年级就几乎不再开设英语课程了。这样的安排为有效地开展专业课程双语教学提供了良好的保障。

再次，更多的还是要从教师自身来下功夫。我们在教学中需要认识到的是，教师必须注重对自身素质的不断培养。双语教学模式并不能给教师以借口忽略专业知识的学习，教师对专业知识的不断学习和提高是讲好专业课程的前提。当然，除此之外不断提高英语能力也是对教师的必然要求。不过，这里的英语能力并不一定多么强调语音、语法，而是在于专业的英文运用能力，因为毕竟学生不是从专业教师那里学习语言。

另外，教材建设是双语教学长远考虑的重要内容。我国在双语教材的编写上才刚刚开始发展，如何撰写好的专业双语教材还是一个需要不断探索的问题。比如我已经出版的《国际金融》教材，是在中文内容为主的情况下，配以英文名词的解释和一些相关的英文阅读资料。是否能考虑更加有机地将两种语言运用到理论知识的阐述中，是否能在出版社的组织下由国内外的学者联合编写更好的教材，都需要不断地思考和实践。

最后，随着现代互联网技术的发展，教学手段和具体的教学模式也在不断创新。作为教师，要保持对新鲜事物的关注，并能够积极地将它们融入到自身的教学过程中，提高教学的效果。

双语教学是一个长期和复杂的工作，绝不是这里的几点建议就可以解决问题的。希望这些来自实践的思考具有一定的启发性，为我国高等院校金融类双语教学水平的不断提高作出贡献。

参考文献

［1］谈多娇．高等学校双语教学的关键环节［J］．教育研究，2010（10）：91 –94.

［2］张敏瑞．高校双语教学的教材建设和使用［J］．北京大学学报，2007（5）：273 –277.

［3］陈光春，豆均林，本科经济管理类专业双语教学的困难及对策［J］．高教论坛，2005（3）：103 –105.

［4］韩红莲．如何搞好高校的“双语教学”［J］．金融教学与研究，2005

(1)：54－56.

［5］申沛，冯永平．推进双语教学的探索与实践［J］．中国大学教学，2005（2）：24－25，31.

［6］曹廷贵．金融专业推行双语教学的意义、困难及对策［J］．中国大学教学，2004（1）：42－43.

区块链技术在金融教育培训中的运用分析

中国银行总行研究所 邵 伟[①]

摘要：随着经济金融发展不断深入，金融知识、能力和观念等进入高速发展期，同时互联网 2.0 版本的区块链技术正成为程序化社会发展的新动力。本文重点讨论区块链技术的发展背景、金融教育培训的需求分析、区块链技术在金融教育培训中的运用、银行业培训的区块链模式创新、中国的对策分析等内容，为学界和业界金融教育培训技术的发展探索新模式和寻找突破点。

关键词：区块链技术 金融 教育 培训

随着经济金融科技的不断创新，金融教育和培训发展进入了新的发展时期，区块链金融教育培训模式将成为引领业界发展的突破点，对此我们应认真分析。

一、区块链技术的发展背景

区块链技术是在互联网 1.0 基础上形成 2.0 的必然产物。从美国硅谷来看，IT 技术可分为六个发展阶段：第一阶段为半导体创新阶段，实现了物理世界向电子世界的迈进；第二阶段为计算机与通讯设备联姻阶段，如路由器和集线器等创新，实现了教育培训中物理操作向原子化操作发展；第三阶段为互联网技术的 TCP/IP 协议创新阶段，为局域网、广域网和互联网在院校和培训公司之间布局成为现实，并解决了知识信息的对称传输问题；第四阶段为网络用户界面创新阶段，为教育培训和公司之间提供了在线交流的便利；第五阶段为数据集成技术创新阶段，为教育培训用户行为的数据收集提供了便利；第六阶段为区块链技术的创新阶段，为用户教育培训的生命周期在知识和学分等方面全程管理提供了可能，并解决了高考、招生和学习成绩等学分奖励等价值对称性技术

---

① 邵伟，中国银行总行研究所杰出调研专家，高级经济师。

形成突破（Laura Shin，2016）。从2015年各国政府或权威机构发布的与区块链有关重大政策和动向来看，统计47条重大政策和事件中，与金融相关的信息数量达到36条，占比约77%，区块链金融发展与社会运用的趋势逐渐明朗（刘泽晶、周楷宁和宋兴未，2016）。

二、金融教育培训的需求分析

1. 金融教育培训的几个逻辑关系

金融培训和金融教育的关系。第一，金融培训是以金融市场为导向的分析逻辑，而金融教育是以金融认知为导向的金融知识分析逻辑。由此来看，金融培训智力需求更加贴近市场，其变化周期和应急反应的敏感性要求显然强于金融教育；第二，金融培训是围绕企业经营目标，以“缺什么补什么”方式开展活动，而金融教育是根据国民的社会发展需要为主线，以社会普及性教育和研究为特征；第三，金融培训是针对金融问题而开展活动，但金融教育是针对社会认知而开展活动，金融教育的外延显然大于金融培训，所以金融教育是针对国民素质和社会发展来设计金融学习活动；第四，金融培训要适应市场的变化，其认知的频率变化明显快于教育，而金融教育的周期则长于金融培训；第五，金融培训的经费来源于企业利润，而金融教育经费则来源于纳税人和受教育者的学费。因此，金融培训的出发点、对象、目标和资源等，与金融教育截然不同。因此，在银行业进入零利润时期，金融培训对区块链的期望度明显高于金融教育。

金融培训与研究和业务部门关系。金融培训肩负着护航企业发展的重任，着重金融智力趋势性分析和架构设计，金融研究是对业务战略的理论体系分析，是金融智力开发的核心，而业务部门则侧重于市场开发、风险管理和业务流程的控制。目前，金融培训与之恰恰相反，岗位培训需求由业务管理部门提供，智力发展通过购买方式解决。在高利润率增长环境下，银行业金融机构形成了培训项目申报、评审、接待和课酬支付等“行政化”“空心化”和“外部化”的工作模式，培训需求分析、课堂教学质量和现场控制等工作形同虚设，授课喜好“高大上”。近期，某单位领导以储户办理“异地小额转账业务”，暗访了辖内四个网点，得到了四种不同的转账服务提示，暴露出网点一线员工在业务标准、专业性和网点敬业性方面存在的问题。一线网点问题折射出针对性培训不扎实，培训需求调查不到位，缺位性培训管理较为普遍，金融培训的脱实向虚现象较为严重。

金融培训与市场的关系。在战略实施过程中，金融培训需求分析应当具有穿透力，在了解市场的前提下，对企业人员的智力、能力和观念需要进行针对性分析，寻找“三要素”差异与缺口。如转型中迫切需要对网点进行能力再造，形成客户需求综合化服务，以及综合金融、跨界金融、跨境金融创新服务。战略上，“一带一路”沿线市场开发，需要通过“政策沟通、设施联通、贸易畅通、资金融通以及民心相通”平台实现，而贸易互通、产业互补、经济互促成为了突破口（杨志锦、杨坪、曹琦，2016），程序化金融创新，为网点开展跨境市场综合服务提供了技术保证。另外，PPP 市场发展、交易银行业务突破、资产证券化和票据业务链等策略性轻资产型业务需要向网点渗透。在引入动态随机金融工程理论体系的同时，加速“商行 + 投行”“融资 + 融智”“表内 + 表外”等知识、能力和观念的教育培训安排，逐步形成由贷款提供者角色向资金组织者、撮合交易者和财富管理者转变的经营服务理念，建立全方位交易性轻资产与传统业务相结合的业务联动工作能力（邵伟，2016），让网点人员认识到存贷结等传统业务需要嵌入客户全方位金融服务方案的重要性，使一线网点尽快形成现代金融智力结构体系。从市场转型需求切入，是金融培训的核心内容，站在市场制高点，“一览众山小”，才能探寻银行业竞争的弱点和突破口，为业务部门精准诊断和施策培训。

2. 市场转型对金融智力发展的需求分析

在高回报时代，银行业形成了“说起来重要，做起来次要，忙起来不要”的观念，并充斥着金融发展理念，培训活动被基层误读成“福利”模式，从而培训渐渐演变成“后勤化”工作链。随银行业“0”利润时代的到来，高资源消耗型培训模式已不可持续，需要教育培训工作者从浮躁的培训模式中转变观念，静下心来先行学习，沉下心来先行历练，通过沉淀和积累来改变培训的缺位管理模式，先行思考精准培训的技术安排，改变依靠部门和人事管理来填补自身培训能力不足的缺陷，克服盲目性乱作为思维和随意挤占培训资源的弊端，这样才能彻底改变培训短板。银行业转型需要教育培训转型为先，围绕国际金融市场、企业经营来鉴别新知识、新能力和新观念，需要在业务流程管理和市场研究的基础上，勾稽适应企业智力和能力发展的新供给，这亦是市场赋予教育培训部门的新要求和新职责。

从国际金融市场发展来看，1952 年美国经济学家马科维茨（Markowitz）首次提出投资组合理论（Portfolio Theory），20 世纪 70 年代初，斯克尔斯（Myron

Scholes）与费雪·布莱克（Fischer Black）合作研究的期权定价模型问世（韩良智，2005），同时推动了西方金融学在数理基础上的学科建设，对现代金融市场的发展起着关键性推动作用。在我国，由于“文革”期间将金融定为“封、资、修”的产物，金融的财政化、行政化特征明显。随着经济的改革开放，20 世纪 80 年代银行改革逐渐细化，金融教育步入发展阶段，90 年代初期开始金融学科归属哲学社会科学，金融队伍大多来自哲学和政治经济学领域，定性分析研究特征明显。我国资本市场建设经历二十几年，市场结构尚不完善，货币市场、债券市场、金融衍生市场等正在逐步创设和完善之中。股票市场以中小投资者为主，机构投资者规模和经验尚不足。随着我国金融市场快速发展，银行业务定量分析工作要求越趋明显，综合性服务如公司财务、衍生品交易、投资及资金管理等动态风险管理的分析要求明显增强。在银行业转型过程中，在现有队伍在金融知识、金融服务能力和金融观念方面，需要依照市场逻辑的智力需求，探索精准培训之策，这显然是银行业培训工作面临的新问题。重点开发交易银行业务、资产证券化、财富管理和票据业务链等策略性轻资产业务能力培养，需要动态随机金融工程理论体系，需要加速综合化金融认知能力建设。

3. 市场转型呼唤新金融智力结构

从教育培训的智力结构来看，金融市场发展对 STEM（Science、Technology、Engineering、Mathematics）智力素养的要求越来越明显，表现在现代金融科学、金融工程、金融技术与金融数学相互融合的发展过程。银行业等金融部门，为转型发展亟待提升金融科学素养、金融技术素养、金融工程素养与金融数学素养等知识、观念和能力建设，以适应现代金融市场的发展需求。通过金融科学素养的训练，提升受训者对国际金融相关问题的决策能力；通过金融技术的训练，提升受训者对量子计算、区块链、互联网等金融技术链的运用能力；通过金融工程的训练，提升受训者在金融技术设计与金融创新方面的能力；通过金融数学训练，提升受训者在发现、表达和解决多种情景下对市场问题的分析、推断和交流等能力。从增量人才和存量智力结构来看，金融培训将更多地承担存量智力结构调整的重任，而金融教育则侧重入职前学生的智力调整。

三、区块链技术在金融教育培训中的运用

1. 区块链技术的发展特征分析

区块链（Block Chain）起源于 2008 年比特币（BitCoin）的底层技术应用。

经过不断的迭代和演进，具有去中心化（Decentralized）、去信任（Trustless）、时间戳（Time Stamp）、非对称加密（Asymmetric Cryptography）和智能合约（Smart Contract）等五大技术特征（张彬，2016）

首先，去中心化就是将现有中心服务器信息交换和数据存储信息技术系统，通过构建分布式结构体系和参与者共识协议，形成了分布式大规模数据库系统的区块链技术。区块链技术运用于教育培训的学习场景，所有约定的学习参与者均需参与数据的记录和验证，并通过分布式传播方式发送给各个学习者的节点。即使部分学习节点受到攻击或者损坏，也不会影响整个教育培训数据库的完整性和信息更新。

其次，去信任就是针对传统的互联网学习模式，可信任的中央节点（比如学籍登记系统）或者学分统计平台，需要进行信息匹配验证和信任积累，因而无法实现学分价值的传递。通过数学方法解决学习者资格等信任问题，将所有的高考、招生、学习、毕业等规则都以算法程序表达，只要信任共同的算法程序就可以建立互信的学习和创造高考、招生、学分的校际信用互换等。

再次，时间戳就是对某一时间段生成的所有高考、招生和学习信息（包含数据和代码）进行打包而生成区块，每一后续区块的页首都包含上一个区块的索引信息，首尾相连便形成了链。区块与链相加便形成了可完整验证、可追溯历史的时间戳。可以为每一位参与者建立从高考、招生到学习成绩、学术报告和毕业论文评审等提供检索和查找的全方位数据搜索功能，借助区块链结构追本溯源的逐个和逐笔验证信息的真实性。依据每个参与者的学习生涯在记账并生成区块时都加盖时间戳，由此形成了不可篡改、不可伪造的学习数据。

然后，非对称加密技术，将区块链的数学共识机制采用非对称加密算法，即在加密和解密的过程中使用一个“密钥对”，“密钥对”中的两个密钥具有非对称的特点：用其中一个密钥加密后，只有唯一的另一个密钥才能解开；其中一个密钥公开后，根据公开的密钥，其他人是无法算出另外一个密钥的。在区块链的应用场景中，使用密钥进行解密与验证，非对称加密使得学习参与者在同年级之间更容易达成共识，去除不同年级的干扰，大大减少了高考、招生和学习知识等交流中的摩擦。

最后是智能教育培训合约。区块链可以实现教育培训点对点的高考、招生、信息和学分等价值传递，可编程性的引入使得教与学双方在教学评估传递时，嵌入相应的编程脚本，形成智能学习合约，便于处理不同阶层、不同课程和不同方式的学习模式。可编程智能教育培训合约，本质上是众多指令汇总的列表，包括三个方面：一是实现教育培训的针对性和筛选性，即学员身份的限制；二是实现高考、招生和学习学分的校际交换中的限制性或条件性，即教育培训中各项规则的约束；三是实现学分统计中的评估用途，可以在发送学分时执行对学分转移条件的约束。因此，基于区块链教育培训的学分和教学质量评估时，都可以通过编程化的方式，对用途、方向和各种限制条件做到协议控制。

2. 区块链技术的市场分析

从区块链技术发展来看，可分为三个阶段：第一阶段为加密的货币、转账、汇款和数字支付系统等数字货币的应用；第二阶段为加密股票、债券、期货、贷款、智能资产和智能合约等更为广义资产标的应用；第三阶段为在政府、教育培训、健康、科学、文化和艺术等方面的应用。目前，区块链技术应用仅处于第一阶段向第二阶段的过渡过程之中（邵伟，2016），英国、荷兰和印度等国开始布局第三阶段的应用。

从技术开发层来看，区块链技术分为三个层次：最底层的技术协议、路由和基础算法等；中间层的应用程序接口，以及凭证发行和验证，如教育培训平台的学习者资格、多媒体学习资料、学分管理和学费支付等大数据分析和服务；最上层的经济金融部门、教育培训和政府部门等物联网应用。所以，底层技术开发由专业技术团队来承担，而中间层由“底层技术＋应用层”团队共同承担，而最上层属于纯应用层，需熟悉金融教育培训和政务以及计算技术的混合型应用团队来承担（李莹、陈左、周昆平，2016）。

从区块链网络布局方式来看，可分为私有链（Private Block Chain）、联盟链（Consortium Block Chain）和公有链（Public Block Chain）。其中，私有链为一个公司或组织内部使用，如有线电视网络；公有链是对所有个人或机构用户开放，如比特币、以太币等，教育培训机构可以借助区块链技术、分布式账本技术和数据库管理等发展，及时跟进并加速开发和运用；联盟链是介于私有链和公有链之间，大部分金融机构和教育部门可将联盟链作为发展路径，共同研发区块链应用技术。从比特币、以太坊“The DAO”项目等所暴露的问题来看，联盟链和私有链将成为我国区块链技术发展的主要方向，但最终将以公有链方式获得数字社会的应用。

四、银行业培训的区块链模式创新

随着金融科技的发展，区块链技术的运用成为业界关注的焦点。

2016年6月，华尔街区块链联盟宣布WSBA认证框架（WSBA Certification Framework，WCF），WCF致力于建立金融市场的区块链教育平台，提高分布式账本技术普及率，讲解区块链专业知识和培养金融市场人才，跨越了技术、产品和项目管理、商业分析、战略等所有金融服务领域和学科，并采用和完善市场新兴技术和案例（John，2016）。

借鉴分布式数据库特点，区块链网络为员工提供密码学签名的区块学习模式，并与下一个区块“链接”，通过网络位置或机构进行共享，使每个员工都有权限访问及参与区块链培训。通过积分获得晋级，由此减少庞大的管理成本和培训成本。从区块链培训系统来看，分布式记账方式可缓释传统培训模式的弊端。不同层次行员可以通过不同纬度进入区块链培训系统。区块链培训源于员工的培训需求指令，形成相关业务培训的区块链启动块，以此形成培训区块Block1，其包括培训人A的header和body，header承担连接前块，且为区块链培训块承担完整性的服务，培训区块的body包含验证并创建智能合约端点，所有端点同时完成培训要素的账户交换记录，通过hash程序与编有密码的培训当事人的区块header相连①。

为创建新培训区块，区块链程序记账时必须找到满足特定条件的该培训区块的hash值。而hash值的特定条件算法包括前培训区块header的hash值、小于或等于受训者的密码值、随机数、所有培训区块的Merkle根。而培训区块的Merkle Tree需要符合数据结构的决策树要求，并称之为培训者的Merkle Hash Tree，当构造培训区块Merkle Tree的节点时，应当对应培训者端点的hash值，由编程设定培训者节点的value值，以及非培训者端点的value均由所有的端点值算法而得，并由所有员工的hash的端点组合得出hash value，构成区块链培训工作相关方密码识别的核心技术。程序算法依照全体员工端点（the Target）与记账，且每十分钟记录一次时间戳。因此，分布式记账软件以每秒生成数百万次hash值的随机（the Nonc）计算方式形成区块，而各个端点的记账只能使用一次随机密码数，若所计算的员工hash值超过了指定培训者的端点值，则产生新随机数再次计算，直至找到指定的培训者端点值为止。由于每个培训者都包含着前区块的hash值，块块相连形成了区块链。当培训管理者找到培训者A，或者培训者B等hash值时，其通过智能培训合约的hash程序，赋予培训者应学习的课程内容。与传统培训方式区别点在于，智能培训合约可通过“数字手段”

① 资料来源：数据信息图，《比特币区块链的工作原理》，http：//www.199it.com．

建立智能培训物联网，控制培训要素与人事部门数据库相连。当培训未获通过时，智能培训合约将启动数字锁锁住培训者的晋升条件，直到培训获得通过才能解锁。由于运行在可复制、可共享的账本之上，并能够与培训账本进行交互，智能培训合约账本可控制培训对应的岗位待遇，并可向程序发送培训积分。所以，区块链培训合约将根据时间来正确计算积分，并发送给区块链培训各参与方。在区块链培训网络接收到智能培训合约信息时，程序作出可接收和储存积分价值的回应，也可以向外发送培训积分信息，亦可临时保管培训积分，按照事先设定的规则执行操作，并合法地执行着智能培训合约的各项条款。因此，去信用的数字式群体性背书，体现了程序化可信任特征。另外，人事部门成为区块链培训业务中的重要端点，在执行过程中始终接受合规性监管的约束，因而合约作为法定合同的技术保证，并用于审查跟踪和证明是否遵循法定合同等已经成为可能。然而，智能培训合约并非是在区块链上运行的软件代码，而是由端点参与者控制的外部数据生成并符合培训规则的驱动型程序，可在满足培训的某些条件并修改其他数据而形成。在去中心化的区块链应用程序中，区块链智能培训合约是由多个智能合约组成，通过超文本格式与培训参与方进行沟通。因此，现代化银行业精准培训的创新核心在于智能培训合约的开发。

五、中国的对策分析

2016 年 1 月 20 日，人民银行举办数字货币研讨会，正式向世界亮明数字货币合法化。3 月 15 日，金融区块链合作联盟（深圳）正式成立，成员包括微众银行、平安银行、招银网络、恒生电子、京东金融、腾讯、华为、银链科技、深圳市金融信息服务协会等 31 家企业。4 月 19 日，中国分布式总账基础协议联盟（China Ledger）成立，包括国企和民企的 11 家成员，在开发符合中国政策法规、国家标准、业务逻辑和使用习惯的底层区块链基础设施，并聚焦区块链资产端应用，兼顾资金端探索；构建满足共性需求的基础分布式账本；精选落地场景，开发针对性解决方案；基础代码开源，解决方案在成员间共享等内容开展工作。6 月 15 日，中国互联网金融协会区块链研究工作组成立，工作组工作内容包括：构建区块链研究网络，规划建设区块链基础实验平台，形成高水平的研究成果，培育高层次、复合型专业人才，并积极借鉴国际经验，开展学术交流，注重研究成果转化和应用，并于当月底完成了《关于研发和试行数字票据的建议》报告。6 月 27 日，十二届全国人大常委会第二十一次会议就《中华人民共和国民法总则（草案）》中的网络虚拟财产、数据信息等新型民事权利客体作出了规定，意味着网络虚拟财产、数据信息将正式成为合法权利。

针对区块链技术的疾速发展，区块链社会正在逐渐形成。为加速区块链教育培训技术体系，政府需明晰以下对策：

第一，在支持分布式账本开发方面，政府应制定清晰的区块链国家技术战略政策，例如，2016 年 6 月，为企业摆脱法律法规的限制而自由开展概念测试，英国金融市场行为监管局（Financial Conduct Authority）明确了“沙盒”监管机制，只要任何在沙盒中注册的 Fintech 公司，允许在事先报备的情况下，从事和目前法律法规有所冲突的业务，即使以后被官方终止相关业务，也不追究相关的法律责任。与此同时，新加坡金融管理局（Monetary Authority of Singapore）针对 FinTech 企业也推出了“沙盒”（Sandbox）机制。我国政府应引入相应的创新政策，便于金融教育培训先行试点。

第二，针对分布式账本技术的多模式发展特征，政府应建立信息与价值的沟通政策安排，畅通协调和低门槛的教育政务的管理模式。中心化教育和培训管理模式更适应联盟链或私有链。因此，加速开发联盟链和私有链金融教育培训支持系统，成为降低教育政务成本和企业培训成本的重要举措。

第三，为确保有弹性的系统风险管控模式，政府应将政务方面的教育职能监管工作与院校和学生等利益相关方建立联盟链关系，平衡更广泛的教育培训等利益关系，避免过严的创新限制，阻碍区块链教育培训技术的创新发展。

第四，由于分布式账本记录着个人隐私等机密信息，安全与隐私标准比传统数据库更高。如 The DAO 智能合约漏洞案例所暴露出的系列问题，其中尤为突出的是区块链技术的法律问题，表现为：首先，智能合约的便利性为法治化代码机制的形成奠定了基础，但目前的依法性条件尚不明晰；其次，区块链技术下的数字权利（如学籍管理、学分认定和转让，以及数字财产等）和金融发展，更需要纠纷处置的代码机制和定纷止争的规则，以法治先行才能保障数字权利和金融的稳健发展。再次，尚未完善与自治的区块链技术，需要传统法律和司法机构的创新支持，以阻止黑客行为。在传统法律不干涉具体事务的背景下，保证区块链教育培训等机器共识，与人为共识相一致性。因此，区块链技术的应用不能超出法律规定的范围，不能触及人类社会存续的基本道德底线。最后，区块链教育培训模式与传统中心化模式应做好有机的衔接，让代码与法律形成融为一体的监管机制。从底层架构到外围协调等应当有对应的接口和协议。由于区块链技术具有跨界和跨境特征，各国法律制度甚至其内部法律制度不尽相同，试图将区块链制度跨界达成共识，有如创设新的联合国法律制度。因此，区块链系统需要各国（地区）间法律制度的协调，通过“沙盒”机制建立法律共识和沟通平台，形成不同层次沟通的桥梁和纽带。

第五，从信任与互操作性来看，为了最大程度地发挥分布式账本的功能，政府应倡导联盟链与其他账本的互操作性。除了实现认证的互操作性，还需在数据和政策的互操作性，并与国际标准的有效实施方面达成共识。

第六，从面向政府的潜在应用来看，分布式账本具备实时、防篡改、低成本的处理能力，为我国在产业与服务，尤其是教育培训方面的运用将带来颠覆性变化。

另外，分布式账本的应用，涉及技术共识、开源、透明和社区等基本理念的建立和升华，需要政府加强区块链知识的普及性培训，引导社会建立支持区块链社会发展的生态环境，为区块链技术在金融教育培训中的运用奠定基础。

参考文献：

［1］Laura Shin. 风筝冲浪创投领域代表人物解说区块链是第六波技术浪潮的原因［EB/OL］.［2016－06－29］. http：//chainb. com.

［2］刘泽晶，周楷宁，宋兴未．区块链全景图：“区块链＋金融”一马当先［EB/OL］．［2016－07－04］. http：//sj. cfi. cn.

［3］杨志锦，杨坪，曹琦．张高丽谈新开发银行融资：撬动更多社会资本投入基建［N］. 经济参考报，2016－07－22.

［4］邵伟．上海金融人才培训亟待适应新形势需要［N］．上海金融报，2016－3－25.

［5］韩良智．Excel 在投资理财中的应用［M］．北京：电子工业出版社，2005.

［6］张彬．区块链将成为金融科技的底层技术［N］．经济参考报，2016－7－8.

［7］邵伟．“区块链银行”应用前景刍议［N］．上海金融报，2016－4－15.

［8］李莹，陈左，周昆平．把握基于区块链技术的互联网金融新模式［N］．上海证券报，2016－05－19.

［9］JOHN CAMDIR. 华尔街区块链联盟宣布开发金融市场教育平台［EB/OL］．［2016－6－10］. http：//chainb. com.

后　记

2016年9月10日，“中国高等教育学会高等财经教育分会金融学专业协作组年会暨第七届中国金融教育论坛”在上海对外经贸大学如期召开，来自60多所高等院校的近百名同行专家出席了年会暨论坛。与会同仁围绕“金融教育国际化：理念、方式和经验”以及其他相关议题进行了富有成效的交流和讨论，取得了丰硕的成果。

中国高等教育学会高等财经教育分会金融学专业协作组（以下简称“协作组”）是我国金融教育领域一个具有重要影响的交流平台。“协作组”成立于2010年，宗旨是通过加强成员单位金融学专业之间的联系与合作，推动我国金融教育的发展。自成立以来，在中国高等教育学会高等财经教育分会的关心和指导下，本着“分享经验、交流合作、共同进步”的理念，“协作组”开展了一系列活动。通过创立中国金融教育论坛，先后以“金融学科建设与金融理论发展动向”“金融专业硕士培养模式探讨”“多层次金融教育体系的建设”“中国金融教育的未来：创新与发展”“新科技革命冲击下的金融教育变革”“金融教育理念与方法：变革和创新”为题进行了有益的经验交流。目前，“协作组”共有正式成员单位65个，主要包括财经类院校的金融学院（系），以及综合性大学的金融学院（系）。

在本届论坛期间，多位资深教授应邀发表了主题演讲。与往届论坛一样，本届论坛也开展了有奖主题征文，并邀请获奖的作者进行重点交流。本论文集便是在汇总主题讲演稿和征文交流稿的基础上形成的。

本届协作组会议暨论坛得到了各方面的关心和支持。会议暨论坛的承办单位——上海对外经贸大学给予了大力支持。徐永林副校长自始至终给予高度重视和全力支持；金融管理学院时任院长贺学会教授及其团队做了大量的会务工作，并提供了经费支持。秘书处所在单位——中央财经大学金融学院的李建军院长和黄志刚副教授也做了大量工作。《国际金融研究》和《金融论坛》编辑部多年来一直为论坛提供征文方面的帮助。在本论文集出版之际，我们对上述单位和个人一并致谢。同时，也感谢中国金融出版社有关人员的辛勤工作和精诚合作，当然，问题和错误由作者自行负责。

中国高等教育学会高等财经教育分会金融学专业协作组主任委员
《中国金融教育论坛年刊》主编
中央财经大学金融学院教授　张礼卿
2017 年 5 月 9 日